梧南漢詩選集

霞菴詠歎

李鍾寬

도서출판
다운샘

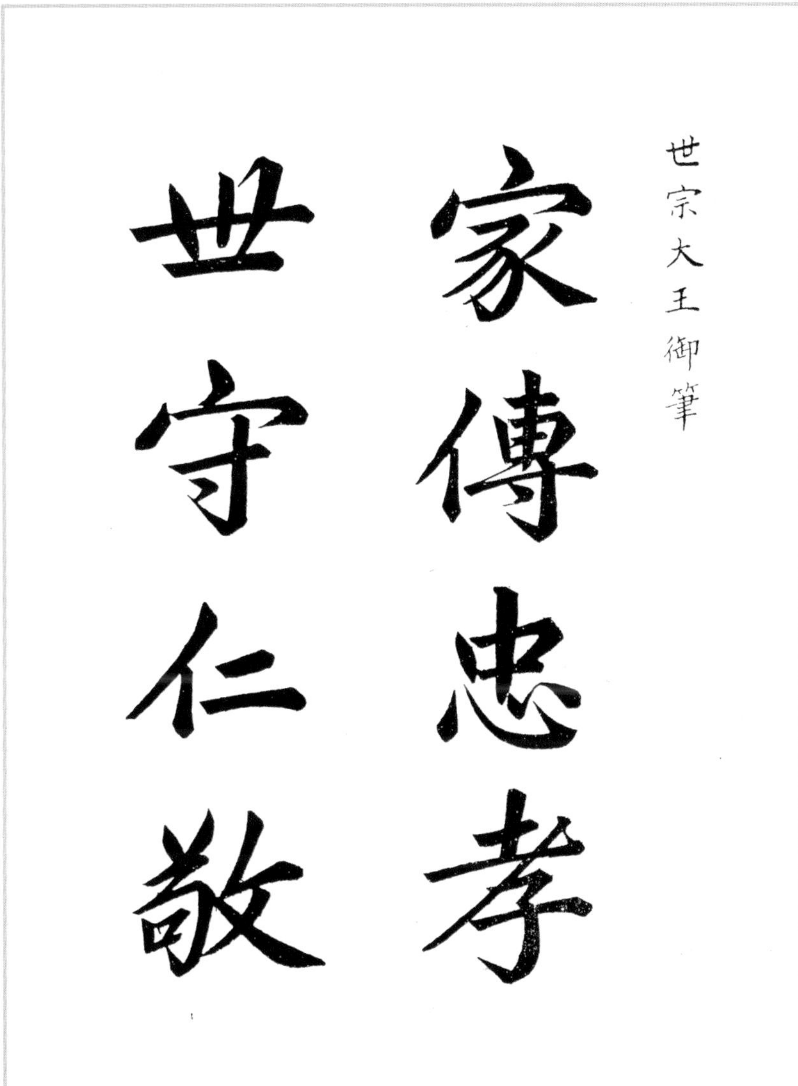

가훈의 내력 : 위의 '가전충효 세수인경' 8자는 세종대왕께서 전의이씨 효정공(孝靖公)에게 내리신 어필인데 전의예안이씨의 가훈으로 삼았다.

저자 근영(著者近影)

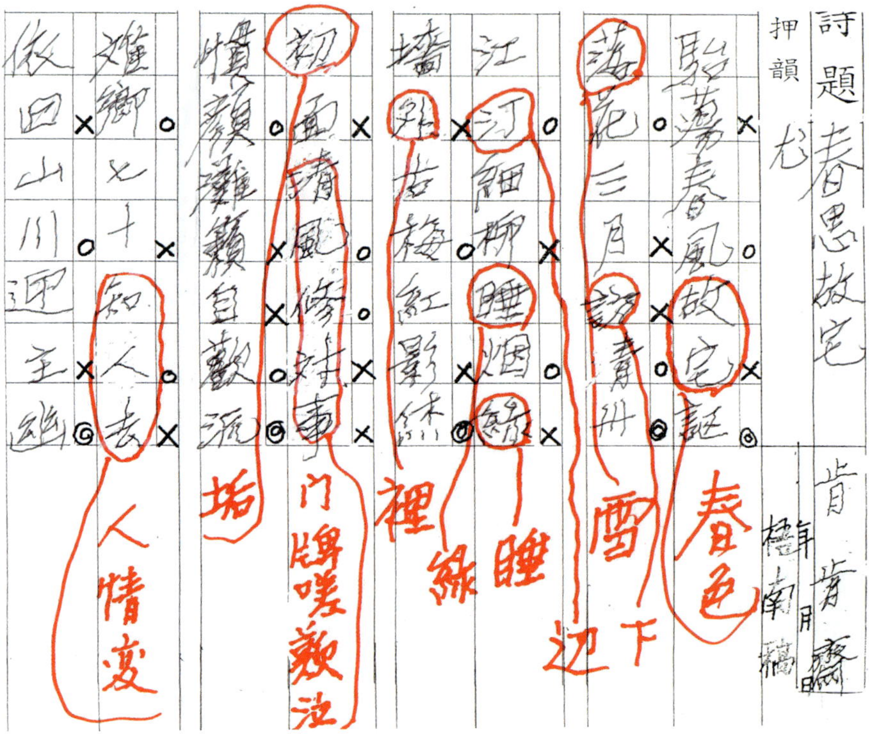

詩題 春思故宅
押韻 尤
落花三月訪青州
離鄕七十知人去

경원사(景遠祠) - 44쪽 참조 -

저자의 시조 태사공묘소
- 38쪽 참조 -

저자의 시조 영모재(永慕齋)
- 154쪽 참조 -

영사재(永思齋) - 38쪽 참조 -

태사공 신도비
- 38쪽 참조 -

영사재 중건 사적비
- 38쪽 참조 -

동고정(東皐亭) - 128쪽 참조 -

만뢰사(萬籟祠)
- 420쪽 참조 -

역옹 사적비(櫟翁事績碑)
- 420쪽 참조 -

충효재(忠孝齋)- 142쪽 참조 -

청주 정북동토성(淸州井北洞土城)- 278쪽 참조 -

세검정(洗劍亭)- 482쪽 참조 -

삼충사(三忠祠) - 292쪽 참조 -

사자루(泗沘樓) - 116쪽 참조 -

공북루(拱北樓) - 296쪽 참조 -

송천서원
(松泉書院)
- 386쪽 -

망선루
(望仙樓)
- 118쪽 -

사양영당
(思陽影堂)
- 86쪽 -

부여 나성(扶餘羅城)- 148쪽 참조 -

부여 백화정(扶餘百花亭)
- 102쪽 참조 -

낙화암(落花巖)
- 136쪽 참조 -

반구정(伴鷗亭)
- 284쪽 참조 -

화석정(花石亭)
- 320쪽 참조 -

송강사(松江祠)
- 312쪽 참조 -

숭례문(崇禮門) - 354쪽 참조 -

경복궁(景福宮) - 474쪽 참조 -

동대문(東大門) - 476쪽 참조 -

호구탑(虎丘塔) - 458쪽 참조 -

장성 춘색(長城春色) - 448쪽 참조 -

탐방 곡수영지(探訪 谷水營址)
- 450쪽 참조 -

북한산성(北漢山城)
- 478쪽 참조 -

자서(自序)

〈학이시습지(學而時習之)면 불역열호(不亦說乎)아〉 '배우고 익히면 또한 기쁘지 아니한가.'

『논어(論語)』 첫머리에 나오는 공자(孔子)님 말씀이다. 〈시습지(時習之)〉란 내 마음에 쏙 들어오는 구절이어서 몇 번이고 이 대목을 되뇌어본다.

오늘도 돋보기를 코에 걸치고 옥편(玉篇)을 찾아가며 사율(四律)에 쓰일 글자 고르기에 해를 넘겼다. 내가 2012년 4월 5일 첫 한시(漢詩)를 지은 지 8년 11개월 만에 시집(詩集) 8권을 펴내고 율시(律詩) 1,047수를 지었다.

우리나이로 이제 100살 늙은이가 되었다. 아직까지도 운책(韻冊)을 뒤적이고 평측(平仄)을 따지면서 시(詩)를 밤을 새워 지을 수 있는 자신(自身)이 고맙고 또 고마워서 이번에 아홉 번째로 기작시(旣作詩) 중에서 228수를 골라 수정추고(修正推稿)하여 선집(選集)을 낸다. 왈(曰), 『진모영탄(震耄詠歎)』이라. 내 나이 91세부터 99세까지 사이에 지은 시라는 뜻이다.

이 선집(選集)에 부여(賦與)하고자 하는 의의(意義)가 있으니, 내 나이 90에 시작(詩作)을 처음 한 내가 이번 생(生)에서 제대로 된 시인(詩人)이 되기는 아예 그른 일이지만, 늦게까지

시(詩)를 쓰고 익히고 또 익히면 내세(來世)에는 제대로 된 시인(詩人)이 되겠거니 하는 소망(所望)이 그것이다.

불경(佛經)에도 〈습(習)〉의 가르침이 있다고 들었다. 반복하여 익히면 이생(生)의 〈습(習)〉이 다음 생(生)에도 연결(連結)된다는 말이다. 그것은 시작(詩作) 이전의 나의 이번 평생(平生)이 고난(苦難)에 찬 것이었기 때문에 내가 이모작(二毛作)인 현재의 음시생활(吟詩生活)을 유난스럽게 동경(憧憬)하는지도 모르겠다.

왜정(倭政)의 질곡(桎梏) 속에서 청춘을 보냈고, 그들의 침략전장(侵略戰場)에 끌려갔다가 요행(僥倖)으로 사지(死地)에서 생환(生還)하고, 6.25전쟁(戰爭), 4.19, 5.16혁명(革命)을 거치는 등, 이 민족(民族)이 겪은 모든 환란(患亂)을 하나도 빠짐없이 몸소 겪음으로서 마치 이글이글 불타는 숯불 위를 맨발로 걸어오듯이 80평생(平生)을 살아왔다.

이에 비(比)하면 백운대(白雲臺) 구름아래 꽃 띄워 잔 돌리고 맑은 달 여름밤을 청풍(淸風)을 맞으며 음시멱구(吟詩覓句)하는 요즈음의 나의 시작생활(詩作生活)은 뜻이 있을 뿐 아니라 가위(可謂) 신선세계(神仙世界)이다. '내생(來生)도 오늘 같이 내세(來世)도 지금처럼 시인(詩人)되게 해주십사…… 그것도 이두(李杜)를 능가(凌駕)하는 큰 시인이 되게 해주십사'라는 소망(所望)을 담아 〈시습지(時習之)〉를 연호(連呼)하며 혼자 중얼거리고 있다.

2021 3월 15일

끙끙재(肯肯齋) 동창하(東窓下)에서

오남(梧南)은 적다

目次

第一部 高麗甘棠 고려감당

第二部 震域儒曲 진역유곡

第三部 桓園風雅 환원풍아

第四部 麗羅詠史 여라영사

第五部 震史覽古 진사람고

第六部 加耶風韻 가야풍운

第七部 院祠頌讚 원사송찬

第八部 王陵詠韻 왕릉영운

凡例

1. 이 시집은 제1부 고려감당(高麗甘棠) 30수와 제2부 진역유곡(震域儒曲) 22수, 제3부 환원풍아(桓園風雅) 33수, 제4부 여라영사(麗羅詠史) 31수, 제5부 진사람고(震史覽古) 22수, 제6부 가야풍운(加耶風韻) 29수, 제7부 원사송찬(院祠頌讚) 21수, 제8부 왕릉영운(王陵詠韻) 35수와 추가 5수를 모은 율시 228수(그중 排律 3수)를 한데 묶어 오남한시선집(梧南漢詩選集) 『진모영탄(震耄詠歎)』이라 이름 하였다.

2. 안일당(安逸堂) 이원희(李元熙) 사백이 이 책 모든 시의 원고 정리, 교정을 맡아주셨다.

3. 책의 규모, 편집 방법 모두 종전 나의 시집의 예에 따랐다.

4. 책 끝에 이 선집의 시제색인과 인명색인을 붙였다.

5. 한자(漢字)를 풀이한 註에서는 그 끝에 운목자(韻目字)를 괄호 〔 〕 안에 넣어 표시하였다.
   예) 註1) 山: 뫼 산(峰嶺 等 總稱). 〔刪〕.

第一部
高麗甘棠

1. 永思齋 李太師公棹〔押韻東〕

月照熊津金浪東
월 조 웅 진 금 랑 동
高麗山下一齋穹
고 려 산 하 일 재 궁

檐端遠岫千秋色
첨 단 원 수 천 추 색
樓外長江萬古瓏
누 외 장 강 만 고 롱

允協睿謨能利涉
윤 협 예 모 능 이 섭
統韓開國偉勳通
통 한 개 국 위 훈 통

無殫錦水賜名譽
무 탄 금 수 사 명 예
忠孝敬仁箕業洪
충 효 경 인 기 업 홍

▼ 주(註)

1) 熊津 : 공주에 있는 금강 나루.
2) 高麗山 : 세종특별자치시 전의면에 있는 산 이름.
3) 箕業 : 기구지업(箕裘之業)을 이른다. 부조(父祖)의 업을 이어 받는다는 뜻이다. 『禮記』「學記」에 '良冶之子必學爲裘, 良弓之子必學爲箕'에서 나온 말이다.

영사재 이태사공 도

달 비친 공주 나루 금빛 물결치는 동쪽에
고려산 아래 한 재실이 높더라.

처마 끝 먼 뫼뿌리는 천 년의 빛깔이요
다락 밖 장강은 만고에 영롱한 물소리로다.

왕의 계략을 크게 도와 강물을 쉬이 건너게 했고
삼한 통합 고려 개국의 큰 공을 세우셨도다.

사명(賜名)의 영예(榮譽)는 금강 물 따라 끝이 없고
충효인경(忠孝仁敬)을 지켜온 부조(父祖)의 정통이 크더라.

해제(解題)

▪ 찾아간 때 : 2012년 4월 5일 ▪ 곳 : 세종특별자치시 전의면 유천리 永思齋

영사재는 나의 시조(始祖) 고려 개국공신 태사(太師)공 할아버지 재실이다. 휘자로 도(棹)자를 쓰신다. 공은 금강일대를 지배하는 호족으로, 고려태조가 후백제를 치러 갈 때 금강물이 크게 넘쳐 남정군이 어려움을 당했을 때 어가를 호위하고 전군을 무사히 건너게 하여 대승을 거두니, 고려개국 익찬2등 공신 삼중대광태사 전산후에 봉하고 이름을 하사받았으며, 시호는 성절이시다. 이보다 먼저 공의 할아버지 장례날인 10월 9일 밤, 공이 참여한 가운데 왕건, 홍유, 배현경, 유금필, 박술희, 윤신달, 왕식렴 등이 모여 나라를 일으킬 모의를 하였고, 그 후 7년 만에 고려가 건국되었다고 한 기록이 전한다. 북향하는 산소가 드문데 고려 건국이념인 옛 고구려 땅 요동벌판을 찾아야 한다는 할아버지 염원을 담아 그리한 것 같다. 유택에는 합천 홍씨 할머니를 같이 모셨으며, 신도비문은 높은 학자 안동 김영한 선생이 지으셨다. 새로 이룩한 경원사(景遠祠)와 영사재(永思齋)는 전의 동천(洞天)에 우뚝하다.

2. 投金灘 李梅雲堂公兆年〔押韻冬〕

敦篤友恭排冽冬
돈 독 우 공 배 렬 동
蒼江猶淺愛憐浵
창 강 유 천 애 련 동

千尋浪底情恩浸
천 심 랑 저 정 은 침
萬里凉風棣鄂逢
만 리 량 풍 체 악 봉

弟悔分金金塊擲
제 회 분 금 금 괴 척
兄應倣此此津邕
형 응 방 차 차 진 옹

麗痕探訪夕陽路
여 흔 탐 방 석 양 로
馥郁百花盈袖宗
복 욱 백 화 영 수 종

주(註)

1) 投金灘 : 서울 행주산성 아래에 있는 한강 북쪽 나루. 본래 이름이 공암진인데 이조년 형제의 투금고사(投金故事)로 이 이름을 얻었다.
2) 冽 : 맵게 추울 열. 〔屑〕 烈通
3) 浵 : 물 깊을 동. 〔冬〕
4) 棣鄂 : 아가위꽃과 꽃받침. 형제의 우애가 아름다움을 이름.
5) 邕 : 화락할 옹. 〔冬〕
6) 百花 : 백화헌(百花軒)을 이름. 이조년(李兆年)의 호.

투금탄 이매운당 조년

돈독한 형제간 우애 뜨거우니 겨울 추위 물리치고
깊은 그 애정은 한강수가 오히려 얕은 것 같구나.

천 길 강물 속에 정은이 잠기고
만 리 맑은 바람은 아가위꽃 향기를 실어다 주는구나.

형께 금괴 준 것을 후회한 아우는 부끄러워 금괴를 강심에 던지고
형은 마땅히 아우를 본받으니 형제가 이 나루에서 화락하도다.

고려의 역사흔적을 탐방하는 석양길에서
백화헌공의 향기로운 꽃향기에 소매 가득히 존경을 담았구나.

✔ 해제(解題)

- 찾아간 때 : 2012년 9월 15일
- 찾아간 곳 : 서울특별시 강서구 가양2동 投金灘

투금탄은 고양 행주동 한강 나루인 공암진(孔巖津)의 별칭이다.
이조년(李兆年). 고려 문신. 자는 원로(元老), 호 매운당(梅雲堂) 또는 백화헌(百花軒). 충혜왕 복위후 정당문학(政堂文學) 예문관 대제학(藝文館 大提學)을 지냈고, 성산군(星山君)에 봉하여졌으며, 벽상공신(壁上功臣)으로 충혜왕 묘정에 배향되었다. 시문이 뛰어나 <이화(梨花)에 월백(月白)하고> 시조가 전해진다. 공이 그 형 억년(億年)과 같이 개경에 갔다 오다가, 길에서 금덩이 두 개를 주웠다. 하나는 형에게 주고, 들고 오다 행주산성 아래 공암진에서 배를 타고 나루를 건너던 중 공이 금덩어리를 강물에 던지니 형이 놀라 사유를 물은 즉, "제가 금덩어리를 형께 드린 것을 후회하는 마음이 생겨, 금은 마땅히 사물(邪物)임을 깨닫게 되어 버렸습니다." 하니 형 또한 내 마음도 그랬다하며 금덩이를 버렸다. 이후 이곳을 일러 투금탄(投金灘)이라 하였다.

3. 渡廣津 李遁村公集〔押韻江〕

三伏斜陽渡漢江
삼 복 사 양 도 한 강
廣津西岸激湍瀧
광 진 서 안 격 단 상

遠山雲月展今色
원 산 운 월 전 금 색
近水涼風傳昔跫
근 수 양 풍 전 석 강

遁老負親逃故里
둔 로 부 친 도 고 리
石翁瞍隱慮傾邦
석 옹 수 은 려 경 방

王孫一去永無返
왕 손 일 거 영 무 반
須問白鷗依客窓
수 문 백 구 의 객 창

✔ 주(註)
1) 廣津 : 서울 광진구 광장동에 있는 한강나루.
2) 瀧 : 여울 상. 〔江〕
3) 跫 : 발자국 강. 〔江〕 공, 〔冬〕 뜻은 같다.
4) 遁老 : 둔촌 이집(遁村 李集)을 이른다.
5) 石翁 : 석간 조운흘(石澗 趙云仡)을 이른다.
6) 瞍 : 소경 수. 〔有〕
7) 王孫 : 귀인의 자제. 귀공자(貴公子).

광나루를 건너다 이둔촌공 집

삼복중 해 질 녘에 한강을 건너니
광나루 서쪽 언덕에 격랑(激浪)이 이는구나.

먼 산에 뜬구름과 달은 오늘의 경색을 펼쳐놓았고
가까운 물 서늘한 바람에 옛사람의 발자국 소리가 들리는구나.

둔촌공은 그 아버지를 업고 살던 집에서 도망쳐 이 나루를
건너 둔촌동에 숨었고
석간공은 이 나루 건넛마을에서 소경으로 숨어 사니 기울어
가는 고려 앞날을 걱정하였도다.

두 분 귀공자는 한번 가고는 영영 돌아올 줄 모르니
이 밤에 객창에 기대어 백구에게 물어야 할까보다.

✔ 해제(解題)

▪ 찾아간 때 : 2012년 7월 19일

▪ 찾아간 곳 : 서울특별시 광진구 광장동 광나루

광나루는 강동구 천호동으로 건너가는 한강 나루의 이름〔渡廣津〕이다. 석간공 조운흘(趙云仡)은 호 석간(石磵)으로 풍양(豊壤)조씨이다. 간신 신돈을 피하여 이 나루 건너 가까운 마을에서 소경 행세를 하며 숨어 살았고, 둔촌 이집(遁村 李集) 역시 신돈을 피하여 이 나루 건너 둔촌동에 숨어 살았다. 두 분 고려 충신이 모두 이 나루를 건넜고, 이 나루 강 언덕에 두 분의 발자국을 남긴 인연 깊은 강이요 땅이다.

4. 景遠祠 李東巖叟公仟〔押韻支〕

護國杆城亂國支
호 국 간 성 난 국 지
東巖奮起止傾麗
동 암 분 기 지 경 려

暗航奇襲牙山岸
암 항 기 습 아 산 안
乘勝長驅溫水時
승 승 장 구 온 수 시

確保江都糧給路
확 보 강 도 양 급 로
奪還所虜女男來
탈 환 소 로 여 남 래

偉勳大捷顯彰日
위 훈 대 첩 현 창 일
潛艦命名公諱曦
잠 함 명 명 공 휘 휘

▽ 주(註)

1) 牙山岸 : 아산만 언덕. 아산만은 충청남도 서쪽에 있는 만(灣)의 이름.
2) 溫水 : 아산만 동쪽에 위치. 온양 아산 지역.
3) 潛艦 : 대한민국 국산 잠수함 제1호 이천함(李仟艦)을 이름. 이 잠수함은 공의 온수대첩을 현창하여 공의 휘자로 명명하였다.

경원사 이동암수공 천

호국간성은 어지러운 나라의 지탱인데
동암수공은 분기하여 기우는 고려를 지탱하시는도다.

잠수함으로 아산만에 상륙하여 적장 차라대(車羅大)를 기습하니
패주하는 적을 쫓아 온수대첩을 거두었도다.

강도의 보급로를 확보하고
잡혀간 남녀 수백 명을 구출해왔도다.

온수대첩에서 거둔 공의 위훈을 현창하여
국산 제1호 잠수함에 공의 휘자로 명명하여 빛나도다.

해제(解題)

▪ 찾아간 때 : 2012년 4월 5일 ▪ 곳 : 세종특별자치시 전의면 유천리 景遠祠
경원사는 전의이씨 시조 이하 8세 10위를 모신 사당이다.
7세 동암수공의 휘는 천(仟) 또는 천(阡). 고려 중서이중문하평장사 응양군 대장군이시고 동암수(東巖叟)는 그 호이시다. 1256년(고종 43년) 고종은 공에게 명하여 수군 200여 명을 거느리고 몽고군을 남도에서 막게 하니, 공은 특수 잠수선을 만들어 아산만에 잠항상륙(潛航上陸)하여 적장 차라대(車羅大)를 기습 공격하였다. 적장은 패주하고 적군 수백 명을 베고 사로잡힌 남녀 100여 명을 구출해냈으며, 남도로부터의 강도보급로를 확보하는 큰 전과를 거뒀다. 유라시아대륙을 질풍같이 휩쓴 몽고군이 육전(陸戰)에서 패한 것은 공이 지휘한 온수전투가 유일한 예라고 한다.
1992년 10월 29일 대한민국 국산잠수함 제1호 이천함(李仟艦)은 공의 해군 작전사에 빛나는 잠수작전의 의의와 온수대첩에서 거둔 공의 위훈을 현창하기 위하여 공의 휘자로 명명하였다.

5. 山泉齋 李送月堂公思敬〔押韻微〕

直指山南義士微
직 지 산 남 의 사 미
甘文深谷一齋璣
감 문 심 곡 일 재 기

苔痕玄碣烈忠赫
태 흔 현 갈 열 충 혁
檐外綠卿彰節緋
첨 외 녹 경 창 절 비

五子從夷携狷介
오 자 종 이 휴 견 개
九貞思月拜王威
구 정 사 월 배 왕 위

夕陽從裔頌歌裡
석 양 종 예 송 가 리
萬世煌煌青史徽
만 세 황 황 청 사 휘

주(註)
1) 直指山 : 김천에 있는 산 이름.
2) 綠卿 : 대나무.

산천재 이송월당공 사경

직지산 남쪽에 의사가 숨어계시니
감문 깊은 골에 한 재실이 아름답구나.

이끼 낀 검은 빗돌은 충렬로 빛나고
처마 밖 푸른 대나무는 절의를 현창하여 향기롭더라.

다섯 아들을 거느리시고 고사리 꺾어 고집스럽게 절개를 지키시고
두문동 구정의 한 분으로 지는 달 고려를 생각하며 왕의 초상을 절하며 곡하는도다.

석양에 서울 방손이 공을 찬양하여 노래 부르니
청사에 아름다움이 만세토록 빛나리로다.

▼ 해제(解題)

- 찾아간 때 : 2012년 11월 5일
- 찾아간 곳 : 경상북도 김천시 아포읍 예동 山泉齋

산천재는 송월당(送月堂)공의 재실이다. 송월당(送月堂)공은 휘 사경(思敬)으로 전의(全義)이씨이다. 증조는 휘 자원(子蒝), 성균관대사성(成均館大司成)을 지내셨고, 조의 휘 언충(彦冲), 예문관대제학(藝文館大提學), 고(考) 휘 광익(光翊), 밀직부사(密直副使)를 지내신 분의 아드님이다. 송월당은 정헌대부 판사재감사(正憲大夫判司宰監事) 정삼품의 대부직에 이르렀다. 공은 두문동(杜門洞) 72현 9정(九貞)의 한 분이시다. 목은 포은과 더불어 금석의 사귐으로 정치 노선을 함께하셨으며, 다섯 아들을 데리고 이곳으로 숨으신 대절이시다. 문중에서 오늘 시제를 올렸다. 중관 선생님, 두고, 청송께서 초헌, 아헌, 종헌을 하였다. 가마솥에 밥 짓고 탕을 끓여 맛이 훌륭했다.

6. 灘川 李石灘公養中〔押韻魚〕

自古灘川世閥魚
자 고 탄 천 세 벌 어
長江一曲釣人居
장 강 일 곡 조 인 거

龜巖故院毁焉址
구 암 고 원 훼 언 지
廣李小亭危若閭
광 이 소 정 위 약 려

王宿酒琴親友錄
왕 숙 주 금 친 우 록
石翁高德洞名書
석 옹 고 덕 동 명 서

雰雰柳絮夕陽颯
분 분 유 서 석 양 삽
片片白雲投影墟
편 편 백 운 투 영 허

주(註)

1) 灘 : 여울 탄. 〔寒〕 地支名 지지탄. 〔翰〕
2) 龜巖 : 석탄 이양중(石灘 李養中)을 배향한 구암서원을 가리킨다.
3) 石翁 : 석탄 이양중(石灘 李養中)을 가리킨다.
4) 雰雰 : 눈이 날리는 모양.
5) 絮 : 솜 서. 〔御〕

탄천 이석탄공 양중

예부터 탄천에는 어씨가 세거하였는데
장강한 구비에 낚시꾼이 앉아 있구나.

구암서원 헐린 옛터에는
광주이씨 작은 정자가 위태롭게 서있다.

태종의 우정은 왕숙천(王宿川)에 넘치고
석탄공의 고덕(高德)은 동명으로 남아있구나.

석양 바람에 버들솜이 눈처럼 휘날리는데
흰 구름은 편편이 그 그늘을 빈터에 던지는도다.

✔ 해제(解題)

▪ 찾아간 때 : 2012년 6월 12일

▪ 찾아간 곳 : 서울특별시 강동구 고덕동 灘川

고려 말 절신 석탄(石灘)공을 배향한 구암서원(龜巖書院)이 있던 자리이다. 석탄공(石灘公) 이양중(李養中)은 광주이씨로 고려 말 문과에 급제 형부좌참의 벼슬을 지냈으며 임신변혁이 일어나자 이곳에서 낚시하며 살았다 한다. 동북쪽은 절벽이요 그 아래 한강물이 세차게 흐르는 여울이라 낚시하기에는 아주 좋은 곳이다. 태종은 석탄공에게 벼슬을 주겠다 했으나 한사코 거절했다. 왕과 신하가 아닌 우정으로 태종이 찾아오자 낚시한 물고기로 안주하여 마시며 하룻밤 회포를 풀었다. 후에 태종은 한 임금을 섬기는 석탄공을 높이 평가하여 공이 사는 동리를 고덕동(高德洞)이라 지명을 내려 아직도 이곳의 이름은 고덕동으로 불려오고 있다. 서슬이 시퍼런 태종의 절의를 지키는 옛 친구 이양중을 향한 애틋한 우정이 아름답게 느껴진다.

7. 崇義殿 高麗太祖〔押韻先〕

彩霧連川冬色先
채 무 연 천 동 색 선
臨津江渚一祠虔
임 진 강 저 일 사 건

御眞壁上夕陽映
어 진 벽 상 석 양 영
臣將陪邊霜葉姸
신 장 배 변 상 엽 연

神位迴遊巖寺淀
신 위 회 유 암 사 정
老僧醒夢奉安傳
노 승 성 몽 봉 안 전

統韓救國皇青史
통 한 구 국 황 청 사
迢迢王名白日懸
초 초 왕 명 백 일 현

▼ 주(註)

1) 御眞 : 고려 왕건(王建) 태조의 영정.
2) 臣將 : 태조실에 배향된 개국공신 네 분을 가리킨다. 즉 홍유(洪濡), 신숭겸(申崇謙), 배현경(裵玄慶), 복지겸(卜智謙)의 네 분이다.
3) 巖寺 : 仰巖寺를 이른다.

숭의전 고려 태조

채색 안개 낀 연천에 겨울 빛이 먼저 왔으니
임진강가에 한 사당이 공경스럽구나.

고려 태조의 어진이 걸린 벽에 석양이 비치고
배향된 신하와 장수가 늘어선 언덕에 단풍잎이 곱도다.

위패는 돌고 돌아 앙암사 밑에 와 머물렀으며
노승은 꿈을 깨어 위패를 봉안하여 오늘에 전하였도다.

삼한을 통합하여 나라를 구한 빛나는 역사가 혁혁하고
높고 높은 고려 태조의 이름은 해처럼 높이 걸려있구나.

해제(解題)

■ 찾아간 때 : 2012년 11월 16일 ■ 곳 : 경기도 연천군 미산면 아미리 崇義殿
숭의전(崇義殿)은 고려 태조를 비롯한 열 분의 왕과 여조 충신을 배향한 사당이다. 이태조가 등극했지만 민심은 쉽게 돌아오지 않았다. 초조한 그는 두문동에 불도 지르고 개성 왕씨를 멸족시키려 했고, 고려 태묘(太廟)의 역대 왕(歷代王) 위패(位牌)를 배에 실어 임진강으로 흘려보내며 배 밑에 돌을 실어 가라앉게 하였다. 그러나 배는 이곳 잠두봉(蠶頭峰)에 걸려 멈추었다. 이에 잠두봉 옆에 있는 앙암사 주지(仰巖寺住持)가 태조가 나를 살리라는 꿈에서 깨어 나가보니 이상한 배에 실린 왕의 위패를 발견하였다. 바로 그곳이 고려 태조의 원찰 앙암사(仰巖寺) 밑이다. 위패가 자기의 원찰(願刹)을 찾아 도움을 청한 것이다. 숭의전 마당 끝엔 600년이 다 되었다는 느티나무가 시퍼런 강물 벼랑 끝에 당당히 서있었다. 숭의전 배신청(陪神廳)에는 고려 태조, 혜종, 정종, 광종, 경종, 목종, 현종, 원종, 공민왕의 위패와, 고려 개국공신 복지겸, 홍유, 신숭겸, 유금필, 배현경, 서희, 강감찬, 윤관, 김부식, 김취려, 조충, 김방경, 이방실, 김득배, 정몽주 등의 위패가 모셔져 있었다.

8. 判事公壇 李判事公守仁〔押韻豪〕

至月寒風神氣豪
지 월 한 풍 신 기 호
古壇新雪肅然皐
고 단 신 설 숙 연 고

忠臣壇域雰雰霰
충 신 단 역 분 분 산
節士碑顔颲颲飀
절 사 비 안 열 열 도

連圃遙流三義伴
연 포 요 류 삼 의 반
瞻烏靡託萬民騷
첨 오 미 탁 만 민 소

丹心狷介泰山重
단 심 견 개 태 산 중
仰頌翁爺長嘯號
앙 송 옹 야 장 소 호

▼ 주(註)

1) 至月 : 음력 11월의 별칭. 이밖에 중동(仲冬), 자월(子月), 복월(復月), 거월(去月) 등의 별칭이 있다.

2) 霰 : 싸락눈 산.〔霰〕 3) 飀: 큰 바람 도.〔豪〕

4) 三義 : 포은 일당으로 지목되어 공과 더불어 귀양 갔다가 죽임을 당하거나 행방불명된 세분 의사. 집의 정희(鄭熙) 좌상사 김진양(金震陽) 밀직사사 이종학(李種學) 세 분이다.

5) 瞻烏 : 나라가 망하니 백성이 의지할 곳을 잃었다는 비유. 『시경(詩經)』「소아편(小雅篇)」에 '첨오원지우수지옥(瞻烏爰止于誰之屋)'이라 나온다.

판사공단 이판사공 수인

동짓달 찬바람에 신비로운 기운이 호걸찬데
옛 단에 새 눈이 내리니 숙연한 언덕이로다.

충신의 단역에 분분한 싸락눈 날리고
절사의 비면(碑面)에는 사나운 소리내며 큰바람 부는구나.

포은 일당으로 지목되어 세 분 의사와 함께 했고
나라 잃고 갈 곳 모르는 모든 백성은 근심스러웠도다.

붉은 정성 높은 행실은 태산보다도 무겁고
네 분 충신을 추모하여 하늘을 우러러 길게 휘파람 불어 외치는도다.

해제(解題)

- 찾아간 때 : 2012년 12월 7일
- 찾아간 곳 : 경기도 평택시 죽백동 判事公壇

판사공단은 여말 충신 양성 이수인(陽城 李守仁)을 모신 단이다.
공의 휘는 수인, 고휘 정(考諱 梃), 삼중대광 개성윤. 비 남양홍씨. 공은 벼슬이 판사에 이르렀다. 때에 고려 말 신흥군벌의 어지러운 정치가 날로 심혹해질 때 포은에 종유(從遊)하여 강상을 부익하고 간악을 탄핵하다가 선죽교 비사가 일어나면서 공도 또한 그 일당으로 지목되어 집의 정희(鄭熙), 좌상시 김진양(金震陽), 밀직사사 이종학(李鍾學)과 함께 원지로 유배되었다. 그러나 도중에 공은 실종되었고 다른 세 분도 피살 또는 실종되었다. 기유년에 후손의 정성으로 이곳 시조공단역에 설단하였다.

9. 文獻書院 李牧隱公穡〔押韻陽〕

南到韓山加智陽
남 도 한 산 가 지 양
大儒古院偉風堂
대 유 고 원 위 풍 당

苔碑新雪錄芬郁
태 비 신 설 록 분 욱
彩幀舊齋傳烈芳
채 정 구 재 전 열 방

父子累流忠也節
부 자 누 류 충 야 절
敎文興起德乎臧
교 문 흥 기 덕 호 장

燕灘長水更無語
연 탄 장 수 갱 무 어
日月爭光天地瑝
일 월 쟁 광 천 지 황

✓ 주(註)

1) 加智 : 충청남도 서천군 기산면 영모리에 있는 산 이름.
2) 臧 : 착할 장. 〔陽〕
3) 燕灘 : 연자탄(燕子灘). 경기도 여주시 여주읍 하리(下里) 청심루(淸心樓) 아래 한강 여울. 이곳에서 목은 선생이 독살 당하였다.

문헌서원 이목은공 색

남쪽으로 한산 고을 가지산 자락에 이르니
큰 선비의 서원에 위풍이 당당하도다.

이끼 낀 비석은 신설에 아름다운 향기를 기록하고
채색 영정은 옛 재실에 꽃다운 향기를 전하는도다.

목은 선생과 그 아들이 여러번 유배되니 충이요 또 절이며
풍교(風敎)와 학문을 일으키니 덕이요 착함이로다.

연자탄(燕子灘)의 긴 물은 다시는 말이 없는데
일월과 빛을 다투는 목은선생의 충절은 천지를 진동하는 옥소리로다.

✔ 해제(解題)

▪ 찾아간 때 : 2012년 12월 29일

▪ 찾아간 곳 : 충청남도 서천군 기산면 영모리 文獻書院

문헌서원은 목은(牧隱) 이색 선생의 서원이다.

공의 휘는 색(穡), 한산인이고, 목은은 그 호이다. 대학자 곡(穀)의 아들이며 이제현(李齊賢) 문인이다. 진사를 거쳐 원나라에서 성리학을 연구하였다. 원나라에서 제과(制科)에 장원을 한 문장가로 귀국하여 여러 높은 벼슬을 거쳐 간의대부, 예문관 대제학 성균관 대사성 문하시중(門下侍中)을 지냈고, 신조에서 한산백(韓山伯)으로 봉하고 출사를 종용하였으나 불응하여 여러 곳에 유배되었으며, 여주로 가는 도중 독살 당한다. 그의 문하(門下)에 김종직 변계량 등 학자와 많은 명신을 배출한 성리학의 대가이다.

10. 崔武愍公墓 將軍崔瑩〔押韻庚〕

鬱彼崇封攀雪庚
울 피 숭 봉 반 설 경

奉尋額上赤墳明
봉 심 액 상 적 분 명

崔松尙帶前朝色
최 송 상 대 전 조 색

笞碣深銘故國聲
태 갈 심 명 고 국 성

北旅南師兵亂靖
북 려 남 사 병 란 정

東文西武操身淸
동 문 서 무 조 신 청

句疆回復大望折
구 강 회 복 대 망 절

忍聽遺民千萬諻
인 청 유 민 천 만 황

▼ 주(註)

1) 庚 : 길 경, 路也.〔庚〕

2) 赤墳 : 무민공의 너무나 원통한 죽음에 한이 맺혀 그 무덤에 풀이 나지 아니한다고 한다.

최무민공묘 장군 최영

저기 저 높은 묘소로 눈길을 헤치며 올라가니
받들어 찾아간 이마 위에 적분(赤墳)이 밝구나.

높은 소나무는 여조(麗朝)의 빛깔을 아직도 띠고 있으며
이끼 낀 빗돌에는 고국(故國)의 소리가 깊게 새겨져 있더라.

북쪽 군사 남쪽 군사로 병란을 평정하고
동쪽의 문관으로 서쪽의 무장으로 몸가짐을 맑게 하였도다.

요동 고구려 고토를 회복하려던 큰 뜻이 꺾이고 말았으니
고구려 유민의 천만세토록 끊이지 않는 외침소리를 어찌 차마 들을 것인고.

✔ 해제(解題)

- 찾아간 때 : 2013년 1월 4일
- 찾아간 곳 : 경기도 고양시 덕양구 대자동 崔武愍公墓

고려의 명장 최영(崔瑩) 장군의 묘소이다.

공의 휘는 영(瑩)으로 충숙왕 3년에 철원에서 태어났으며 고려 명장으로 본관은 동주(東州)라 한다. 공민왕 때 조일신의 난을 평정한 후 호군(護軍)이 되었고, 100여 번의 전투에서 매번 승리한 명장으로 특히 공민왕 5년 반원정책을 도와 원나라에 속했던 압록강 서쪽지역을 공격하여 되찾았다. 요동정벌에 팔도도통사로 지휘했으나, 이성계의 위화도 회군을 막지 못하고 이성계에게 체포되어 유배 갔다가 73세를 일기로 개성에서 처형되었다. 공의 위대한 꿈 고구려 고토(故土) 회복의 기회를 놓쳐 우리민족의 깊은 한을 남기고 말았다. 공은 '황금(黃金)보기를 돌같이 하라'는 아버지의 가르침에 평생을 청렴하게 처신하였다. 시호는 무민(武愍)이다.

11. 慕耘齋 元耘谷公天錫〔押韻東〕

雉岳高蹤振我東
치 악 고 종 진 아 동
苔痕石逕古齋空
태 흔 석 경 고 재 공

詩碑寂守廣庭聳
시 비 적 수 광 정 용
肅墓寥眠松塢崇
숙 묘 요 면 송 오 숭

扶植綱常慷慨壯
부 식 강 상 강 개 장
避逃鑾輿志襟雄
피 도 란 여 지 금 웅

半千王業白雲去
반 천 왕 업 백 운 거
遙望中天懷感通
요 망 중 천 회 감 통

∇ 주(註)

1) 耘 : 김맬 운. 〔文〕
2) 雉岳 : 원주에 있는 산 이름.
3) 高蹤 : 높은 행실.
4) 鑾輿 : 임금이 탄 수레.

모운재 원운곡공 천석

치악산에 남아있는 운곡선생 높은 행실은 이 나라에 떨치는데
이끼 낀 돌길에 석경사(石逕寺)와 옛 재실이 비었구나.

시조비(時調碑)는 넓은 뜰을 고요하게 지켜 우뚝하고
높은 묘소는 솔 언덕에 편안히 잠들어 높구나.

강상을 붙들어 그 강개가 씩씩하고
왕이 탄 수레를 피한 그 지조가 굳건하도다.

오백년 고려의 왕업이 흰 구름을 따라 떠나가니
시객은 멀리 중천을 바라보고 감회에 젖어든다.

✔ 해제(解題)

▪ 찾아간 때 : 2013년 3월 15일

▪ 찾아간 곳 : 강원도 원주시 행구동 석경촌 慕耘齋

모운재는 원운곡공(元耘谷公)의 재실이다.
공의 휘는 천석(天錫), 자 자정(子正), 호 운곡(耘谷), 원주인이다. 오전 10시 치악산 북쪽 석경사에 도착하였다. 이 절이 모운재이다. 그 절도 재실도 비어있고 또한 텅 빈 뜰에는 운곡의 시조비만 빈터를 지키다가 우리 일행을 반겨 맞이한다. 재실 서쪽에 영정각을 새로 지었고, 서쪽 소나무 숲 속에 묘소가 있다. 공은 고려가 다함에 치악산에 들어가 밭을 갈아 부모 봉양하며 목은과 교유하였다. 태종이 즉위 전 은사(恩師)인 공을 찾아왔지만, 공이 피하여 일주일을 머물다 돌아간 곳을 태종대라 한다. 공의 거처를 물은 태종에게 빨래하던 노파는, 운곡에게 미리 귀띔을 받은 터라 거짓말을 하였고, 왕을 속인 죄책으로 그 노파는 태종 등극 후 투신 자진하였으니, 그 연못을 노구소(老嫗沼)라고 한다.

12. 尙忠齋 申壯節公崇謙〔押韻江〕

光海仲陽過漢江
광 해 중 양 과 한 강
錦山芳洞古齋玒
금 산 방 동 고 재 강

三封短碣尙忠赫
삼 봉 단 갈 상 충 혁
一帶長流彰節庬
일 대 장 류 창 절 방

而衹救君唯有獨
이 지 구 군 유 유 독
以臣代殉絶無双
이 신 대 순 절 무 쌍

名傳灼灼千秋史
명 전 작 작 천 추 사
逝水悠悠萬歲淙
서 수 유 유 만 세 장

주(註)

1) 光海 : 춘천의 옛 이름. 이밖에 우수(牛首), 삭주(朔州), 춘주(春州), 안양(安陽) 등의 고호가 있다.
2) 仲陽 : 음력 2월의 별칭. 이밖에 여월(麗月), 중춘(仲春), 도월(桃月), 냉월(冷月), 행월(杏月) 등의 별칭이 있다.
3) 庬 : 두터울 방, 厚也. 클 방, 大地.〔江〕
4) 衹 : 옷 바꿔 입을 지.〔紙〕
5) 淙 : 물소리 장.〔江〕 물소리 종.〔冬〕

상충재 신장절공 숭겸

이월 춘천 고을에 한강을 지나니
금산 자락 방동리(芳洞里)에 옛 재실이 아름답구나.

세 개 봉분과 작은 비석은 충의를 높여 빛나고
한줄기 긴 강물은 절의를 현창하여 크도다.

옷을 바꾸어 입어 임금을 구하니 오직 한번 있는 일이요
임금을 대신하여 목숨을 바치니 둘도 없는 일이로다.

빛나고 빛나는 이름은 천추의 푸른 역사에 전하고
강물은 유유히 흘러 만세에 찬양의 물소리를 이으리로다.

✔ 해제(解題)

▪ 찾아간 때 : 2013년 3월 29일 ▪ 곳 : 강원도 춘천시 서면 방동리 尙忠齋
상충사는 申장절공(壯節公)을 모시는 사당이다. 상충재 경내에 있다.
공의 휘는 숭겸(崇謙), 초명은 능산(能山)으로 고려개국 벽상일등공신(高麗開國壁上一等功臣)이다. 태조 왕건이 申崇謙으로 성명을 하사(下賜)하니 본관(本貫)이 평산(平山)이다. 묘소는 늠름한 붉은 솔이 좌우에 꽉 들어찬 가운데 훤히 올려다보이는 언덕 위에 세 개의 봉분이 보인다. 머리가 없는 몸에 금으로 머리를 만들어 장사지내면서 도굴을 막으려고 봉분을 세 개로 하였다 한다. 공은 견훤을 치러간 공산 전투에서 적군에게 포위당한 위급한 상황에 있는 왕건 태조의 옷을 바꾸어 입고 장렬한 전사를 하여 왕건을 구한 충신이다. 삼분(三墳) 앞에 선 늙은 나그네의 가슴에 천년 세월을 사이에 두고 울컥 복받치는 감격이 넘쳐난다. 왕고남북(往古南北)에 하나밖에 없는 일이요. 내금동서(來今東西)에 둘이 없는 일이다. 어찌 그 혁혁 충절을 이 두 줄 글로 또한 나의 졸시(拙詩)로 그릴 수 있으랴. 청사에 천추(千秋)토록 빛날 것이니 한강물은 유유히 흘러 만세에 찬양의 물소리로다.

13. 舞雩亭 蔡多義堂公貴河〔押韻虞〕

沙伐淳民歌芮虞
사 벌 순 민 가 예 우
殘紅洛岸一樓孤
잔 홍 락 안 일 루 고

千尋斷壁危亭畵
천 심 단 벽 위 정 화
萬里長江絶景圖
만 리 장 강 절 경 도

罔僕易朝忠節固
망 복 역 조 충 절 고
詠歸古巷舞風扶
영 귀 고 항 무 풍 부

繼承祖業還夷習
계 승 조 업 환 이 습
明德所新稱頌儒
명 덕 소 신 칭 송 유

주(註)

1) 沙伐 : 상주의 고호. 이밖에 상주, 상락, 상산 등의 고호가 있다.
2) 芮虞 : 예우지송(芮虞之訟)을 이른다. 예(芮)나라와 우(虞)나라 임금이 밭을 가지고 다투다가 주문왕(周文王)에게 판결해 달라고 주나라에 들어가 보니 양로양반(讓路讓畔)의 미풍이 있음을 보고 부끄러워 돌아왔다는 고사.
3) 夷習 : 동이족(우리나라)의 아름다운 풍습.
4) 明德所新 : 덕을 밝혀 백성을 새롭게 한다. 『대학(大學)』에 '대학지도(大學之道)는 재명명덕(在明明德)하고 재신민(在新民)'이란 구절에서 나온 말.

무우정 채다의당공 귀하

상주의 순박한 백성이 예우(芮虞)의 송(訟)을 노래하고
삼월 낙동강 언덕에 한 정자가 외롭도다.

천 길 낭떠러지의 위태로운 정자는 그림처럼 뛰어나고
만 리 장강에 제일 가는 이 경치는 그린 듯이 아름답구나.

다의당(多義堂)은 신조에 신하되기를 거부하여 전조에 충절을 굳게 지키고
또한 고향에 영귀(詠歸)하여 무풍(舞風)을 붙들었도다.

그의 후손 우담(雩潭)은 조업을 이어받아 상주의 민심을 동이족(東夷族)의 풍습으로 다시 돌려놓았으니
누대 큰 선비의 밝은 덕이 이곳 백성을 새롭게 하였다는 칭송이 자자하도다.

▼ 해제(解題)

▪ 찾아간 때 : 2013년 5월 3일 ▪ 곳 : 경상북도 상주시 사벌면 삼덕리 舞雩亭

무우정은 우담 채(蔡)선생의 정자다. 공의 휘는 득기(得沂), 호 우담(雩潭) 또는 학정(鶴汀), 인천인(仁川人)이다. 우담공은 역학, 천문, 지리, 의학, 복서, 음률, 병진(兵陣) 등 백가(百家)에 밝았다. 공은 유일(遺逸)로 나라에 천거되어 빙고별좌(氷庫別坐)에 임명되었으나 부임하지 않고 고관들이 벼슬을 권유하였으나 응하지 않았다. 이 정자는 공이 그의 8대조 여말 절신 다의당(多義堂) 휘 귀하(貴河)를 추모하며 조업을 이어 세속에 물들지 않고 살겠다는 뜻으로 세운 정자이다. 다의당은 여말에 포은이 순국하자 벼슬을 버리고 평산 모란산(牧丹山)에 숨었다. 이산 서쪽에 목은이 탁영대에, 동쪽에 신황의옹(申黃衣翁)이 배록동에, 가운데에 공이 다의당에 살아서 은자삼현이 숨은 곳이라 하였다. 다의당은 말년에 문경으로 내려와 숨어살았다.

14. 景德齋 姜通溪公淮仲〔押韻佳〕

梅雨高陽景色佳
매 우 고 양 경 색 가
龍華南麓一齋娃
용 화 남 록 일 재 왜

冠山敬德清風起
관 산 경 덕 청 풍 기
松塢崇墳野鳥儕
송 오 숭 분 야 조 제

望拜無辰罔僕叫
망 배 무 신 망 복 규
宰徵不仕節臣牌
재 징 불 사 절 신 패

相尋武愍嘆亡國
상 심 무 민 탄 망 국
何盡當時其舊懷
하 진 당 시 기 구 회

▼ 주(註)

1) 梅雨: 음력 4월의 별칭. 이밖에 초하(初夏), 유하(榴夏), 괴하(槐夏), 맥추(麥秋) 등의 별칭이 있다.

2) 龍華: 고양시 관산동에 있는 산 이름.

3) 娃: 예쁠 왜. 〔佳〕

4) 武愍: 최영(崔瑩) 장군의 시호.

경덕재 강통계공 회중

사월 고양에 경색(景色)이 아름답고
용화산 기슭에 한 재실이 예쁘구나.

관산리 경덕재에 맑은 바람 일어나고
송오동의 높은 묘소에는 새소리가 함께 하는도다.

무시로 송도를 향하여 망배하면서 신하되지 않겠다 외치고
재상으로 부르는 신조에 불사하니 고려절신의 패를 찼음이로다.

무민공과 이웃하여 서로 찾아 망국의 한을 달래니
어찌 당시에 옛날 회포가 끝이 있었으리오.

▼ 해제(解題)

▪ 찾아간 때 : 2013년 5월 18일

▪ 찾아간 곳 : 경기도 고양시 덕양구 관산동 景德齋

경덕재는 여말 대절 강(姜)통계공의 재실이다.

공은 휘는 회중(淮仲), 호 통계(通溪), 자 중부(仲父), 진주인이다. 아버지는 공목공(恭穆公) 휘 시(諱 蓍)이고 형은 회백(淮伯)이다. 공은 목은에게 사사하였고 우왕 8년에 문과에 장원하여 여러 화직을 거쳐 보문각대제학(寶文閣大提學)에 이르렀다. 임신변역에 불사이군을 맹세하고 두문동에 들었다가 고양군 고봉산중에 숨었다. 태종이 병참, 형판으로 4번 불렀으나 끝내 불출(不出)하였다. 이성계를 제거하려다 실패한 옥사에 연루되어 형과 함께 유배당하고 조선 건국에 이색과 함께 결당모란(結黨謀亂)하였다는 죄로 죽임을 당했다. 임신변역에 공의 아버지와 형제가 죽임을 당했으며 사숙(私淑)하며 정신적으로 교류하던 무민공 최영 장군 묘역 가까이에 묻혔다.

15. 瑞雲齋 全採薇軒公五倫〔押韻灰〕

槐夏東江煙霧灰
괴 하 동 강 연 무 회
瑞雲山下一齋傀
서 운 산 하 일 재 괴

含飴弄裔白頭脉
함 이 롱 예 백 두 맥
坩地根天青玉臺
감 지 근 천 청 옥 대

三世連忠排祿塞
삼 세 련 충 배 록 색
七賢全節杜門阫
칠 현 전 절 두 문 배

憐君獨守星摩餓
연 군 독 수 성 마 아
別曲桃源萬里栽
별 곡 도 원 만 리 재

주(註)

1) 槐夏 : 음력 4월의 별칭. 이밖에 초하(初夏), 유하(榴夏), 매우(梅雨), 맥추(麥秋) 등의 별칭이 있다.
2) 東江 : 정선에 흐르는 강 이름. 3) 瑞雲山: 정선에 있는 산 이름.
4) 坩地 : 성마령 아래 채미헌공의 조부 묘소가 있는 곳이 도가니형이다.
5) 根天 : 성마령 아래 있는 대제학공의 묘를 이름. 그가 극진한 효자였다.
6) 青玉 : 정선에 있는 산 이름. 7) 阫: 담장 배. 〔灰〕
8) 星摩 : 성마령(星摩嶺). 정선 서북쪽에 있는 고개 이름.
9) 別曲桃源 : 정선아리랑을 이름이다.

서운재 전채미헌공 오륜

사월 동강에 연무가 잿빛인데
서운산 아래 한 재실이 크구나.

백두낙맥에 엿을 먹여 손자를 희롱하는 두 명당이 크고
청옥산 용맥 아래 감혈(坩穴)과 효자의 묘혈이 아름답도다.

삼대 연충(三代連忠)에 신조에 벼슬하기를 거부하였고
채미헌공은 칠현이 절의를 온전히 하도록 담장을 쌓았도다.

임금을 그리면서 성마령의 배고픔을 홀로 지키고
여기에서 불려진 아리랑이 만 리에 심어졌도다.

해제(解題)

■ 찾아간 때 : 2013년 5월 24일

■ 찾아간 곳 : 강원도 정선군 남면 낙동리 瑞雲齋

서운재는 여말 대절 全채미헌 선생의 재실이다.

공의 휘는 오륜(五倫), 호 채미헌(採薇軒), 정선(旌善)인이다. 공은 보문각대제학(寶文閣大提學)을 지낸 두암공의 아들이다. 공은 공민왕조에 문과급제 이어 형조판서 대제학을 지냈고 고려가 망하자 두문동에 들었다가 불사이군을 맹세한 선비 7현(전오륜, 김충한, 고천우, 이수생, 신안, 변기수, 김위)과 함께 이곳으로 옮겨와 사니 그 사는 동리는 거칠현동으로 불리게 되었으며 칠현비(七賢碑)에 채미헌공을 비롯한 7현의 유시가 새겨져 있다. 서운재와 채미헌공을 배향한 사당이 이곳에 있다. 감혈(坩穴) 앞의 신도비문은 중관 선생의 글이다. 여말 절신들이 이곳에서 부모형제를 그리며 또는 딴 곳으로 옮겨갈 때 부르던 노래가 후세에 전해진 것이 정선아리랑이다. 정선읍 용탄리 성마령(星摩嶺) 아래에 여말 절의를 지킨 공의 부조(父祖) 양대 묘소가 있고, 공의 묘소와 정선전씨 시조묘소는 서운재 뒷산인 서운산에 있다.

16. 永慕亭 林錦隱公卓〔押韻先〕

小暑羅州初伏先
소 서 나 주 초 복 선

九津浦岸一亭蠲
구 진 포 안 일 정 견

江風颯颯自千古
강 풍 삽 삽 자 천 고

老檜堂堂經萬年
노 회 당 당 경 만 년

峻節三連南道壁
준 절 삼 련 남 도 벽

杜門十烈錦城瑄
두 문 십 렬 금 성 선

禮徵不出終臣義
예 징 불 출 종 신 의

竹帛青青永世賢
죽 백 청 청 영 세 현

✓ 주(註)

1) 九津浦 : 전라남도 나주시 다시면 영산강가의 포구.

2) 颯 : 바람소리 삽. 삽삽은 바람이 살살 부는 소리.〔合〕

3) 瑄 : 구슬 선.〔先〕

영모정 임금은공 탁

소서 나주에 복더위가 먼저 왔고
구진포 언덕에 한 정자가 깨끗하도다.

강바람은 삽삽하니 천고로부터 일고
늙은 회나무는 당당하니 만년이 지났구나.

높은 절의는 삼대를 이었으니 남도의 보배요
두문동 창의십열 중 한 분이시니 금성의 큰 구슬이로다.

예로써 불렀으나 끝내 신절을 지켜 나가지 아니하니
죽백(竹帛)에 청청한 그 이름 영세(永世)의 어지심이로다.

해제(解題)

- 찾아간 때 : 2013년 7월 12일
- 찾아간 곳 : 전라남도 나주시 다시면 회진리 永慕亭

영모정은 여말 대절 林금은공이 세운 정자이다.
공의 휘는 탁(卓), 호 금은(錦隱), 나주(羅州)인이다. 공은 효성이 지극하고 청렴하며 덕이 있어 벼슬이 해주감무와 내직인 소윤에 이르렀다. 임신변역이 일어나자 송도 부조현에서 조천관을 벗고 북쪽을 향하여 통곡한 뒤 금성 회진으로 내려가 불사이군의 충절을 지켰다. 두문동 72현 여말 10열(十烈) 중의 한 분으로 치악단에 참석하였다. 새 조정에서 여러 번 불렀으나 나가지 아니하고 절개를 지켰고 공의 아들과 손자가 공의 유훈에 따라 절의를 지키니 삼대절의라 칭한다. 십오 년 전 한가락 탐방 때 공이 호가 없어 안타까움에 중관 선생님께서 금은이라 호를 지어 올렸었다.

17. 武恭祠 卜開國功臣智謙〔押韻蕭〕

流夏唐津老杏蕭
류 하 당 진 로 행 소
峨嵋峯麓一祠嬌
아 미 봉 록 일 사 교

廟庭白日神靈肅
묘 정 백 일 신 령 숙
壇墓蒼天將氣寮
단 묘 창 천 장 기 료

開國元勳輝兩膊
개 국 원 훈 휘 양 박
統韓偉業繫雙鞗
통 한 위 업 계 쌍 조

山河誓定賜名赫
산 하 서 정 사 명 혁
青史武恭千萬翲
청 사 무 공 천 만 표

▿ 주(註)

1) 流夏 : 음력 6월의 별칭. 이밖에 성하(盛夏), 계월(季月), 형월(螢月), 성염(盛炎), 염양(炎陽) 등의 별칭이 있다.
2) 峨嵋峯: 충청남도 당진시 면천면에 있는 산.
3) 膊 : 어깨 박.〔藥〕
4) 鞗 : 말고삐 조.〔蕭〕
5) 翲 : 나부낄 표.〔蕭〕

무공사 복개국공신 지겸

유월 면천에 늙은 은행나무가 소소하고
아미산 아래 한 사당이 아름답구나.

한낮 사당 뜰에 신령이 엄숙하고
단묘 창천에는 장수의 기운이 높도다.

고려 개국 원훈(元勳)이 두 어깨에 휘황하게 빛나고
삼한 통합의 위업은 공의 두 줄 말고삐에 걸렸더라.

산하에 맹서하고 공에게 사명(賜名)하니 그 이름 빛나고
무공공의 시호는 청사에 천만세토록 나부끼리로다.

해제(解題)

■ 찾아간 때: 2013년 7월 19일
■ 찾아간 곳: 충청남도 당진군 순성면 양유리 武恭祠

무공사는 고려 개국공신 卜태사의 사당이다.
공의 휘는 지겸(智謙), 초명 사괴, 면천(沔川)인이다. 홍유, 배현경, 신숭겸과 더불어 고려 개국 삼한 통일을 성사시키고 환선길, 임춘길의 모반을 평정하여 큰 공을 세우니 고려개국통합삼한익찬 일등공신이 되고 삼중대광태사가 되며 혜성군(槥城君)에 봉하여졌다. 시호가 무공(武恭)이다. 면천초등학교 교정에는 공의 딸이 열두 살 때 아버지 병구완을 할 때 심었다는 은행나무가 천 년의 수령에도 많은 은행이 달려있으니 영험하고 아름다웠다.

18. 太師庾公之廟 開國功臣庾黔弼〔押韻豪〕

盛夏林川壯氣豪
성 하 임 천 장 기 호

聖興山頂古祠高
성 흥 산 정 고 사 고

檐端遠岫盡平野
첨 단 원 수 진 평 야

樓外長江流海濤
누 외 장 강 류 해 도

北鎭南征開國贊
북 진 남 정 개 국 찬

西矜東恤祭生遭
서 긍 동 휼 제 생 조

統韓忠節偉勳赫
통 한 충 절 위 훈 혁

千萬年年千萬號
천 만 년 년 천 만 호

✔ 주(註)

1) 盛夏 : 음력 6월의 별칭. 이밖에 유하(流夏), 계월(季月), 형월(螢月), 성염(盛炎), 염양(炎陽) 등의 별칭이 있다.

2) 聖興山 : 충청남도 부여군 임천면의 산 이름. 3) 贊: 도울 찬. 〔翰〕

4) 矜 : 불쌍히 여길 긍. 〔蒸〕 창지루 근. 〔眞〕 늙은 홀아비 환. 〔刪〕

5) 恤 : 구제할 휼. 〔質〕

6) 祭生 : 임천 백성들이 유(庾)장군을 찬양하여 생사당을 짓고 제사를 올린 것을 말함이다.

태사유공의 사당 개국공신 유금필

유월 임천 고을에 장기는 호걸찬데
성흥산성 위에 옛 사당이 높구나.

태사묘 처마 끝에 걸린 먼 뫼 뿌리는 평야에서 다하고
성흥루 밖의 금강(錦江)은 멀리 바다로 흘러드는도다.

북방을 평정하고 또 남쪽을 정벌하여 고려 개국을 주도하였고
동서백성을 불쌍히 여겨 주린 백성을 구제하니 생사당(生祠堂) 제사를 받았도다.

삼한통일의 위훈은 충절공으로 빛나고
천만년이 가도록 천만 사람이 부르짖으리로다.

✔ 해제(解題)

▪ 찾아간 때 : 2013년 8월 2일 ▪ 곳 : 충남 부여군 임천면 군사리 太師庾公之廟

태사묘는 고려 개국공신 庾태사공의 사당이다.

공의 휘는 금필(黔弼), 평산유씨의 시조(始祖)이며, 시호(謚號) 충절(忠節)이시다. 황해도 평주사람으로 마군장군이 되어 공암수에 침입한 오랑캐를 격퇴하고, 정남대장군이 되어 견훤을 정벌하여 항복을 받고 신라를 귀부시켜 삼한통합에 큰 공을 세웠다. 공이 고려 태조를 만나러 가는 도중 임천에 들르니 잔적(殘賊)의 노략질이 심하고 백성이 도탄에 빠진 것을 보고 군량을 풀어 구제하고 둔전(屯田)을 경영하여 선정을 베푸니 백성들이 생사당(生祠堂)을 지어 공을 제사 지냈다. 시호를 충절로 내리고 이조 성종이 태사유공지묘란 어필 현판을 내렸다. 숭의전의 고려태조 묘정에 배향되고 있다. 공의 사당은 임천 성흥산(聖興山) 정상에 자리하였으니 광막한 평야와 금강 하구를 내려다보는 삼남(三南) 제1의 절경지이다.

19. 永慕齋 池毅齋公湧奇〔押韻歌〕

凉月牙山彰烈歌
양 월 아 산 창 렬 가
金城古廟義風薖
금 성 고 묘 의 풍 과

朱楹傑構地端竪
주 영 걸 구 지 단 수
鳥革翬飛天可摩
조 혁 휘 비 천 가 마

絶食十三從國殉
절 식 십 삼 종 국 순
繫虹百里慕忠峨
계 홍 백 리 모 충 아

扶王擊寇功名壯
부 왕 격 구 공 명 장
卓節崇貞萬世玻
탁 절 숭 정 만 세 파

▼ 주(註)

1) 凉月 : 음력 7월의 별칭. 이밖에 유화(流火), 상추(上秋), 계추(桂秋), 조월(棗月), 오월(梧月), 동월(桐月) 등의 별칭이 있다.
2) 金城 : 충청남도 아산시 인주면 금성리 영모재가 있는 마을.
3) 薖 : 넉넉할 과. 〔歌〕
4) 鳥革翬飛 : 새의 날개와 꿩이 나는 모양. 화려하게 지은 집의 모양.

영모재 지의재공 용기

칠월 아산에 충렬을 빛내어 노래하니
금성리 옛 사당에 의로운 바람이 넉넉하도다.

붉은 기둥에 호걸찬 집은 땅위에 단정하게 서있고
새와 꿩이 나는 듯 잘 지은 집은 하늘을 만지는구나.

절식(絶食) 십삼일에 나라를 좇아 순국하니
흰 무지개가 수 백리에 걸치매 충성을 그리며 높도다.

왕을 도와 오랑캐를 물리친 공명이 장하고
높고 높은 절개는 만세에 구슬이리라.

✔ 해제(解題)

▪ 찾아간 때 : 2013년 8월 15일

▪ 찾아간 곳 : 충청남도 아산시 인주면 금성리 永慕齋

영모재는 여말 충신 문충공 池장군의 재실이다.

공의 휘는 용기(湧奇), 호 의제(毅齋), 충주인이며, 시호(諡號) 문충(文忠)이시다. 공은 호조판서(戶曹判書) 복룡(福龍)의 아들이다. 뛰어난 장군으로 공민왕조에 왜구를 물리치다 화살에 맞았으나 끝까지 싸워 이겨서 물리친 전공으로 문하찬성사(門下贊成事)에 올랐고 공민왕조에 벽상삼한삼중대광 삼사사판사로 임명되고 충원부원군에 봉하여졌다. 이초의 난에 연루되어 귀양갔다 풀려 지금의 아산에 거주하였다. 포은(圃隱)과 뜻과 행동을 같이하였던 고로 포은이 화를 입은 뒤 임신변역이 일어나니 나라와 자기의 운명을 예감하고 통곡하며 13일을 절식(絶食)하여 장렬하게 나라와 더불어 순국하셨다. 공이 순국하자 흰 무지개가 100리에 걸쳤다고 전하여진다.

20. 遠慕齋 謝臥亭公全信〔押韻靑〕

穴口中秋望渼靑
혈 구 중 추 망 미 청
項州古洞一齋昤
항 주 고 동 일 재 령

海風千里紫楹肅
해 풍 천 리 자 영 숙
蒼蘚萬年烏碣銘
창 선 만 년 오 갈 명

方效唐虞巢父節
방 효 당 우 소 부 절
歎稱文武叔齊惺
탄 칭 문 무 숙 제 성

同門舊誼今傳溢
동 문 구 의 금 전 일
謝臥丹忠永世熒
사 와 단 충 영 세 형

주(註)

1) 穴口 : 강화의 고호. 이밖에 해구(海口), 강도(江都), 심주(沁州) 등의 별칭이 있다.

2) 項州 : 강화의 동리 이름. 3) 唐虞: 요임금과 순임금을 이름.

4) 巢父 : 요임금 때 소부(巢父)와 허유(許由)가 임금의 자리를 물려받으라는 왕명을 피하여 기산(箕山: 하남성 登封縣에 있음)에 숨어 나오지 아니하였다. 절의 높은 예로 쓰인다.

5) 文武 : 주 문왕과 무왕을 이름.

6) 叔齊 : 백이(伯夷)의 아우 숙제(叔齊)를 이름. 7) 謝臥 : 전신(全信)의 호.

원모재 사와정공 전신

강화 팔월에 바라보는 물결무늬가 푸른데
항주 옛 마을에 한 재실이 빛나도다.

해풍 천리에 붉은 기둥은 엄숙하고
검은 비석은 만년에 푸른 이끼 낀 명시가 새겨졌도다.

"전하는 요순(堯舜)을 본받으소서. 노신은 소부(巢父)의 절의를 지키겠나이다." 하니
탄식하며 깨닫고 노우(老友)를 주문왕 무왕시대의 백이숙제라 칭찬하였도다.

동문의 구의가 이제껏 아름답게 전하여 넘치고
사와공의 붉은 충정은 영세토록 빛나리로다.

▪ 찾아간 때 : 2013년 9월 6일 ▪ 곳 : 인천광역시 강화군 양도면 인산리 遠慕齋
원모재는 여말 충신 全상서공을 추모하는 곳이다.
공의 휘는 신(信), 호 사와정(謝臥亭), 성주인(星州人)이다. 공은 봉익대부 전법판서 휘 대평(大平)의 아들로 이방원과 원천석의 문하에서 배웠다. 학행이 뛰어나 조정에서 화직에 발탁되었고 병부상서에 올랐다. 임신변역에 강화 위양면 항주동에서 은거하였다. 이방원은 즉위 후 공을 찾아와 공복(公服)과 벼슬을 주고자 하였으나 공은 밭에서 한줌 흙을 가지고나와 "이 땅은 강구(康衢 : 요임금 때의 세상)적 땅이요, 이 몸은 기산(箕山 : 소부와 허유가 임금자리를 받으라는 왕명을 피해 은거한 산)의 먼 자취니 전하께서는 요순(堯舜)과 같은 임금이 되소서. 노신은 소부의 절의를 지키겠나이다." 하니 태종이 탄식하여 가로되 "문왕무왕(文王武王)때 백이숙제를 닮았도다." 하고 돌아갔다 한다. 그 마을을 왕방리(王訪里)라 전하고 내려준 산을 국사봉(國賜峰)이라 이름하여 현금에 이른다.

21. 墨井書院 申醇隱公德隣〔押韻魚〕

洗硯琅泉驚黑魚
세 연 랑 천 경 흑 어

先頭山麓古祠居
선 두 산 록 고 사 거

烟霞甍上雪松卓
연 하 맹 상 설 송 탁

彩霧院前玄額書
채 무 원 전 현 액 서

父子望崧噴悖淚
부 자 망 숭 분 패 루

親査戀主擧杯餘
친 사 연 주 거 배 여

世稱六隱赤忠赫
세 칭 육 은 적 충 혁

節行筆文東國初
절 행 필 문 동 국 초

∨ 주(註)

1) 琅泉 : 청주 낭성면 관정리에 있는 우물.
2) 先頭山 : 청주 서쪽에 있는 산 이름.
3) 父子 : 순은(醇隱) 신덕린(申德鄰)과 그 아들 호촌(壺村) 신포시(申包翅). 같이 두문동 72현이시다.
4) 親査 : 수은(樹隱) 김충한(金沖漢)이 아들 포시(包翅 號 壺村)의 장인이다. 두 분이 같이 두문동 72현이시다.
5) 六隱 : 牧, 圃, 冶, 陶, 郊, 醇의 여섯 분 隱자 호로 불리는 분. 모두 여말 충 · 절신이시다.

묵정서원 신순은공 덕린

옥돌 샘에서 벼루를 씻으니 검은 고기가 놀라고
선두산기슭에 옛 사당이 자리했구나.

노을 진 대마루 위에 눈 덮인 소나무가 높고
오색 안개 낀 서원 앞에 옛스러운 편액이 걸렸도다.

부자가 송악산을 바라보며 역간을 꾸짖어 눈물짓고
사돈과 더불어 임금을 그리며 술잔을 들 뿐이더라.

세칭 여섯 은사로 칭송되니 붉은 충성이 빛나고
절의와 행실 학문과 글씨가 동국의 으뜸이구나.

해제(解題)

▪ 찾아간 때 : 2013년 11월 29일 ▪ 곳 : 충청북도 청주시 상당구 낭성면 관정2리

묵정서원(墨井書院)은 여말 충신 申순은공의 서원이다.

공의 휘는 덕린(德鄰), 자 불고(不孤), 호 순은(醇隱), 고령인(高靈人)이다. 이곳에는 묵정서원 외에도 효행으로 정려문이 세워진 신집 선생 등 여섯 분을 배향한 육현사(六賢祠)와 묵정영당이 있다. 공은 공민왕 원년에 전교령(典校令)을 거쳐 좌사의를 역임하고 예의판서 보문각제학(禮義判書 寶文閣提學)에 이르렀다. 고려가 망하자 아들 포시와 그 장인 수은 김충한과 같이 지리산에 숨어서 살았으니 포은, 목은, 야은, 도은, 교은과 함께 육은(六隱)으로 일컬어진다. 새 조정에서 공에게 대사간 그 아들에게 공조참의의 관직으로 불렀으나, 불응하고 불사이군의 절의를 지킨 부자의 충절이 후세의 사표가 되었다. 공과 사돈, 아들 등 세 분이 모두 두문동 72현의 한 분이시다. 공은 특히 서예에 뛰어나 신의 경지에 이르러 사람들이 공의 글씨를 가보로 삼았다고 한다. 먹물이 흘러 내를 이루었다 하여 묵정(墨井)이니 지금껏 동명(洞名)으로 남아있다.

22. 鳴灘書院 李松隱公明誠〔押韻歌〕

陽月熊津戀主歌
양 월 웅 진 연 주 가
將軍峰下古祠峨
장 군 봉 하 고 사 아

江流千里盛忠綠
강 류 천 리 성 충 록
山帶萬年貞節羅
산 대 만 년 정 절 라

藏谷崇蘭芬素馥
장 곡 숭 란 분 소 복
拒徵罔僕殉紅魔
거 징 망 복 순 홍 마

草頭衆子綱常植
초 두 중 자 강 상 식
松隱英名永世嵯
송 은 영 명 영 세 차

∀ 주(註)

1) 陽月 : 음력 2월의 별칭. 이밖에 여월(麗月), 중춘(仲春), 도월(桃月), 냉월(冷月), 행월(杏月) 등의 별칭이 있다.
2) 熊津 : 공주의 고호. 이밖에 웅주(熊州), 웅천(熊川), 공산(公山), 안절(安節), 회도(懷道) 등의 고호가 있다.
3) 將軍峰 : 충청남도 공주시 월송동에 있는 산 이름.
4) 紅魔 : 불길. 화염(火焰).

명탄서원 이송은공 명성

이월 공주에 임 그리는 노래 들리는데
장군봉 아래 옛 서원이 높구나.

강물은 흘러 천 리에 충성으로 푸르렀고
저 산은 만년토록 정절을 띠어 아름답구나.

혜란(蕙蘭)은 깊은 골에 잠겨있어도 향기는 막을 수 없고
누징(累徵)에 망복(罔僕)하니 불 속에 타 죽는구나.

뭇 자식에게 풀 삿갓을 씌우니 강상(綱常)을 심었고
송은(松隱)공의 꽃다운 이름 영세에 높으리로다.

해제(解題)

▪ 찾아간 때 : 2014년 3월 10일 ▪ 곳 : 충청남도 공주시 월송동 鳴灘書院
명탄서원은 李송은(松隱)공을 모신 재실이다.
동리 입구에는 사송정(四松亭)이란 큰 돌이 서있고 재실은 대나무로 둘러싸였으며 후원에 두 그루 노송이 지키고 서있다. 공의 휘는 명성(明誠), 자 경장(敬章), 호 송은(松隱), 시호 문성(文成), 공주인(公州人)이다. 공은 어려서부터 품성이 어질고 자질이 뛰어나 목은 선생 문하에서 학문을 닦아 깊은 학문에 문장이 뛰어나니 고려조에 벼슬하여 감찰어사에 지제고(知制誥)를 겸하였다. 고려의 국운이 날로 기울음을 보고 벼슬을 버리고 가까이 지내던 포은과 작별한 후 강원도 이천(伊川)에 숨었다. 신조에서 여러 번 불렀으나 끝내 불응하자 태종이 그가 숨은 산에 불을 질러 불에 타 죽고 나오지 아니하였다. 세 아들을 초두(草頭) 머리글자로 이름 짓고 후세 여러 선비들이 공의 충절을 찬양하여 많은 찬시를 남겼다. 금강 물은 천 리에 공의 성충을 기려 푸르고, 장군봉은 만년에 정절을 찬양하여 아름답더라.

23. 三莊齋 金首山公子進〔押韻冬〕

盛夏貞忠嚴若冬
성 하 정 충 엄 약 동
錦城一駾首山逢
금 성 일 태 수 산 봉

朱楹卓榭冠南聳
주 영 탁 사 관 남 용
蒼蘚高墳望北恭
창 선 고 분 망 북 공

麗井麗田遮日老
여 정 려 전 차 일 노
我天我地採薇鼕
아 천 아 지 채 미 동

唱吟追慕頌歌裏
창 음 추 모 송 가 리
節義永彰千古宗
절 의 영 창 천 고 종

주(註)
1) 榭 : 정자 사. 사당집 사.〔禡〕
2) 鼕 : 북소리 동.〔冬〕

삼장재 김수산공 자진

한여름 더위에도 충절이 엄하기가 겨울 같은데
나주를 한달음에 달려와 수산공을 만나도다.

붉은 기둥의 정자는 남쪽으로 솟아 우뚝하고
푸른 이끼 낀 무덤은 북쪽을 바라보며 공손하도다.

고려 우물 고려 밭이라 이름하여 해를 가린 늙은이가
내 하늘 내 땅에서 채미가를 부르는구나.

공을 노래하며 추회하는 가운데
절의는 길이 빛나 천고에 으뜸이로다.

해제(解題)

- 찾아간 때 : 2012년 7월 7일
- 찾아간 곳 : 전라남도 나주시 공산면 상방리 三莊齋

삼장재는 고려 말 절신 金수산공을 추모하는 재실이다.
공의 휘는 자진(子進), 호 수산(首山), 광산인(光山人)이다. 공의 증조는 신돈 제거를 모의하다 화를 입었고, 조부는 간성왕 원년에 화를 입었으며, 공의 선고(先考)는 고려를 붙들려다 멀리 귀양 갔다가 유배지에서 돌아가셨다. 공은 공민왕조에 벼슬에 나가 금위사정이 되었다. 고려의 운이 다하는 것을 보고 탄식하여 말하기를 "나는 재상을 보필하던 자손으로 삼대에 걸쳐 순절하였는데 어찌 딴마음을 품겠는가?" 하고 나주 비음방으로 숨어들어 정자를 지어 수산(首山)이라하고 우물을 여정(麗井), 밭을 여전(麗田), 마을을 종오(終吾)라 이름 하였다. 새 조정에서 예로 불렀으나 끝내 나가지 아니하고 대절을 지켰다. 신라 왕손의 후예로 한 집안의 삼대가 충절의 집안이다.

24. 水落影堂 李益齋公齊賢〔押韻江〕

螢月向清過錦江
형 월 향 청 과 금 강
益齋水落影堂龐
익 재 수 락 영 당 방

禽鳴寂寂依麗曲
금 명 적 적 의 려 곡
溪澗潺潺留昔淙
계 간 잔 잔 류 석 장

府說文章斯國絶
부 설 문 장 사 국 절
扈從解擒古今幢
호 종 해 금 고 금 당

忠臣仰慕頌歌裏
충 신 앙 모 송 가 리
卓卓聲名雷若聵
탁 탁 성 명 뢰 약 낭

▼ 주(註)

1) 螢月 : 음력 6월의 별칭. 이밖에 유월(流月), 계월(季月), 복월(伏月), 계하(季夏), 조월(朝月) 등의 이칭이 있다.
2) 益齋 : 이제현(李齊賢)의 호.
3) 府說 : 익재 이제현이 저술한 『소악부(小樂府)』와 『역옹패설(櫟翁稗說)』을 이른다.
4) 聵 : 귀멍멍할 낭. 〔江〕

수락영당 이익재공 제현

유월에 청주를 향하여 금강을 건너니
익재공의 수락영당이 높도다.

새 울음 적적한데 고려의 곡조를 노래하고
시냇물은 잔잔하여 옛 물소리로 머물러 있도다.

소악부와 역옹패설은 이 나라 문장의 으뜸이요
왕을 호종하고 해금한일은 고금에 없는 자랑이로다.

충신을 우러르며 찬송하는 노래 속에
높고 높은 그 이름 우뢰와 같이 귀에 울리는도다.

해제(解題)

- 찾아간 때 : 2012년 7월 21일
- 찾아간 곳 : 충청북도 청주시 상당구 미원면 가양리 水落影堂

수락영당은 李익재공의 영당이다.

공의 휘는 제현(齊賢), 자 중사(仲思), 호 익재(益齋) · 역옹(櫟翁), 경주인이다. 고려 충렬왕 때 나이 15세로 대과에 장원급제, 충선, 충숙, 충혜, 충정, 공민왕조에 사사하여 관지문하시중(官至門下侍中)하고 홍건적의 난에 공민왕을 청주로 호송하여 계림부원군에 봉군되었다. 여조 수유(首儒)로 추앙되고 학문이 도저하여 특히 원나라 학자 조맹부(趙孟頫) 등과 친교가 두터워 여조 역대 3왕이 원나라에 피검될 때마다 그 부당함을 상소하여 해금하였다. 말년에 저술에 힘써 『익재난고(益齋亂藁)』, 『소악부(小樂府)』, 『역옹패설(櫟翁稗說)』 등이 있고 그 밖에 많은 명시 명문이 『동문선』 등에 전하니 동국절문(東國絶文)이다. 증시 문충(文忠), 공민왕 묘정에 배향되고, 금천 도산서원, 경주 구강서원에 배향되었다.

25. 思陽影堂 李秋月齋公公升〔押韻支〕

萬弩巨門淸李支
만 노 거 문 청 리 지
三韓統合碩勳蕤
삼 한 통 합 석 훈 유

陽川仙谷瑞雲起
양 천 선 곡 서 운 기
秋月影堂靈幀祇
추 월 영 당 령 정 지

緯地風流廉白節
위 지 풍 류 염 백 절
經天道德讖書錐
경 천 도 덕 참 서 추

文貞仰慕賡歌艷
문 정 앙 모 갱 가 염
竹帛功名永世垂
죽 백 공 명 영 세 수

주(註)

1) 萬弩 : 진천에 있는 산 이름. 진천 고을의 고호로 쓰인다.
2) 淸李 : 청주이씨를 이름.
3) 蕤 : 꽃 유. 무성할 유.〔支〕
4) 陽川 : 진천에 있는 산 이름.
5) 秋月 : 추월재. 이공승(李公升)의 호.
6) 讖 : 참서 참. 예언의 기록 참.〔沁〕
7) 文貞 : 이공승의 시호.

사양영당 이추월재공 공승

진천고을은 명문 청주이씨가 지탱하는데
고려개국공신 후손으로 초목이 무성함 같도다.

양천산 신선 골짜기 서기의 구름이 일어나고
영당엔 추월재공의 영정이 공경스럽도다.

위지 풍류에 깨끗한 절의가 겸했는데
경천 도덕으로 왕께 송곳의 날카로운 시를 올렸도다.

문정공을 추모하여 부르는 갱가 아름다우니
죽백의 공명이 영세토록 드리울 것이로다.

해제(解題)

- 찾아간 때 : 2012년 8월 11일
- 찾아간 곳 : 충청북도 진천군 문백면 사양리 思陽影堂

사양영당은 고려 충신 李문정공의 영정을 봉안한 곳이다.

공의 휘는 공승(公升), 자 달부(達夫), 호 추월재(秋月齋), 청주인이다. 공은 문장을 잘하여 인종조에 과거에 올라 한림원을 거쳐 여러 번 옮겨 우정언이 되었다. 의종 초에 전중시어사(轉中侍御史)가 되어 사신으로 금나라에 갔다. 금나라에 사신으로 가면 예에 따라 은(銀) 한 근을 주는데 공은 일전도 취하지 않으니 사람들이 그 맑음에 감복하였다. 의종이 공이 청령재에서 놀 때에 가을달이 맑고 개어서 한 점의 티끌도 없으니 바로 공의 마음 같다하여 호를 추월재로 내렸다. 벼슬을 다하고 후원에 띠집을 지어 손님이 찾아오면 시와 술로 즐거움을 삼았다. 시호 문정(諡號文貞)이다.

26. 蓮潭公墓 郭蓮潭公預〔押韻魚〕

臨澗叢碑形躍魚
임 간 총 비 형 약 어
高珉頭上發芙蕖
고 민 두 상 발 부 거

松林新廟照鄕里
송 림 신 묘 조 향 리
竹塢古墳名巷閭
죽 오 고 분 명 항 려

外使勞誠還虜隷
외 사 노 성 환 로 예
內治淸直絶詩書
내 치 청 직 절 시 서

少京落日關山路
소 경 낙 일 관 산 로
黃野金風颯颯旟
황 야 금 풍 삽 삽 여

▼ 주(註)

1) 芙蕖 : 연꽃의 이칭.

2) 關山 : 고향.

3) 颯颯 : 바람이 산들산들 부는 모양.

4) 旟 : 펄럭일 여. 〔魚〕

연담공묘 곽연담공 예

시냇가에 비석들 모양이 뛰는 물고기 닮았는데
높은 비석 머리 위에 연꽃이 피었도다.

송림가운데 새 사당은 향리를 비추고
대나무 언덕 옛 무덤은 이름 있는 고향 문이로다.

외교관으로 사로잡힌 백성을 찾아오고
내치에 맑고 곧았으며 시서에 뛰어났도다.

청주에 해가 지는 고향길에서
황금벌 가을바람에 나부끼는 깃발이로다.

해제(解題)

- 찾아간 때 : 2012년 9월 22일
- 찾아간 곳 : 충청북도 청주시 상당구 명암동 蓮潭公墓

연담묘는 고려 충신 郭연담공의 묘소이다.

공의 휘는 예(預), 초명 왕부(王府), 자 선갑(先甲), 호 연담(蓮潭), 청주인(淸州人)이다. 연담공은 고종 42년에 문과에 장원급제하여 전주사직으로 벼슬에 올라 지밀직사사감찰대부 좌승지국자감대사성(知密直司事監察大夫 左承旨國子監大司成)이 되었다. 원종 때 왜구침범을 꾸짖고 납치해간 우리나라 사람들의 송환을 요구하기 위한 사신으로 일본에 가서 그 일을 해냈으며 충렬왕 12년에 원나라 황제 생일축하사절로 가는 도중에 돌아가셨다. 공은 글과 글씨가 뛰어났고 글씨체가 독특한 당대의 명필가였다. 공은 연꽃을 아주 좋아하였다고 한다.

27. 崇慕齋 殷襄烈公莘尹〔押韻刪〕

歲首駒城寒氣刪
세 수 구 성 한 기 산
早春殘雪一齋斑
조 춘 잔 설 일 재 반

飛檐古閣西村洞
비 첨 고 각 서 촌 동
巨碣靈墳舞鳳山
거 갈 령 분 무 봉 산

靖節厥先蒼竹態
정 절 궐 선 창 죽 태
貞忠繄後碧松顔
정 충 예 후 벽 송 안

累徵不出守堅志
루 징 불 출 수 견 지
義獨採薇千萬憪
의 독 채 미 천 만 한

주(註)

1) 駒城 : 용인의 고호. 이밖에 용구(龍駒), 멸오(滅烏) 등의 별호가 있다.
2) 西村洞 : 용인시 이동면에 있는 동리 이름.
3) 舞鳳山 : 용인에 있는 산 이름.
4) 繄 : 어조사(語助辭) 예.〔齊〕
5) 憪 : 마음 편안할 한.〔刪〕

숭모재 은양렬공 신윤

정월달 용인에 한기가 꺾였는데
이른 봄 잔설에 한 재실이 빛나도다.

나는 듯한 처마의 옛집은 서촌동에 섰는데
높은 비석 신령스런 묘소는 무봉산에 있도다.

정절 지킨 그 조상은 푸른 대의 자태요
정충(貞忠)의 그 자손은 푸른 솔의 얼굴이로다.

누차 부름에도 나가지 아니한 굳은 절개요
의롭게 홀로 채미곡 부르니 천만년 편안하도다.

해제(解題)

▪ 찾아간 때 : 2013년 3월 2일
▪ 찾아간 곳 : 경기도 용인시 이동면 서리 崇慕齋

숭모재는 고려 충신 殷양열공을 추모하는 곳이다.

공의 휘는 신윤(莘尹), 시호(謚號) 양렬(襄烈), 행주인(幸州人)이다. 공은 글을 잘하여 성균관 박사(成均館博士)와 경주부윤(慶州府尹)을 거쳐 충정왕조에 보문관 대제학(寶文館大提學)에 올랐으며 가정 이곡과 교분이 두터웠다. 고려가 망하자 공은 전라도 고부(고사부리) 두승산에 숨어 세상을 끊고 지낼 때 때때로 목은이 찾아와 서로 위로하며 글을 주고받았다고 한다. 신조에서 여러 번 불렀으나 나아가지 아니하고 절의를 지킨 충신이다. 공의 묘는 나무가 무성한 숲속에 깔끔하게 단장되어 있었다.

28. 高麗碩陵 高麗熙宗〔押韻豪〕

海口殘紅春色豪
해 구 잔 홍 춘 색 호
鎭峰南麓古陵高
진 봉 남 록 고 릉 고

苔墳伏地號宗祖
태 분 복 지 호 종 조
蘚碣仰天憎饕饕
선 갈 앙 천 증 철 도

除去權臣王策洩
제 거 권 신 왕 책 설
島流賢主國情騷
도 류 현 주 국 정 소

半千望霓罕尋客
반 천 망 예 한 심 객
倒屧迎之知遇遭
도 섭 영 지 지 우 조

✔ 주(註)

1) 海口 : 강화의 별칭. 이밖에 강도(江都), 혈구(穴口), 심주(沁州) 등의 별칭이 있다.
2) 殘紅 : 음력 3월의 별칭. 이밖에 화월(花月), 도월(桃月), 연월(燕月), 모춘(暮春) 등의 별칭이 있다.
3) 鎭峰 : 강화 양도면에 있는 진강산(鎭江山)을 이름.
4) 饕饕 : 도적. 여기서는 왕을 쫓아낸 무신 최충헌을 가리킨다.
5) 望霓 : 대한(大旱)에 무지개. 즉, 단비(甘雨)를 기다린다는 뜻.
6) 倒屧 : 나막신을 거꾸로 신다. 손(客)을 반갑게 맞이하는 모양을 이름.

고려 석릉 고려 희종

삼월은 강화에 봄기운이 호걸찬데
진강산 남쪽 자락에 옛 왕릉이 높도다.

이끼 낀 봉분은 엎드려 조상에게 부르짖고
태비는 하늘을 우러러 도적 최충헌을 저주하는도다.

권신을 제거하려는 왕의 계책이 누설되니
어진 왕은 섬으로 귀양가고 나라가 어지럽도다.

오백년 내내 대한(大旱)에 무지개 바라듯 반기운 심방객을
나막신 거꾸로 신고 뛰어나와 친구로 대접하여 만나는도다.

▪ 찾아간 때 : 2013년 4월 18일 ▪ 곳 : 인천광역시 강화군 양도면 길정리

석릉(碩陵)은 고려 21대 희종의 능이다.

희종(熙宗)의 휘는 영(韺), 자 불피(不被), 시호(諡號) 성효(誠孝)이다. 아버지는 신종(神宗), 어머니는 정선태후 김씨(靖宣太后金氏), 왕후(王后)는 함평궁주임씨(咸平宮主任氏)이다. 왕 즉위의 공으로 최충헌을 문하시중 보강군개국후(門下侍中 普康君開國侯)에 봉하니 최충헌의 횡포가 심해져, 내시(內侍) 왕준명(王濬明) 등과 논의하여 최충헌을 제거하려다 실패하여 1211년 폐위되어 교동도에 유배되었다. 고종 24년에 용유도에서 세상을 떠나 이곳에 안장되었다. 깊은 산 속에 누더기가 된 콘크리트 포장의 흔적을 찾아 덤불을 헤치고, 반시간이나 걸려 겨우 능을 찾을 수 있었다. 능은 지름 8m 원형 봉분과 주위가 석축으로 둘러싸여있다. 진강산 남쪽기슭에 촌부(村夫)의 무덤처럼 고려 석릉이라는 이척단갈(二尺短碣)이 이끼에 묻혀있으니 능자(陵字)가 오히려 부끄럽다. 대한(大旱)에 무지개 바라듯 드문 심방객을 나막신을 거꾸로 걸치고 뛰어나와 내 손을 잡는다.

29. 坤陵 高麗元德王后柳氏〔押韻歌〕

海口清明戀主歌
해 구 청 명 연 주 가
德山南麓古陵羅
덕 산 남 록 고 릉 라

杜鵑艶發佳城灼
두 견 염 발 가 성 작
短碣祇銘白晝磨
단 갈 지 명 백 주 마

空闕長宵千石淚
공 궐 장 소 천 석 루
深宮盡日萬章哦
심 궁 진 일 만 장 아

數多歲月若春夢
수 다 세 월 약 춘 몽
歎息連連如岱嵯
탄 식 연 연 여 대 차

▼ 주(註)

1) 海口 : 강화의 별칭. 이밖에 강도(江都), 혈구(穴口), 심주(沁州) 등의 별칭이 있다.

2) 清明 : 음력 3월의 별칭. 이밖에 화월(花月), 도월(桃月), 연월(燕月), 모춘(暮春), 잔홍(殘紅) 등의 별칭이 있다.

3) 德山 : 덕장산(德庄山). 강화 양도면에 있다.

4) 杜鵑 : 진달래꽃. 5) 哦 : 읊을 아.〔歌〕

곤릉 고려 원덕왕후 유씨

삼월 강화에는 임 그리는 노래가 들려오는데
덕장산 남쪽 자락에 옛 능이 아름답구나.

두견화 곱게 피어 능역(陵域)이 불타고
단갈은 공경스럽게 백주에 빛나는구나.

독수공방 긴긴 밤에 천 섬의 눈물 흘리고
깊은 궁궐 하루 종일 임을 그려 만장의 시를 읊었도다.

수많은 세월이 봄날의 꿈같은데
이어지는 탄식이 쌓여 태산만큼이나 높구나.

해제(解題)

■ 찾아간 때 : 2013년 4월 18일

■ 찾아간 곳 : 인천광역시 강화군 양도면 능내리 坤陵

고려 22대 왕 강종(康宗)비 원덕왕후 유씨(元德王后 柳氏)의 능이다. 강종은 재위 2년에 붕하 하였으니 청상(靑孀) 수십 년에 저승에서 조차 임은 만나지 못하고 강종의 능은(역사상 실전되었으니) 어디에 있는지조차 알지 못한 채 이 궁벽한 산중에 홀로 누워있다. 생전에 흘린 젊으신 과부의 눈물은 몇 섬이나 되며 7백 년 동안에 쌓인 한숨은 태산이 되었으리라. 유난히 요염한 이 능 주변의 만발한 두견화 꽃밭 속에서 연분홍 치맛자락을 휘날리며 700년 만에 찾은 원객을 반겨 소리치며 뛰어나오는 것 같다. 자그마한 동그란 봉분에 2척 단갈에 곤릉이란 명자가 다소곳이 빛난다.

30. 文景齋 李石灘公存吾〔押韻咸〕

大雪山衢冬色咸
대 설 산 구 동 색 함
牛眠峯下一齋鑑
우 면 봉 하 일 재 감

庭邊竹影赤忠拜
정 변 죽 영 적 충 배
檐外松風旌頌諵
첨 외 송 풍 정 송 남

彈劾獨姦終罪過
탄 핵 독 간 종 죄 과
永言三首歎槍欃
영 언 삼 수 탄 창 참

瞻尊卓節誦歌艶
첨 존 탁 절 송 가 염
今昔交流文士銜
금 석 교 류 문 사 함

▼ 주(註)

1) 牛眠峯 : 서울 서초구에 있는 산 이름.
2) 諵 : 시끄러울 남. 〔咸〕
3) 獨姦 : 국정을 전횡(專橫)하는 신돈을 이름.
4) 欃 : 살별이름 참. 〔咸〕 槍欃은 혜성의 하나로서 이 별이 빛나면 전쟁이나 기타 나라에 불상사가 생길 징조라고 한다.
5) 銜 : 직함 함. 〔咸〕

문경재 이석탄공 존오

대설 날 산과 거리가 모두 겨울빛인데
우면산 아래 한 재실이 밝도다.

뜰 앞에 대나무 그늘 붉은 충신께 절하고
처마 밖 송풍 정려를 노래하며 수다스럽도다.

간신을 탄핵하여 그 허물로 죽게 하였고
시조 세 수가 남아 혜성을 탄식하고 있도다.

높은 충신을 우러러 찬송하는 노래는 아름다운데
이제 와 옛사람이 시인의 명함을 주고받는도다.

✔ 해제(解題)

▪ 찾아간 때 : 2013년 12월 7일

▪ 찾아간 곳 : 서울특별시 서초구 우면동 암산부락 文景齋

문경재는 여말 충신 李석탄공을 추모하는 재실이다.

공의 휘는 존오(存吾), 자 순경(順卿), 호 석탄(石灘), 경주인(慶州人)이다. 공은 어려서부터 용모단정하고 대범하고 과묵하였다. 공민왕 9년에 급제하여 수원서기(水原書記)를 벼슬했고, 정몽주, 박상충, 이숭인, 김구용, 김제안과 더불어 친교하였다. 공민왕 15년에 정언(正言)이 되어 신돈을 직간하다 군옥(軍獄)에 갇혔다. 이색이 변호하여 장사감무(長沙監務)로 강등되었다. 2년 후에 공주 석탄에서 분을 이기지 못해 병이 들어 31세의 나이에 돌아가셨다. 그러나 공의 탄핵으로 신돈은 종당에는 죄를 받아 죽는다. 결국 공은 목숨을 걸고 간신을 탄핵하여 성사 한 것이다. 공의 시조 <구름이 무심탄말이 아마도 허랑하다> 우리가 들어본 많이 알려진 시조다. 구름은 아마도 신돈의 득세를 규탄한 것이리라.

상충재(尙忠齋) - 60쪽 참조 -

신숭겸장군 묘소(申崇謙將軍墓所)
- 60쪽 참조 -

신숭겸장군 동상(申崇謙將軍銅像)
- 60쪽 참조 -

第二部

震域儒曲

31. 孤石亭 鐵原〔押韻江〕

盛夏東州到碧江
성 하 동 주 도 벽 강
危亭柱下激湍瀧
위 정 주 하 격 단 상

烟霞百里紅塵隔
연 하 백 리 홍 진 격
灘水千年竹帛幢
탄 수 천 년 죽 백 당

摩震古墟春夢斷
마 진 고 허 춘 몽 단
長興平野戰爭厖
장 흥 평 야 전 쟁 방

銹穿鐵帽紫花艷
수 천 철 모 자 화 염
歲月如流忘亂峨
세 월 여 류 망 난 앙

▼ 주(註)

1) 東州 : 철원의 옛 이름.

2) 摩震 : 궁예가 세운 나라이름. 후고구려 또는 태봉이라고도 하였으며 철원에 도읍했다.

고석정 철원

한여름 철원의 푸른 강에 이르르니
위태롭게 선 정자 기둥 아래 급류가 물결치는도다.

노을이 백리에 붉은 티끌을 멀리하였고
여울물은 천년에 푸른 역사가 넘실대는도다.

태봉국의 옛터에 궁예의 헛된 꿈이 끊어졌고
장홍 들에서는 남북간 전쟁이 컸도다.

녹슨 철모를 뚫고 핀 붉은 꽃이 요염한데
세월은 물같이 흘러 전란의 가혹함을 잊었도다.

✔ 해제(解題)

孤石亭 : 고석정은 강원도 철원군 동송읍 장흥리에 있다. 한탄강 가운데에 우뚝한 석주(石柱)가 솟아있고 그 석주 앞 경치 좋은 강우안(江右岸) 절벽에 위태롭게 붙어 선 2칸 전퇴의 자그마한 정자이다. 서울에서 100리 안팎의 가까운 거리이지만 휴전선을 가까이 끼고 있어서인지 온전하게 속진을 떨쳐내니 신기하다. 궁예의 옛 꿈이 화려했던 마진의 고도이고 6.25전란에 격전이 벌어졌던 곳이다. 녹슨 철모의 뚫어진 구멍으로 붉은 꽃이 무명용사의 고혼을 위로하는 듯 고개를 숙이고 있다. 덧없는 세월이 60여 년이 흘렀으니 전쟁의 가혹함을 잊을만한 세월인지도 모른다.

32. 扶餘百花亭〔押韻陽〕

半月城頭照夕陽
반 월 성 두 조 석 양
扶蘇山上古亭康
부 소 산 상 고 정 강

汀風宛送前朝曲
정 풍 완 송 전 조 곡
巖影猶存故國芳
암 영 유 존 고 국 방

萬淚漣漣添恨墜
만 루 연 연 첨 한 추
百花片片落冤翔
백 화 편 편 낙 원 상

三千宮女去何處
삼 천 궁 녀 거 하 처
不盡長江歎息長
부 진 장 강 탄 식 장

▼ 주(註)

1) 半月城 : 백제의 궁성이 있던 성터이다.
2) 扶蘇山 : 반월성이 있는 산 이름.
3) 三千宮女 : 나당연합군에 의하여 반월성이 함락될 때 삼천궁녀가 낙화암에서 백마강으로 투신하였다고 전한다.

부여 백화정

반월성 머리에 석양이 비치는데
부소산 언덕엔 옛 정자가 편안하도다.

백마강 바람은 의연히 불어 전조의 노래를 보내고
낙화암 그늘에는 아직도 꽃다운 향기가 남아있도다.

만 줄기 눈물은 흘러 한스러운 백마강물에 떨어지고
백 송이 꽃은 낙화암에 날려 원한을 품고 흩어지는도다.

삼천 궁녀 간 곳이 어디메뇨,
장강은 끊임없이 흐르는데 탄식만 길도다.

✔ 해제(解題)

百花亭 : 백화정은 충청남도 부여군 부여읍 쌍북리에 있다. 부소산 낙화암 정상에 1950년대에 지방 유림에서 새로 세운 팔각정자이다. 한남정맥의 끝자락, 천리 장강을 굽어볼 수 있는 어찌보면 정자터로서는 천하제일의 명당자리에 다섯 사람을 수용하기 어려운 초라한 정자가 몹시 아쉽다는 생각이 든다. 그러나 그 풍광과 역사성은 시인으로 하여금 풍월 한 장 읊고 싶은 생각이 저절로 나게하는 정자이다.

33. 和順赤壁〔押韻侵〕

和順淨溪勝色侵
화 순 정 계 승 색 침
甕城落脈奇峰琳
옹 성 낙 맥 기 봉 림

青湖雲霧動蒼浪
청 호 운 무 동 창 랑
赤壁煙霞浮碧潯
적 벽 연 하 부 벽 심

景仰嘆聲猶在響
경 앙 탄 성 유 재 향
蘭皐諷賦尚餘音
난 고 풍 부 상 여 음

望鄕亭上詠風月
망 향 정 상 영 풍 월
天下首稱仙境嶔
천 하 수 칭 선 경 금

✔ 주(註)

1) 景仰 : 신재 최산두(新齋 崔山斗)의 자이다. 초계최씨 시조. 한영의 아들. 문과 지평을 거쳐 사인에 이르렀다. 기묘사화(1519)에 동복에 유배되었다. 1533년 풀려났으나 벼슬에 나가지 않았다. 문장이 뛰어나 호남3걸로 일컬는다. 동복 도계서원에 배향되었다.

2) 蘭皐 : 김삿갓으로 불리는 김병연(金炳淵)의 호. 전국을 유랑하다가 이곳 절경에 취하여 이곳에 머무르다가 객사하여 묘가 이곳에 있었는데 그 아들이 영월로 면봉했다 한다.

화순 적벽

화순 맑은 물빛에 경치가 달라지니
옹성산 낙맥에 기이한 봉우리가 옥돌이구나.

푸른 호수는 운무에 싸여 맑은 물결 일고
적벽의 안개는 푸른 물가에 떠있도다.

신재(新齋)의 탄성은 아직도 그 울림이 남아있고
김삿갓의 풍자시는 여음이 울리는도다.

망향정 위에서 풍월을 읊으니
천하제일의 선경 같은 경치가 높구나.

해제(解題)
和順 赤壁: 화순 적벽은 전라남도 화순군 이서면 장학리에 있다. 옹성산 낙맥이 동복강(同福江)을 만나서 이루어낸 아름다운 경치인데 절벽에 춘하추동으로 풍광이 변하면서 이루어진 절경이 동복호수에 투영되니 참으로 장관을 이룬다. 옛날에 신재 최산두(新齋 崔山斗)는 중국의 적벽(赤壁)에 비하여 손색이 없다하여 그와 같이 적벽(赤壁)이라 명명하였다.

34. 欝陵島獨島〔押韻塩〕

蒼海茫茫水味塩
창 해 망 망 수 미 염
欝陵獨島碧波縑
울 릉 독 도 벽 파 겸

惠風萬里聖峯聳
혜 풍 만 리 성 봉 용
滄浪千年岩禿銛
창 랑 천 년 암 독 섬

羅代斯夫于國伐
나 대 사 부 우 국 벌
鮮朝龍福契書添
선 조 용 복 계 서 첨

大韓卅景將終韻
대 한 삽 경 장 종 운
詩友欣歌雀躍忺
시 우 흔 가 작 약 험

✔ 주(註)

1) 聖峰 : 울릉도 한가운데에 위치한 성인봉을 이름. 표고 967m.
2) 斯夫 : 신라 사람 이사부(異斯夫)를 이름.
3) 龍福 : 안용복(安龍福)을 이름.

✔ 해제(解題)

欝陵島 : 울릉도는 경상북도 울릉군에 있는 섬이다. 면적 71.7㎢, 포항에서 268㎞ 거리에 있는 동해상의 화산도이다. 본래 우산국(于山國)이었으

울릉도 독도

푸른 바다 망망한데 물맛이 소금이요
울릉도 독도에 푸른 물결이 비단같이 곱구나.

은혜로운 바람 만리에 불어 성인봉이 솟았고
파도가 천년에 나무 없는 바위가 날카롭도다.

신라 때 이사부가 우산국을 정벌하였고
안용복은 일본에서 조선 땅이란 증서를 받아왔도다.

대한 삼십경 시가 장차 다음에는 종운이 될 것이니
시우가 기뻐서 노래하며 뛰노는도다.

나 신라 지증왕 때 이사부(異斯夫)가 정벌하여 신라에 귀속되었다. 주민 대부분이 어업에 종사한다.

獨島 : 독도는 경상북도 울릉군 남면 울릉도 남동쪽 87.4㎞의 동해상에 있는 섬. 주도(主島)인 동도와 서도 그밖에 작은 섬이 있고 주민은 없다. 등대가 있고 우리 경비대가 있다. 독도의 한자표기는 본래 독도(禿島)이고 나무가 없다는 뜻에서 지어진 이름이다. 머리털이 없는 머리를 독두(禿頭)라고 하고 '대머리'라고 한다. 그래서 독도(禿島)는 또한 이름을 '대섬'이라고 하였다. 다시 말해서 독도(禿島)는 한자를 음독(音讀)하면 '독도'이고 훈독(訓讀)하면 '대섬'인 것이다. 일본인은 '대섬'을 쉽게 죽도(竹島)로 표기하고 저희들 땅이라고 한다. 그러나 이 섬에 대나무는 그림자도 없으며 그밖에 대나무와의 연고는 찾을 길이 없다. 반면 '대머리 섬'이라는 논리는 지리적 현상과 우리말의 역사적 사실(史實)이 증명하고 있다. 언어(言語)는 인위적으로 좌우할 수 없는 엄연한 실증이다.

35. 紅島黑山島 〔押韻咸〕

紅島黑山勝色咸
홍 도 흑 산 승 색 함
南端兩嶼海中㺝
남 단 양 서 해 중 함

蒼風千里櫛蒼岸
창 풍 천 리 즐 창 안
碧浪萬年淘碧巖
벽 링 만 년 도 벽 암

弓福月城遺構寂
궁 복 월 성 유 구 적
巽庵魚譜字痕鑱
손 암 어 보 자 흔 참

卅奇絶景乘雲去
삽 기 절 경 승 운 거
終韻斯時一唱諴
종 운 사 시 일 창 함

주(註)

1) 弓福 : 장보고의 별명. 장보고는 신라 흥덕왕 때의 장수, 해운가. 조정으로부터 청해진 대사로 임명받아 황해와 남해의 해적을 일소하고 해상권을 장악하여 당나라와의 교역을 활발하게 하였다. 신라의 왕권다툼에 말려들어 암살당하였다. 그는 흑산도에 반월성을 쌓아 해적을 방비했다.

2) 巽庵 : 정약전(丁若銓)의 호. 정약용의 친형. 손암은 조선 순조 때 천주교 신자임을 이유로 흑산도에서 5년간 유배생활을 하면서 물고기에 대한 연구를 기록에 남겼으니 그것이 자산어보(玆山魚譜)이다.

홍도 흑산도

홍도 흑산도가 모두 뛰어난 경색인데
남쪽 두 섬은 바다 가운데 옥돌이로다.

푸른 바람 천리에 솔푸른 언덕을 빗질하고
맑은 파도 만년에 푸른 바위를 잘 씻고 있고나.

흑산도에는 장보고가 쌓은 반월성 옛터가 남아있고
흑산도 귀양살이에 손암이 지은 어보의 글자 날카롭도다.

대한 삼십경의 절경이 머릿속에 구름을 타고 지나가니
삼십 운자가 끝나는 이때 함께 부르짖는 아름다움이로다.

✔ 해제(解題)

紅島 : 홍도는 전라남도 신안군 흑산면 홍도리에 있는 섬. 면적 6.47㎢, 인구 819명(1984).

黑山島 : 흑산도는 전라남도 신안군 흑산면에 있는 섬. 면적 22.01㎢, 인구 5,132명(1985). 매화도, 소흑산도와 같이 흑산군도를 이루고 있다. 홍도와 함께 경치가 아름다워 관광지로 이름났다.

36. 嶺南樓 密陽〔押韻東〕

高閣嶺南推火東
고 각 영 남 추 화 동
陽江北壁古樓工
양 강 북 벽 고 루 공

千尋碧岸長流臥
천 심 벽 안 장 류 와
萬里蒼天秀嶂濛
만 리 창 천 수 장 몽

檀祖神靈庭後偉
단 조 신 령 정 후 위
阿娘說話檻中充
아 랑 설 화 함 중 충

飛鷗恨別烟霞外
비 구 한 별 연 하 외
遙望雲涯百感洪
요 망 운 애 백 감 홍

주(註)

1) 推火 : 밀양의 고호이다. 이밖에 밀성(密城), 귀화(歸化), 응천(凝川), 밀산(密山), 밀주(密州)의 고호가 있다.

2) 陽江 : 밀양강.

3) 濛 : 이슬비 몽. 〔東〕

영남루 밀양

영남루 높은 다락은 밀양의 동쪽인데
밀양강 북쪽언덕에 옛 누각이 아름답도다.

천길 푸른 언덕 아래 장강은 누워있고
만리 창공 높은 봉에 이슬비 내리는구나.

단군신령은 뜰 뒤에 모셔져 우뚝하고
아랑의 설화는 다락 안에 가득하도다.

갈매기 날아 안개 밖에서 이별을 아쉬워하니
멀리 구름 끝을 바라보면서 깊은 감회에 젖는다.

✔ 해제(解題)

嶺南樓: 영남루는 경상남도 밀양시 내일동에 있는 누각이다. 밀양의 객사인 밀양관의 부속 건물이며 밀양강 북안(北岸) 절벽의 경승(景勝)에 자리하고 있다. 보물 147호. 영남루 뒤에 천진궁(天眞宮)이 있다. 단군 이래 역대 8왕조의 시조왕 위패를 모셨다. 층계아래 아랑각(阿娘閣)이 있다. 아랑은 조선 명종 때 이 고을 부사의 딸로 유모의 꾀임에 빠져 영남루에 나왔다가 통인으로부터 정조를 강요당하자 정절을 지켜 죽었고 후임 부사가 아랑의 원한을 풀어주었다는 설화가 남아있다.

37. 矗石樓 晉州〔押韻冬〕

去月晉陽詩韻冬
거 월 진 양 시 운 동
長流絶壁古樓恭
장 류 절 벽 고 루 공

南江滾滾千年碧
남 강 곤 곤 천 년 벽
智異堂堂萬里丰
지 리 당 당 만 리 봉

義妓抱魁沈水媛
의 기 포 괴 침 수 원
忠臣枕砦上天龍
충 신 침 채 상 천 용

依風老客憶今昔
의 풍 노 객 억 금 석
何處數聲傳暮鍾
하 처 수 성 전 모 종

▽ 주(註)

1) 矗 : 솟을 촉. 〔屋〕
2) 去月 : 음력 11월의 별칭.
3) 晉陽 : 진주의 고호, 이밖에 진강(晋康), 진산(晋山), 강주(康州), 청주(菁州), 거타(居陀) 등의 고호가 있다.
4) 南江 : 진주 시내를 흐르는 강 이름.
5) 滾滾 : 물이 성하게 흐르는 모양. 구름이 여기저기 옮겨가는 모양.
6) 枕砦 : 성채(城砦)를 베개 삼아 죽음. 성채를 지키다 전사함.

촉석루 진주

동짓달 진주에 시운은 동(冬)자이고
장강 절벽에 옛 누각이 공손하도다.

남강 물은 끊임없이 천년을 흘러 푸르르고
지리산은 당당하게 만리 밖에서 아름답도다.

의기 논개는 적장을 끌어안고 강물에 떨어지니 아름다웠고
목사 김시민은 장렬히 전사하여 용이 되어 승천하였도다.

늙은 나그네는 옛 일을 생각하여 깊은 시름에 빠져있는데
어디서 수성 저녁 종소리 들려오누나.

✔ 해제(解題)

矗石樓: 촉석루는 경상남도 진주시 본성동에 있는 누각이다. 남강에 임한 벼랑위에 서있는 웅장한 건물로 진주성의 주장대(主將台)이다. 고려말에 창건하여 임란에 허물어진 것을 광해군 때 중수하고 6.25동란에 소실된 것을 최근에 재건하였다. 임진왜란에 목사 김시민(金時敏)은 장렬한 전사를 하여 이 성을 지키니 임란 3대 대첩(大捷)의 하나로 꼽는다. 의기 논개(論介)는 진주성이 함락된 후 촉석루 술자리에서 적장을 끌어안고 남강에 같이 떨어져 죽었다.

38. 竹西樓 三陟〔押韻江〕

至月陟州臨五江
지 월 척 주 임 오 강
江頭鎭坐古亭厖
강 두 진 좌 고 정 방

近嵐遠霧淡如藐
근 람 원 무 담 여 막
海浪山風詠若淙
해 랑 산 풍 영 약 장

名妓竹仙詩賦悅
명 기 죽 선 시 부 열
羅王文武聖巖撞
나 왕 문 무 성 암 당

關東第一樓高聳
관 동 제 일 누 고 용
八景矜稱月滿窓
팔 경 긍 칭 월 만 창

주(註)

1) 至月 : 음력 11월의 별칭.
2) 陟州 : 삼척의 고호. 이밖에 진주(眞珠), 실직(悉直) 등의 고호가 있다.
3) 藐 : 멀 막, 아득할 막.
4) 淙 : 물소리 장. 〔江〕 물소리 종. 〔冬〕
5) 竹仙 : 삼척 명기 죽죽선(竹竹仙)을 이름.

죽서루 삼척

동짓달에 삼척의 오십천에 이르니
강가에 옛 누각이 크게 서있도다.

남기와 안개는 멀리 가까이 맑고 아득하고
바다물결과 산바람 소리는 노래도 같고 물소리도 같구나.

명기 죽죽선은 시를 읊으며 즐겼고
신라의 문무왕은 용이 되어 와서 성암을 두드렸구나.

이 누각이 관동제일루라고 미명이 걸렸으니
팔경 가운데 제일이라 자랑하며 달은 창에 가득하도다.

∀ 해제(解題)

竹西樓: 죽서루는 강원도 삼척시 성내동에 있는 누각이다. 절벽 위 오십천(五十川) 계류를 내려다보는 경치 좋은 곳에 자리 잡았다. 고려 충렬왕 때 간관(諫官) 이승휴(李承休)가 지었고, 조선 태종 3년에 부사 김효손(金孝孫)이 중수하였다. 보물 제213호. 관동팔경의 하나. 명기 죽죽선(竹竹仙)이 누각에서 시를 읊으며 놀았다는 전설이 있다. 절벽 위 용바위[龍巖]가 있어 신라 문무왕이 죽어 용(龍)이 되어 동해를 순수(巡狩)할 때 이 용암에 드나들었다는 성혈(聖穴)이다.

39. 泗沘樓 扶餘〔押韻微〕

復月故都陽氣微
복 월 고 도 양 기 미
扶蘇山頂一樓巍
부 소 산 정 일 루 외

錦南正脈悠悠達
금 남 정 맥 유 유 달
白馬長江滾滾歸
백 마 장 강 곤 곤 귀

百濟邦家遺恨墜
백 제 방 가 유 한 추
千餘宮女落花飛
천 여 궁 녀 낙 화 비

迎風老帆無心遠
영 풍 노 범 무 심 원
巖下棹歌已夕暉
암 하 도 가 이 석 휘

주(註)

1) 復月 : 음력 11월의 별칭.
2) 錦南正脈 : 금강 남쪽을 달리는 산경(山徑)의 이름. 부소산이 그 끝에 솟아있다.

사자루 부여

동짓달 고도에 햇볕이 희미한데
부소산 정상에 한 다락이 우뚝하도다.

금남정맥이 멀리 돌아 이곳에 이르렀고
백마강은 곤곤히 흘러 돌아가는도다.

백제의 나라는 한을 남긴 채 허물어졌고
천여 궁녀는 꽃으로 떨어졌도다.

맞바람 늙은 돛배는 무심히 떠가는데
낙화암 아래 뱃노래에 석양이 비꼈구나.

▼ 해제(解題)

泗泚樓: 사자루는 충청남도 부여군 부여읍 쌍북리 부소산(扶蘇山) 위에 있는 누각이다. 본래 부여군 임천면(林川面)에 있던 누각을 이곳으로 옮겨 세우고 사비수(泗沘水; 白馬江의 별호) 위에 있다하여 사비루라 명명하였는데 현판을 쓰는 이(李)모씨가 비(沘)자를 자(泚)자로 오기(誤記)한 것이 이제는 제이름이 되었다 한다. 유유히 흐르는 장강을 굽어보고 부여평야가 시원하게 틔어 경관이 아름답다. 삼천궁녀의 애절한 설화를 담은 낙화암이 좌측에 내려다 보인다.

40. 望仙樓 淸州〔押韻魚〕

雀躍出門逢水魚
작 약 출 문 봉 수 어
關山故邑一樓渠
관 산 고 읍 일 루 거

千年老杏無心壯
천 년 노 행 무 심 장
萬里長江不盡徐
만 리 장 강 부 진 서

麗主會吟懷古淚
여 주 회 음 회 고 루
登科揭榜肯今譽
등 과 게 방 긍 금 예

句尋醉興忘歸際
구 심 취 흥 망 귀 제
娘子城頭月上初
낭 자 성 두 월 상 초

주(註)
1) 娘子城: 청주 동쪽에 있는 옛 백제 고성의 이름.

망선루 청주

물을 만난 고기처럼 기뻐서 문을 나와서
고향 청주에 가니 한 다락이 크도다.

천년 늙은 은행나무는 무심한 가운데 씩씩하고
만리 장강은 끊임없이 흐르는도다.

공민왕은 이 다락에서 시회를 하며 회고의 눈물을 흘렸고
등과한 선비는 이 다락에 방을 걸어 영예를 자랑하였도다.

시 귀를 찾으며 홍에 취하여 돌아갈 줄을 모르는데
낭자성 머리에 달이 떠오르는구나.

➤ 해제(解題)

望仙樓: 망선루는 충청북도 청주시 상당구 남문로 2가에 있는 누각이다. 이 누각은 고려 때 창건하여 취경루(醉景樓)라 불리다가 조선 선조 초 한명회가 오늘의 이름으로 바꿨다. 공민왕이 홍건적의 난에 안동으로 파천하였다가 이곳에 오래 머물러서 시회를 즐긴 곳이고 또한 그때 이곳에서 과거를 치러서 그 합격자의 방이 이 다락에 걸린 영광을 지닌 다락이다. 이 다락 옆에 목은과 최칠석정남장군(崔七夕征南將軍)에 얽힌 설화가 남아있는 은행나무가 있고 서쪽으로 무심천(無心川)이 휘돌아 나간다.

41. 寒風樓 茂朱〔押韻虞〕

南道丹州歌有虞
남 도 단 주 가 유 우
德峯山麓古樓孤
덕 봉 산 록 고 루 고

檐端遠岫千年碧
첨 단 원 수 천 년 벽
甍上奇雲萬里驅
맹 상 기 운 만 리 구

倭寇所焚痕跡散
왜 구 소 분 흔 적 산
賢官重建偉容芋
현 관 중 건 위 용 우

楣名健筆三韓冠
미 명 건 필 삼 한 관
詠客風流不盡娯
영 객 풍 류 부 진 오

✓ 주(註)

1) 丹川 : 무주의 고호. 이밖에도 무산(茂山), 무풍(茂豊), 주계(朱溪), 적천(赤川) 등의 별호가 있다.

2) 德峯 : 덕유산을 이름.

한풍루 무주

남도 무주에서 순(舜) 임금을 노래하는데
덕유산 산자락에 옛 다락이 외롭도다.

처마 끝 먼 뫼뿌리는 천년토록 푸르르고
단마루 위 기이한 구름은 만리를 달리는도다.

왜구가 이 다락을 불태워 없앴었고
어진 도지사가 중수하여 그 모양이 우뚝하도다.

한풍미명은 명필 한석봉의 글씨로 동국에 으뜸이오,
풍류객의 풍월소리는 끊이지 아니하는도다.

▼ 해제(解題)

寒風樓: 한풍루는 전라북도 무주군 무주읍 당산리에 있는 누각이다. 남원 광한루, 전주 한벽루와 더불어 호남 삼한(三寒)으로 일컬어진다. 고려 말에 창건되어 임란에는 병화로 불타고 선조 32년에 중수하여 한때 일본인의 사유(私有)로 넘어갔다가 해방 후 금호루로 불린 적도 있었으나 1971년 황인성 도지사의 중건과 동시 옛이름으로 복원되어 오늘에 이른다. 현판은 명필 한석봉의 글씨이다.

42. 映湖樓 安東〔押韻佳〕

寒雪永嘉景色佳
한 설 영 가 경 색 가
古樓鎭坐洛南崖
고 루 진 좌 낙 남 애

江風千里送麗曲
강 풍 천 리 송 여 곡
山影萬年留故齋
산 영 만 년 유 고 재

忠將登臨徽韻錄
충 장 등 림 휘 운 록
先王駐蹕御書牌
선 왕 주 필 어 서 패

碧流滾滾若斯逝
벽 류 곤 곤 약 사 서
弄月詩吟愉老懷
농 월 시 음 유 노 회

✔ 주(註)

1) 忠將 : 김방경 장군을 이름.

영호루 안동

한설 안동에 경색이 아름다운데
낙동강 남쪽 언덕에 옛 다락이 앉아있도다.

강바람은 천리에 고려 노래를 보내오고
산 그림자는 만년토록 옛 아름다움을 지니고 있도다.

충장 김방경 장군은 이 다락에 올라 빛나는 시 한 수를 남겼고
공민왕은 이 고장에 파천하여 영호루 글씨를 남겼도다.

푸른 물은 곤곤히 흘러 저와 같이 가는데
시 짓는 재미로 늙은 가슴을 위로할까보다.

✔ 해제(解題)

映湖樓: 영호루는 경상북도 안동시 정하동에 있는 누각이다. 낙동강 좌안에 북향하고 서있는 이 누각은 밀양 영남루, 진주 촉석루와 더불어 영남 3대 누각으로 일컬어진다. 예로부터 강 우안에 있던 것을 공민왕이 안동으로 파천 와서 자주 들른 인연으로 왕의 친필현판을 받아 현위치에 1368년 새로 지었고 1943년 홍수로 멸실된 것을 1970년에 복원하였다. 다만 복원된 누각의 기둥이 콘크리트로 된 것이 흠으로 여겨진다. 1270년 고려 김방경 장군이 일본정벌 차 이곳을 지나다 지은 시가 걸려있다.

43. 學士樓 咸陽〔押韻灰〕

舊邑咸陽冬宇灰
구 읍 함 양 동 우 회
頭流山下高樓開
두 류 산 하 고 루 개

南坪歲熟五千石
남 평 세 숙 오 천 석
北到故人三百杯
북 도 고 인 삼 백 배

太守風流追慕詠
태 수 풍 류 추 모 영
武靈詩板禍仍裁
무 령 시 판 화 잉 재

每題一盞包樽韻
매 제 일 잔 포 준 운
覓句多難醉未回
멱 구 다 난 취 미 회

주(註)

1) 頭流山 : 지리산의 별칭. 이밖에 방장산(方丈山), 남악(南岳) 등의 별칭이 있다.
2) 太守 : 함양태수로 재임한 고운 최치원(孤雲 崔致遠)을 이름.
3) 武靈 : 武靈君. 유자광(柳子光)의 군호(君號).

학사루 함양

구읍 함양에 겨울 하늘이 잿빛인데
지리산 아래 옛 누각이 열렸도다.

남쪽 들 풍년들었으니 오천 석은 나올 것이오,
북에서 온 친구는 삼백 잔을 드시게나.

함양태수 최고운의 풍류를 추모하여 노래하고
무령군 유자광의 시판으로 무오사화가 발단하였도다.

시 한 수에 술 한 잔으로 술동이 끼고 시회를 하며
싯구 찾기가 이다지 어려우니 취하기에는 아직도 멀었도다.

✔ 해제(解題)

學士樓 : 학사루는 경상남도 함양군 함양읍 상리에 있는 누각이다. 현존하는 우리나라 최고(最古)의 다락으로 신라 때 최고운(崔孤雲)이 이 고을 태수로 있을 때 창건하였다고 전한다. 연산조 때 유자광(柳子光)의 시판이 이 다락에 걸린 것을 본 함양군수 김종직(金宗直)은 유자광이 남이(南怡)장군을 무고로 죽인자라 하여 유자광의 시판을 떼어낸 것이 단초가 되어 무오사화(戊午士禍)가 일어나 김종직 일파의 신진사류가 큰 화를 입었다.

44. 聞韶樓 義城〔押韻眞〕

古邑召文風俗眞
고 읍 소 문 풍 속 진
南來靈地一樓賓
남 래 영 지 일 루 빈

檐端四野舜音發
첨 단 사 야 순 음 발
檻外九峰韶舞恂
함 외 구 봉 소 무 순

虞樂鳳凰翔展美
우 악 봉 황 상 전 미
禹歌蜂蝶到先春
우 가 봉 접 도 선 춘

斯州二帝太平治
사 주 이 제 태 평 치
遙望蒼天無染塵
요 망 창 천 무 염 진

∨ 주(註)
1) 召文 : 의성의 고호. 이밖에 문소(聞韶)란 고호가 있다.
2) 二帝 : 요(堯)임금과 순(舜)임금을 이름.
3) 九峰 : 의성에 있는 산 이름.

문소루 의성

고읍 의성에 풍속이 참인데
남쪽으로 신령스러운 땅에 오니 한 다락이 아름답도다.

처마 끝 사방 들에서 순임금의 가락이 흘러나오고
난간 밖 구봉산에는 순임금의 춤이 공경스럽도다.

순임금 기리는 가락에 봉황이 아름답게 나래를 펴고
우왕을 찬양하는 노래에 벌 나비는 봄에 앞서 왔도다.

요순의 태평치세 의성 고읍이여,
멀리 푸른 하늘에 띠끌 하나 없도다.

✔ 해제(解題)

聞韶樓 : 문소루는 경상남도 의성군 의성읍 구봉산록에 있다. 영남 3대루에 이 누각을 더하여 영남 4대루라 하니 네 번째 큰 다락이란 뜻이다. 의성의 고호가 소문(召文)이던 것을 고려 경덕왕 때 문소(聞韶)로 고치고 이 다락을 지었다 하니 고려 중엽의 일이며 임란에 소실되어 1983년 현 위치에 복원하였다. 문소란 순임금의 선정으로 백성이 편안하고 피리소리에 봉황이 춤을 춘다는 뜻이며 다락의 이름으로는 가히 으뜸이라 할 것이다.

45. 東皐亭 淸州〔押韻元〕

除月琅城春色元
제 월 낭 성 춘 색 원
梧根大野一亭琨
오 근 대 야 일 정 곤

鵲川江勢萬年壯
작 천 강 세 만 년 장
上黨山容千古惇
상 당 산 용 천 고 돈

累辟杜門貞節卓
누 벽 두 문 정 절 탁
衆望開熟讀聲焞
중 망 개 숙 독 성 돈

頌歌孔孟巷閭滿
송 가 공 맹 항 려 만
櫟祖英名須不諼
역 조 영 명 수 불 훤

▼ 주(註)

1) 除月 : 음력 12월의 별칭.
2) 琅城 : 청주의 고호이다. 그밖에 상당(上黨), 전절(全節), 랑비(娘臂), 청주(靑州), 서원(西原) 등의 고호가 있다.
3) 梧根 : 오창(梧倉)읍의 고호.
4) 鵲川 : 강 이름. 까치내라 부른다.
5) 上黨山 : 청주에 있는 산 이름.

동고정 청주

선달 청주에 봄경치가 으뜸인데
오근 큰 들에 한 정자가 곱구나.

작천 강세는 만년토록 장대하고
상당산 얼굴은 천고에 도탑도다.

여러 번 벼슬에 불렀으나 문을 닫으니 정절이 우뚝하고
중망에 의하여 서숙을 여니 독서성이 밝았도다.

공맹을 찬송하는 노랫소리 마을에 가득하니
역옹 할아버지 꽃다운 이름 길이 전하리로다.

▼ 해제(解題)

東皐亭 : 동고정은 충청북도 청주시 청원구 오창읍 가곡리에 있는 정자이다. 나의 13대조이신 전의이씨 역옹 휘 영길(櫟翁 諱 英吉)이 창건한 정자이다. 공은 성균진사가 되시어 광해혼조에서 여러 번 벼슬에 불렀으나 나가지 아니하고 후학을 계도하시니 그의 학행을 사모하여 300여 제자가 모였으며 공맹을 칭송하는 노랫소리가 동리에 넘쳐서 세상 사람들이 그 마을을 가공촌(歌孔村)이라 불렀고 지금의 동명은 거기에 유래하였다. 옛날 학숙의 정자 자리에 1950년 후손이 정자를 복원하였다.

46. 越松亭 平海〔押韻先〕

平海閑雲淑氣先
평 해 한 운 숙 기 선

碧松綠岸一亭蠲
벽 송 녹 안 일 정 견

明沙十里飛飛鷺
명 사 십 리 비 비 로

銀浪千畦杳杳姸
은 랑 천 휴 묘 묘 연

醉詠四仙長不老
취 영 사 선 장 불 로

讚詩兩節喜無邊
찬 시 양 절 희 무 변

凉風酒興漸高處
양 풍 주 흥 점 고 처

渺寞蒼天孤月懸
묘 막 창 천 고 월 현

주(註)

1) 四仙 : 영랑, 술랑, 남석랑, 안상의 네 화랑을 이름.

2) 兩節 : 고려 말 절신 운곡 원천석(耘谷元天錫) · 백암 이행(白巖李行)을 이른다. 두 절신이 이곳에서 만나 나라를 걱정하였다. 월송정에 두 절신을 찬양한 시판이 걸려있다.

월송정 평해

평해에 한가로운 구름 맑은 기운이 먼저인데
벽송 푸른 언덕에 한 정자가 깨끗하도다.

명사십리에 갈매기 날으고 날으고
은파 천이랑에 멀고먼 바다 아름답도다.

취하여 시 짓는 네 신선은 길이 늙지 않고
여말절신 원천석과 이행을 찬양한 시를 보니 기쁘기 한이 없네.

바람은 서늘하고 주흥은 점점 높아지는데
멀고 먼 창천에는 외로운 달이 걸려있구나.

▼ 해제(解題)

越松亭 : 월송정은 경상북도 울진군 평해읍에 있다. 이 정자는 고려조부터 있었는데 중간에 퇴락하여 연산조에 관찰사 박원종(朴元宗)이 중건하였고, 그후 황폐한 것을 1933년 이 고을 사람 박만영(朴萬永) 전민 등이 중수하였다. 그 후 이곳에 주둔한 일본군이 철거하였으며 1969년 재일교포로 구성된 금강회(金剛會)의 후원으로 2층 콩크리트 건물로 세워졌으나 본래 모습과 달라 1980년 다시 세웠다. 이 정자는 신라시대 4선인 영랑(永郎), 술랑(述郎), 남석랑(南石郎), 안상(安詳)의 네 화랑이 유람하였다는 고사가 전하고 또한 여말절신 운곡(耘谷)과 백암(白巖)을 찬양한 시판이 걸려있다. 관동팔경의 하나이다.

47. 碧松亭 高靈〔押韻蕭〕

歲首靈川草木蕭
세 수 영 천 초 목 소
伽耶落脈古樓嬌
가 야 낙 맥 고 루 교

檐端連嶂奏祥列
첨 단 연 장 주 상 렬
階下潺流呈賀簫
계 하 잔 류 정 하 소

詞句孤雲歸臥寂
사 구 고 운 귀 와 적
遺詩文敬故山眺
유 시 문 경 고 산 조

賢儒碩德思懷裡
현 유 석 덕 사 회 리
遠寺暮鐘慇若翲
원 사 모 종 은 약 표

주(註)

1) 孤雲 : 최치원 선생의 아호이다.

2) 文敬 : 한헌당 김굉필 선생의 시호이다.

벽송정 고령

정월 고령에 초목이 소슬한데
가야산 자락에 옛 다락이 아름답도다.

처마 끝을 두른 뫼뿌리는 상서를 아뢰며 늘어섰고
계하의 시냇물은 하례를 올리며 피리부는도다.

고운선생의 글은 돌아와 정자에 누워 적적하다 하였고
한훤당의 시는 고향에 돌아와 그믐달을 본다 하였도다.

어진 선비와 덕 높은 이를 추모하는 가운데
멀리서 저녁 종이 은은하게 들려오누나.

✓ 해제(解題)

碧松亭 : 벽송정은 경상북도 고령군 쌍림면 신촌리에 있다. 이 지방 유림들이 고운 최치원(孤雲 崔致遠)의 유적을 기리고 유생들을 가르치기 위하여 계(契)를 조직하여 정자를 지었으며 지금껏 400년의 전통을 지닌 계(契)가 이어지고 있어서 지금도 곗날이면 군수도 참석한다고 한다. 정자 중방에는 고운과 한훤당 김굉필(閑暄堂 金宏弼)의 시가 걸려있다.

48. 敬思齋 光州〔押韻肴〗

泰月高齋盛核肴
태 월 고 재 성 핵 효
南馳瑞石訪東郊
남 치 서 석 방 동 교

山陰百里偉功錄
산 음 백 리 위 공 록
江颯萬年麗響媌
강 삽 만 년 여 향 묘

糧輸三軍三震統
양 수 삼 군 삼 진 통
柳車二姓二男嵺
유 차 이 성 이 남 료

賜名開國首勳赫
사 명 개 국 수 훈 혁
靑史鴉沙千世詨
청 사 아 사 천 세 효

▼ 주(註)

1) 泰月 : 음력 정월의 별칭.
2) 瑞石 : 광주의 고호. 이밖에 무주(武州), 광산(光山), 해양(海陽), 화평(化平), 무진(武珍) 등의 고호가 있다.
3) 山陰 : 무등산(無等山)의 그늘을 이름.
4) 江颯 : 영산(榮山江)의 바람을 이름.
5) 鴉沙 : 유차달 선생의 호.

경사재 광주

정월 높은 재실에 주호를 올리려고
남도 광주 동교에 달려왔도다.

산음은 백리에 위공을 기록했고
강바람은 만년에 여조의 곡조가 아름답도다.

삼군의 양식을 수송하여 삼국통일을 이루게 하고
두 아들이 유 차 두 성을 이룩하여 높도다.

이름을 내리고 개국원훈으로 빛내니
아사공의 이름은 천년 청사에서 부르짖으리로다.

✔ 해제(解題)

敬思齋 : 경사재는 광주광역시 광산구 동호동에 있다. 유대승공(柳大丞公)의 재실이다. 공의 휘는 차달(車達), 자는 응통, 호는 아사(鵝沙), 문화인이다. 고려 태조가 견훤(甄萱)을 칠 때 군량을 걱정하니 공이 이를 듣고 군량을 대겠다고 자청하고 하룻밤사이에 천승(千乘)의 수레를 조달하여 군량을 보내오니 고려 태조 남정군의 식량이 요족하여 크게 이기고 삼한을 통일하므로써 왕이 공에게 차달(車達)이라 사명하고 벽상공신에 봉하였다. 공이 두 아들을 낳으니 하나는 유씨(柳氏)의 시조가 되고, 하나는 차씨(車氏)의 시조가 되었다.

49. 落花巖 扶餘〔押韻微〕

百濟故都秋氣微
백 제 고 도 추 기 미
北巖聳立進不機
북 암 용 립 진 비 기

碧流一帶澄如鏡
벽 류 일 대 징 여 경
蒼壁孤崖艶似肥
창 벽 고 애 염 사 비

遺恨淚洵垂系系
유 한 루 순 수 계 계
落花宮女烈巍巍
낙 화 궁 녀 열 외 외

長江萬里悠然去
장 강 만 리 유 연 거
悲史千年夕照輝
비 사 천 년 석 조 휘

---

1) 禨 : 상서 기.
2) 洵 : 흐느낄 순. 믿을 순. 물 순.
3) 系系 : 눈물이 계속 떨어지는 모습.
4) 巍巍 : 산이 높고 큰 모양.

낙화암 부여

백제 고도에 가을빛이 희미한 데
북쪽에 솟은 바위가 상서를 아뢰는도다.

한줄기 푸른 강은 맑기가 거울 같고
외로운 푸른 절벽은 살지고 아름답도다.

한을 품은 흐느낌에 눈물은 강물처럼 흐르고
꽃으로 떨어지는 궁녀는 정렬이 산보다 높도다.

장강은 만 리를 유유히 흐르고
천 년 비사(悲史)는 슬픈 듯 석양에 비치는 듯하도다.

<해제(解題)>

落花巖 : 낙화암은 충청남도 부여군 부여읍 쌍봉리 부소산 북쪽에 있다. 부소산이 그 아래를 흐르는 백마강과 만나 이룩한 절벽을 낙화암이라 칭한다. 부여 왕궁이 신라군에 의하여 함락될 때 3천 궁녀가 낙화암에서 백마강으로 몸을 날려 산화했다는 설화에 따라 낙화암으로 이름 지어졌다.

50. 昭陽亭 春川〔押韻歌〕

杏月朔州風景歌
행 월 삭 주 풍 경 가
昭陽湖畔古亭那
소 양 호 반 고 정 나

雲陰片片落明渚
운 음 편 편 낙 명 저
山色依依臨碧波
산 색 의 의 임 벽 파

牛首貊都千載杳
우 수 맥 도 천 재 묘
鳳儀舜舞萬年過
봉 의 순 무 만 년 과

今宵偶作玉京客
금 소 우 작 옥 경 객
一渡滄然游漢河
일 도 창 연 유 한 하

▼ 주(註)

1) 杏月 : 음력 2월의 별칭.
2) 朔州 : 춘천의 고호. 이밖에 우수(牛首), 광해(光海), 안양(安陽) 등이 있다.
3) 牛首 : 소양호 북쪽의 지명. 우두산(牛頭山)이 있다. 옛 맥국의 도읍이라 전한다.
4) 鳳儀 : 봉의산을 이름.
5) 玉京 : 선경. 신선이 사는 곳.
6) 漢河 : 하한(河漢). 은하수를 이름.

소양정 춘천

이월 춘천의 풍경을 노래하니
소양 호반에 옛 정자가 크도다.

구름은 편편이 밝은 모래톱에 그늘을 던지고
산색은 의의하게 푸른 물에 임하였도다.

우수맥도는 천년이 멀었고
봉의산에 순임금 춤은 만년을 지났도다.

오늘 밤 우연히 선경의 손이 되어
유연하게 천리 은하수를 건널까보다.

▼ 해제(解題)

昭陽亭 : 소양정은 강원도 춘천시 소양로1가 봉의산록에 있는 정자이며, 삼한시대에 세워진 정자로 이요루(二樂樓)라 하던 것을 조선 순조 때 부사 윤왕국(尹王國)이 현재 이름으로 개칭, 1605년(선조 38) 수해로 멸실된 이래 수차 이전 개축되었다. 6.25로 소실된 것을 1966년 현 위치로 옮겨 다시 세웠다. 강원도 문화재자료 제1호로 지정되어 있다. 북쪽으로 소양호를 건너 멀리 우두산(牛頭山)이 보이고 그곳은 옛 맥국(貊國)의 수도로 전해지고 있으며 봉의산은 순임금[舜帝] 때 성인이 나타나면 봉황이 춤을 춘다는 고사를 상징하는 이름이다.

51. 永思亭 長城〔押韻麻〕

投紱杜門宜葛麻
투불두문의갈마
伊城深谷一亭嘉
이성심곡일정가

松風長渡奏麗曲
송풍장도주여곡
菊影倒淵留昔華
국영도연유석화

戀主誠忠傳狷介
연주성충전견개
禮徵守節拒公車
예징수절거공거

西望渺莫斜陽路
서망묘막사양로
追慕慇情萬里遐
추모은정만리하

주(註)
1) 伊城 : 장성의 고호. 이밖에 갑성(岬城), 오산(鰲山) 등의 고호가 있다.
2) 公車 : 벼슬길.

영사정 장성

벼슬을 버리고 숨은 백성은 베옷을 입으니
장성 깊은 골에 한 정자가 아름답도다.

솔바람 길이 불어 고려의 노래를 연주하고
국화꽃은 연못 물에 비쳐 옛 화려함을 머무르는도다.

임금을 그려 충성을 고집스럽게 전하고
예로써 불렀으나 절개를 지켜 벼슬하기를 거부하였도다.

아득한 서천의 해 저무는 길에서
추모하는 은근한 정이 만리토록 멀구나.

∀ 해제(解題)

永思亭 : 영사정은 전라북도 장성군 장성읍 장안리에 있는 고려 말 절신 변정(邊靜)을 추모하기 위하여 1930년경 후손이 세운 정자이다. 공은 본관이 황주이고 태천백(泰川伯) 변려(邊呂)의 후손이다. 공은 고려 말 전공을 세워 이름이 떨쳤으나 신돈의 미음을 사서 이곳 장성으로 유배되었으며 조선 건국 후 신조에서 사정(司正)으로 불렀으나 나가지 아니하고 절의를 온전히 한 분이다.

52. 忠孝齋 清州〔押韻尤〕

燕月關山文物尤
연 월 관 산 문 물 우
鶩峰陽地一齋俅
목 봉 양 지 일 재 구

屋端喬岳頌忠聳
옥 단 교 악 송 충 용
檐外長江彰節流
첨 외 장 강 창 절 류

圖復莊光身命擲
도 복 장 광 신 명 척
刱規鄕約俗風修
창 규 향 약 속 풍 수

誠祠配享遺芳郁
성 사 배 향 유 방 욱
青史英名萬世烋
청 사 영 명 만 세 휴

주(註)
1) 燕月 : 음력 3월의 별칭.
2) 莊光 : 단종 손위의 변을 이름.

충효재 청주

삼월의 내 고향은 문물이 더욱한데
목령산 양지골에 한 재실이 공손하도다.

지붕 끝 높은 산은 충절을 기려 솟아있고
처마 밖 장강은 절의를 빛내며 흐르는도다.

단종 복위를 위하여 몸과 마음을 던지셨고
풍속을 바로잡기 위하여 향약을 만드셨도다.

성신사에 배향되시니 끼치신 향기 그윽하고
청사에 영명이 만세토록 아름다우리로다.

✔ 해제(解題)

忠孝齋 : 충효재는 충청북도 청주시 청원구 오창읍 양지리에 있다. 나의 17대조 전의이씨 의재(宜齋)공 휘(諱) 의석(義碩)을 추모하는 재실이다. 공은 충효가문에 태어나 학문을 오로지 하여 홍주판관에 이르셨을 때 단종손위(端宗遜位)를 당하니 처부(妻父) 정효전(鄭孝全)과 단종복위를 도모하였으나 이루지 못하고 장흥 등지로 유형의 어려움을 겪으셨으나 요행히 신원되어 청주 곡수지(曲水池)에 정자를 짓고 향약(鄕約)을 제정하고 강신수목(講信修睦)하여 많은 유림이 신종(信從)하였다. 청주 유림에서 곡수서원을 세워 공을 배향 추모하니 성신사(誠信祠)라고도 한다.

第三部

桓園風雅

53. 卒本城〔押韻冬〕

盛夏胡風嚴若冬
성 하 호 풍 엄 약 동
桓仁古邑一城恭
환 인 고 읍 일 성 공

蘚苔堞石三千老
선 태 첩 석 삼 천 로
逶繞溪聲半萬鼕
위 요 계 성 반 만 동

肇國遼東雄度壯
조 국 요 동 웅 도 장
奠都朔北領民宗
전 도 삭 북 영 민 종

句麗故土今何有
구 려 고 토 금 하 유
佇立斜陽思感衝
저 립 사 양 사 감 충

주(註)

1) 卒本城 : 고구려 주몽이 최초로 이곳에 수도를 정하고 쌓은 성.

2) 桓仁 : 중국 요녕성에 있는 도시. 이 도시의 동쪽에 졸본성이 있다.

3) 句麗 : 고구려를 이름.

졸본성

성하에 북풍이 겨울처럼 엄한데
환인 옛 고을에 한 성이 공손하더라.

이끼낀 성돌은 삼천년을 늙었고
성을 두른 시냇물소리는 반만년을 노래하고 있도다.

요동 땅에 나라세운 영웅의 가슴 위대하고
북녘 땅에 도읍을 정하고 만백성을 이끌었도다.

고구려 옛 땅이 타국 손에 넘어갔으니
석양에 홀로선 나그네 가슴을 찌르는구나.

✓ 해제(解題)

졸본성(卒本城)은 중국 지린성 환인현에 있다.
고구려 최초의 도읍지이다. 고구려 옛 성곽은 도시 성곽과 산악 성곽이 따로따로 되어 있었다. 도시 성곽은 작은 하천을 해자로 삼아 하천과 뒤의 오녀산(五女山)과의 평탄지에 수도가 세워졌던 것인데, 성곽의 대부분이 멸실되고 자연하천의 해자가 그 옛 모습을 짐작하게 할뿐이다. 산악산성인 졸본성은 험준한 자연지형을 이용하여 그 위에 쌓은 석성이다. 2000년 전 우리의 선인의 피와 땀으로 이룩한 연장 1,000m에 달하는 석성의 돌짝에 끼인 푸른 이끼를 어루만지면서 한숨 질 뿐이다. 졸본성의 현금의 이름은 오녀산성(五女山城)이라 부르는데, 중국은 근래 동북공정으로 고구려 우리 민족의 흔적을 의도적으로 말살하고 있어 이름을 그렇게 바꾸었나보다.

54. 扶餘羅城〔押韻歌〕

流夏扶餘麥秀歌
유 하 부 여 맥 수 가
荒城苔綠老松難
황 성 태 록 노 송 나

雞龍山上紫霞散
계 룡 산 상 자 하 산
白馬江邊蒼柳多
백 마 강 변 창 유 다

莫救武王崇佛善
막 구 무 왕 숭 불 선
未撐階伯盡忠峨
미 탱 계 백 진 충 아

天時不利未人罪
천 시 불 리 미 인 죄
無語南風鷗鷺和
무 어 남 풍 구 로 화

✓ 주(註)

1) 麥秀歌 : 기자(箕子)가 은(殷)나라가 망한 뒤에도 보리만은 잘 자람을 보고 한탄하여 지은 노래를 이름. 麥秀漸漸兮 禾黍油油彼狡僮兮 不與我好兮. 고국의 멸망을 한탄하는 노래이다.
2) 武王 : 백제 30대 왕. 29대 법왕의 아들로 왕위에 올라 기우는 백제를 부흥시키고자 도읍을 익산으로 옮기고 크게 불사를 일으켜 나라를 일으키고자 많이 힘썼으나 이루지 못했다.
3) 階伯 : 백제 최후 최대의 용장이오 충장이다. 황산벌에서 나당 7만 대군을 5천의 결사대로 막아 초전, 4전에 대승하였으나 중과부적으로 백

부여 나성

유월 부여에서 맥수가를 부르니
성은 허물어져 빈터에 이끼는 푸르르고 노송만 우거졌구나.

계룡산 연봉에 붉은 노을 흩어지고
백마강변에는 푸른 버들이 많도다.

무왕의 숭불하는 선정도 백제를 구하지 못하였고
계백장군의 진충이 높았지만 기우는 백제를 지탱하지 못하였도다.

천시가 불리함이오 사람의 죄는 아니라
남풍은 말이 없고 구로 또한 화락할 뿐이로다.

제 전군이 그 자리에서 옥쇄하여 나라의 문을 닫았다.

✔ 해제(解題)
부여 나성(扶餘羅城)은 백제수도 사비를 보호하기 위하여 쌓은 둘레 8km의 성이다.
부소산성을 중심으로 서쪽과 북쪽은 백마강이 자연 방어선이 되었고 이 나성은 동쪽과 남쪽으로 자연지형을 이용하여 부여 시가지의 외곽을 둘러싸고 있다. 나성의 안쪽에 왕궁과 관청, 사찰, 민가가 들어서고 계획도시를 세워 도시기반시설을 갖춘 것으로 발굴조사에서 밝혀지고 있다.

55. 井邑詞碑 〔押韻庚〕

素月楚山馳嶺庚
소 월 초 산 치 령 경
雅羊東麓一碑明
아 양 동 록 일 비 명

千年井邑前朝色
천 년 정 읍 전 조 색
萬里蘆風故國聲
만 리 노 풍 고 국 성

孤婦戀郎長久望
고 부 연 랑 장 구 망
望夫成像片雲迎
망 부 성 상 편 운 영

可憐百濟古詞詠
가 련 백 제 고 사 영
於憘時和豊歲亨
어 희 시 화 풍 세 형

∀ 주(註)

1) 素月 : 음력 8월을 이름. 2) 楚山 : 정읍의 고호.
3) 雅羊 : 아양산을 이름. 4) 蘆風 : 노령고개의 바람을 이름.
5) 정읍사(井邑詞) : 「달아 노피곰 도다샤 어긔야 머리곰 비취오시라. 어긔야 어강됴리 아으 다롱디리. 져재 너러신고요 어긔야 즌대를 디디욜세라. 어긔야 어강됴리 어느이다 노코시라. 어긔야 내 가논 대 점그랄셰라. 어긔야 어강됴리 아으 다롱디리」가 정읍사의 원문이다.

정읍사비

팔월 정읍에 노령 길을 넘어 달려가니
아양산 동록에 한 비석이 아름답구나.

천년 고읍 정읍은 전조의 빛깔이오
만리 노령 바람은 고국의 노랫소리로다.

외로운 아내는 임을 그려 고개위에서 남편을 기다리는데
낭군은 아니 오고 망부석이 되어 떠가는 구름만 맞이하고 섰도다.

가련타 백제의 옛 노래 읊으니
어화 좋다 시화연풍은 망부석의 큰 공덕 아니겠는가.

▼ 해제(解題)

정읍사비(井邑詞碑)는 전라북도 정읍시 정읍사공원에 있다. 현재 우리 겨레에게 남아있는 옛 가요 중에서 제일 오래된 가요이고 백제의 가요이다. 그 내용은 장사를 나간 남편을 걱정하고 기다린다는 내용이고, 남편이 돌아오기를 기다려 고갯마루에서 북쪽하늘을 바라보고 있다가 그대로 돌이 되어 그 돌을 망부석이라 부르게 되었다고 한다.

정읍에는 정읍사비와 망부상이 여러 개 있지만 가장 대표적인 것이 정읍사공원의 망부상과 정읍사비이다. 정읍사공원의 맨 위쪽에 자리한 망부상은 허리띠를 두른 백제여인의 의상을 갖추고 있다. 치마저고리가 하얀 색깔이며 아래까지 단이 있는 반코트를 입고 있다. 망부상은 지금도 남편을 기다리는 간절한 염원을 담은 듯 정읍 시가지를 바라보며 양손을 모은 채 서 있다. 망부상 아래에는 정읍사 노래비가 있다.

56. 日新齋 〔押韻微〕

仲夏武珍詩韻微
중 하 무 진 시 운 미
月峯西麓一齋機
월 봉 서 록 일 재 기

檐端碧岫彩霞渺
첨 단 벽 수 채 하 묘
甍上蒼天雲霧飛
맹 상 창 천 운 무 비

廬墓三年從虎順
여 묘 삼 년 종 호 순
築壇四尺慕松棑
축 단 사 척 모 송 비

累徵不就心溪隱
누 징 불 취 심 계 은
瑞石山容節孝巍
서 석 산 용 절 효 외

---

1) 武珍: 광주의 고호.
2) 月峯: 월각봉(月角峯)을 이름.
3) 廬墓: 부모상을 당하면 상제가 묘 곁에 여막을 꾸리고 거기에 거처하면서 3년 상을 지내는데, 죄인을 자처한 상주는 세수 안하고 머리 빗지 않고 3년을 상복을 벗지 않는다.
4) 心溪: 무등산 아래 세심계(洗心溪)를 이름.
5) 瑞石山: 무등산을 이름.
6) 節孝: 공의 시호이다.

일신재

오월 광주에 시운이 미(微)자인데
월각봉 서록에 한 재실이 상서롭구나.

처마 끝 푸른 뫼뿌리는 오색노을에 젖어 아득하고
단마루 위 파란 하늘에 안개 날리는구나.

여묘 삼년에 호랑이가 순하게 따르고
축단 망곡에 송도를 그려 향기롭도다.

누징 불취에 세심계(洗心溪)에 숨으니
절효공의 높은 절과 효가 서석산보다 높도다.

▼ 해제(解題)

일신재(日新齋)는 광주광역시 북구 일곡동에 있으니 노 심계공(盧心溪公) 추모처이다. 공의 휘는 준공(俊恭), 광산인이다. 진현관대제학 유간(有幹)의 손자이고 밀직사사 사청(士淸)의 아들이다.

부모를 지극한 정성으로 섬기고 어머니 상을 당하여 시모 삼년에 피눈물을 쏟고 조석으로 애곡하기를 초종 때와 다름이 없이 하니 그 성효에 감동한 듯 범이 와서 여막을 지켜주고 개가 그 주인을 따르듯 공을 따라다녔다. 고려가 망하자 무등산 아래 모옥을 어리고 단을 모아 송도를 향하여 망곡하다 신조 6년에 하세하였다. 정려를 내리고 시호는 절효이다.

57. 永慕齋 李德隱公碩才〔押韻刪〕

肇歲熊津寒氣刪
조 세 웅 진 한 기 산
長流右岸古齋斕
장 류 우 안 고 재 란

石傍北嶂自成砦
석 방 북 장 자 성 채
錦水南逶天作欃
금 수 남 위 천 작 산

托鉢渡江三往復
탁 발 도 강 삼 왕 복
高僧點穴一阡昄
고 승 점 혈 일 천 판

喪中主客黜弓議
상 중 주 객 출 궁 의
是地孕麗胎姙寰
시 지 잉 려 태 임 환

▼ 주(註)

1) 熊津 : 공주의 고호.
2) 石傍 : 공주시 신관동에 있는 산 이름. 3) 錦水 : 금강을 이름.
4) 三往復 : 주호대사가 사공이 어질다는 소문의 진부를 시험하기위해 까닭을 말함이 없이 추운 아침에 금강나루를 세 번 왕복했다는 설화를 이름.
5) 欃 : 빗장 산. 〔刪〕 6) 主客 : 상주와 조문객을 이름.
7) 黜弓 : 궁예를 내침을 이름.
8) 孕麗 : 고려를 낳는다는 뜻으로 쓰였음.

영모재 이덕은공 석재

정월 공주에 한기는 깎였고
장강 언덕에 옛 재실이 아름답구나.

석방산은 북쪽으로 병풍처럼 둘러서 성채를 이루고
금강물은 남쪽을 휘돌아서 빗장이 되었구나.

늙은 중을 까닭 없이 세 차례 왕복하여 강을 건네주었고
고승은 묘 터를 잡으려고 명당자리를 찾았도다.

상중에 주객이 모여 궁예 내칠 것을 모의하였고
이곳이 고려를 잉태하는 산실이 되었도다.

✔ 해제(解題)

영모재(永慕齋)는 충청남도 공주시 신관동에 있으니 나의 시조 태사공 할아버지의 선산 재실이다. 동천서숙 한가락모임 20여 명과 함께 영모재를 찾아 묘소를 참배하고 중관 선생님의 연구발표를 갖었다. 그 학설에 따르면 이 선산은 태사공의 조부 휘 석재(碩才)의 묘소이다. 공은 덕이 높아 일찍이 왕건 태조의 선생님으로 태조가 국사 전반을 자문하는 사부로서 공이 돌아가자 당나라 주호대사가 장지를 선정하고 택일 치장하니 건화 5년 신미 10월 초9일 축시에 하관하였다. 이날 조문객이 왕건, 홍유, 배현경, 신숭겸, 유금필, 왕식렴, 박술희, 윤신달, 진평과 상주측은 망인의 손자인 태사공을 합한 10분이 장삿날 상가에서 비밀리에 장차 궁예를 몰아내고 왕건을 왕으로 받들기로 하는 이른바 석방산 상중 모의를 하였는데 이 사실을 숨기려고 한밤중에 장사를 지냈다. 그 후 7년 뒤에 궁예를 내치고 왕건이 등극하여 고려를 세웠다. 중관 선생님은 나의 소탁으로 휘 석재 할아버지의 호를 덕은(德隱)으로 바쳤는데 그것은 높은 덕을 갖추신 은사(隱士)라는 뜻이다. 덕은공(德隱公)의 아들이 휘 방이(芳伊)이시다.

58. 景思齋 李文義公彦冲〔押韻蕭〕

花爛驪城香郁蕭
화 란 여 성 향 욱 소
梧峯北麓一齋喬
오 봉 북 록 일 재 교

江風萬里芸風渡
강 풍 만 리 운 풍 도
松籟千年麗籟嘹
송 뢰 천 년 여 뢰 료

始祖功臣開國贊
시 조 공 신 개 국 찬
雲孫文義廟堂昭
운 손 문 의 묘 당 소

讚揚斯族賡歌裡
찬 양 사 족 갱 가 리
靑史英名永世嶕
청 사 영 명 영 세 초

▽ 주(註)

1) 驪城 : 여주의 고호.
2) 梧峯 : 梧甲山을 이름.
3) 芸風 : 芸齋公의 高風. 향기로운 바람.
4) 雲孫 : 8代孫 文義公을 이름.
5) 文義 : 芸齋公의 諡號.

경사재 이문의공 언충

꽃이 난만한 여주 봄 언덕에 새 쑥이 향기롭고
오갑산 북쪽 기슭에 한 재실이 높더라.

강풍은 만리에 운재공의 풀 향기 날려 오고
솔 피리 천 년에 고려노래 울려온다.

시조 태사공께선 개국익찬공신이시고
8대손 문의공은 조정에서 빛났도다.

이 집안을 찬양하여 이어 부르는 가운데
청사에 꽃다운 그 이름은 영세에 높으리로다.

✔ 해제(解題)

경사재(景思齋)는 경기도 여주군 점동면 성신리에 있으니 경운사(景芸祠) 안에 있는 재실이다.
경운사는 전의이씨 자 태사공 9세 운재(芸齋), 휘 언충시문의공(彦冲謚文義公)을 주벽으로 하고 그 후손을 배향한 사당이다. 2015년 5월 2일 동천서숙(東天書塾) 중관 최권흥 원장 이하 10명의 한가락 회원이 경운사에 참배하고 경사재에 올라 문의공에 관한 역사공부를 하고 공을 주제로 한 시조와 한시를 지었고 그 자리에서 중관 선생님이 지으신 시조와 한시를 영창(詠唱)하였다. 온 누리에 철쭉이 만발한 경운사 경내는 마치 선궁(仙宮)처럼 아름다워서 회원 모두의 감탄이 끊이지 아니하였다. 이 한시는 작자가 경사재를 주제로 지은 한시다.

59. 典農正公墓 李雄〔押韻豪〕

仲夏豊山義氣豪
중 하 풍 산 의 기 호

慈坡峯下一封高
자 파 봉 하 일 봉 고

長江千里頌忠咽
장 강 천 리 송 충 열

竹籟萬年彰節鼛
숙 뢰 만 년 창 절 고

望北松都亡國恨
망 북 송 도 망 국 한

落南嘉邑戀君騷
낙 남 가 읍 연 군 소

教陶七子宜方切
교 도 칠 자 의 방 절

後裔振振永世號
후 예 진 진 영 세 호

✔ 주(註)

1) 豊山 : 안동시 풍산읍을 이름.

2) 慈坡 : 산 이름.

3) 長江 : 낙동강을 이름.

4) 嘉邑 : 안동을 이름.

전농정공묘 이웅

중하 풍산에 의기가 호걸찬데
자파산 아래 한 무덤이 높더라.

장강은 천 리에 충성을 기려 흐느끼고
죽뢰는 만년에 절의를 빛내 노래하는 도다.

북으로 송도를 바라보며 망국을 한하고
남으로 안동에 내려와 임을 그려 슬퍼하도다.

일곱 아들을 훈도하여 옳은 길로 이끌고
후손은 번성하여 길이 부르짖으리로다.

✔ 해제(解題)

전농정공묘(典農正公墓)는 경상북도 안동시 풍산면 만운리에 있으니 여말 절신 이 전농정공의 묘소이다. 공의 휘는 웅(雄), 고의 휘는 사례(思禮), 판서(判書) 전의이씨(全義李氏)이다.

공은 대대로 높은 벼슬아치 가문에 태어나 여러 화직(華職)을 거쳐 전농정에 이르렀다. 때에 여말 국사일비(國事日非)에 숙부 송월당공(松月堂公) 휘 사경(思敬)과 동도 낙향하여 안동 풍산현 순지리(筍地里)에 숨으니 신조에서 누징불기하고 일곱 아들을 간절한 숭의(崇義)로써 교육하였다. 후손에 높은 학덕과 빛나는 인물이 쏟아져 나왔다.

60. 慕先亭 朴松隱公翊〔押韻尤〕

仲夏密州初暑尤
중 하 밀 주 초 서 우
同池北岸一亭㕤
동 지 북 안 일 정 구

南峰卓卓頌忠聳
남 봉 탁 탁 송 충 용
東水滔滔彰節流
동 수 도 도 창 절 류

投紱歸鄉王蠋類
투 불 귀 향 왕 촉 류
卿相累拒許由儔
경 상 누 거 허 유 주

不飡李食箕薇絕
불 손 이 식 기 미 절
日月爭光萬世烋
일 월 쟁 광 만 세 휴

▼ 주(註)

1) 同池 : 초동지(初同池)를 이름. 이 재실 남쪽에 있다.
2) 南峰 : 종남산을 이름. 이 재실 북쪽에 있는 산 이름.
3) 東水 : 낙동강을 이름. 이 재실 남쪽을 흐르는 강 이름.
4) 王蠋 : 중국 전국시대 제(齊)나라 사람. 연(燕)나라가 제나라를 무찌른 뒤 연나라 악의(樂毅)가 왕촉이 어질다고 듣고 불렀으나 나가지 아니하고 자해하였다. 제나라 망대부가 그 의로움을 듣고 분기하여 민왕(湣王)의 아들을 옹립하여 제나라를 광복하니 악의가 왕촉의 묘에 비석을 세웠다는 고사에 나오는 충신의 이름.

모선정 박송은공 익

5월 밀양에 첫 더위는 심한데
동지북안에 한 정자가 크구나.

종남산은 엄엄하여 충성을 기리며 솟아있고
낙동강은 도도하게 절의를 빛내며 흐르는도다.

벼슬 버리고 귀향하니 왕촉을 닮았고
좌의정을 물리치니 허유와 무리하였도다.

신조의 곡식을 먹지 않고 기산 고사리 먹다 죽으니
일월과 빛을 다투었음이오 만세에 아름다움이로다.

---

5) 許由: 이 책 83. 洗川亭 주4) 참조.

✔ 해제(解題)

모선정(慕先亭)은 경상남도 밀양시 초동면 신호리에 있으니 박 송은공(朴松隱公) 추모처이다. 공의 휘 익(翊) 자 태시(太始) 밀성인이다. 삼재은산부원군 영균(永均)의 아들이다.

공민왕조에 등제신소감을 거쳐 세자이부중서령이 되었고 간성왕조에 왜적을 평정하여 공이 있었다. 여말에 국정이 날로 어지러워지자 벼슬을 버리고 귀향하여 산수를 즐기는데 신조에서 여러 번 공조, 형조, 이조, 예조의 판서로 불렀으나 물리치고 다시 좌상으로 불렀으나 물리쳐 끝내 이조의 곡식을 먹지 않고 정절을 지키니 허유, 소부가 기산의 고사리를 먹은 충절에 견줄 만하다. 신조 7년에 고종하니 향년 67세이다.

61. 紫薇亭 李茅隱公午〔押韻冬〕

孟夏咸州義氣冬
맹 하 함 주 의 기 동
山仁茅谷古亭恭
산 인 모 곡 고 정 공

嶺風萬里頌忠曲
영 풍 만 리 송 충 곡
灘籟千年彰節鼕
탄 뢰 천 년 창 절 동

我畓我田飡我食
아 답 아 전 손 아 식
麗天麗地樂麗淙
여 천 여 지 낙 여 종

三徵不起終無顧
삼 징 불 기 종 무 고
竹帛英名永世訩
죽 백 영 명 영 세 흉

▽ 주(註)

1) 咸州 : 함안의 고호.

2) 山仁茅谷 : 함안군 산인면 모곡리를 이름.

3) 灘籟 : 여울에 흐르는 물소리를 피리소리로 비유하여 그리 표현한 것임.

4) 麗淙 : 고려 때의 물소리를 이름.

5) 訩 : 시끄러울 흉, 오랑캐 흉. 〔冬〕

자미정 이모은공 오

첫여름 함안에는 의로운 기운이 겨울처럼 엄한데
산인면 모곡리에 옛 정자가 공손하도다.

영풍은 만리에 충성을 기리는 노래를 실어오고
여울물소리는 천년에 절의를 칭송하여 노래 부르는도다.

내 논 내 밭에 나는 곡식으로 내가 먹고
고려 하늘 고려 땅에서 고려의 노래를 즐기는도다.

세 번 신조에서 불렀으나 돌아다보지 않았고
청사에 꽃다운 이름이 영세토록 높이 기리리로다.

해제(解題)

자미정(紫薇亭)은 경상남도 함안군 산인면 모곡리에 있으니 여말절신 성균 진사 이 모은공(李茅隱公) 추모처이다. 공의 휘는 오(午), 모은은 그 아호이고 재령인이다.

종부령 일선(日善)의 아들인데 형인 지평 신(申)이 간관 김진양(金震陽)과 더불어 조준, 정도전, 남은 등을 극간하다가 멀리 유배지에서 졸하고 공의 은사인 정포은이 해를 입고 이어 임신변역에 제현과 더불어 망복지절을 맹세한 후 함안 모곡에 숨었다. 신조에서 태종이 예를 갖추어 세 번 불렀으나 나가지 아니하고 아들에게 신조에 나가지 말 것을 엄명하니 종택유기에는 자미단과 고려답이 있다. 공의 13대 후손이 공을 추모하여 자미정을 지었는데 천년 넘게 유기(遺基)가 보존되어 있으니 종택의 주초석(柱礎石)은 공이 정초(定礎)한 것이 지금도 그대로 바뀌지 아니하였다고 한다.

62. 鶴陰亭 曺青邱堂公繼芳〔押韻齊〕

千里昌寧景色齊
천 리 창 녕 경 색 제
老身長驅古齋珪
노 신 장 구 고 재 규

南流洛水帶霞艶
남 류 낙 수 대 하 염
東望旺山橫霧瓈
동 망 왕 산 횡 무 려

御駕扈從詩進會
어 가 호 종 시 진 회
杜門拒辟矢心媞
두 문 거 벽 시 심 제

高風卓節肩王蠋
고 풍 탁 절 견 왕 촉
怨涙思君麥穗悽
원 루 사 군 맥 수 처

✔ 주(註)

1) 王蠋: 전국시대 제(齊)나라 주읍(晝邑)사람인데 연(燕)나라가 제나라를 파하였을 때 연나라 악의(樂毅)가 왕촉의 어짊을 듣고 불렀으나 나가지 아니하고 자해(自害)하였다. 제나라 망대부는 왕촉의 의(義)를 듣고 분기하여 민왕(湣王)의 아들을 옹립하여 제나라를 다시 일으켰다. 악의가 왕촉의 충의를 기려 그의 묘를 봉표하였다.

2) 麥穗: 기자(箕子)가 폐허가 된 은(殷)나라 도읍을 지나다가 그 폐허에 자란 보리가 팬 것을 보고 탄식하여 노래를 지었다. 전(轉)하여 고국이 멸망을 탄식함을 맥수지탄이라 한다. 맥수란 맥수지탄을 이름이다. 서

학음정 조청구당공 계방

천리 창녕에 오니 경색이 가지런한데
노신이 멀리 와보니 옛 재실이 곱구나.

남류 낙동강은 노을에 젖어 아름답고
동쪽 화왕산은 안개에 싸여 곱구나.

어가를 호종하여 시진회에서 왕을 모시고
벼슬을 마다하며 맹세한 마음이 아름답도다.

고풍탁절은 왕촉과 견주겠고
원통한 눈물 흘려 임 생각에 망국을 서러워하는도다.

리(黍離)도 같은 뜻으로 쓰인다.

▼ 해제(解題)

학음정(鶴陰亭)은 경상남도 창녕군 유이면 세진리에 있으니 조 청구당(曺青邱堂)을 추모하는 곳이다. 공의 휘 계방(繼芳), 창녕인이다. 아버지의 휘 광한(匡漢) 정당문학, 할아버지의 휘 익순(益順), 상서이다.
어려서부터 빛나는 집안의 가정 교훈을 받았고 독실히 수학하여 일찍이 문과하여 보문관직제학에 이르렀다. 공민왕조에 홍건적의 난을 당하여 여러 선비들과 더불어 갈충호종하여 공북루에서 공화진시(共和進詩)하니 이때 시가 동문선에 실렸고 호종공신에 책봉되었다. 국사일비에 투불귀향하고 임신변역에 누징불기 묘소실전 자손세거 창녕이라.

63. 永慕齋 程巾川公廣〔押韻佳〕

仲夏光州景色佳
중 하 광 주 경 색 가
金糖北麓古齋娃
금 당 북 록 고 재 왜

滎山江水萬年碧
영 산 강 수 만 년 벽
瑞石偉容千丈崖
서 석 위 용 천 상 애

公主護從先考渡
공 주 호 종 선 고 도
退官著述後承闖
퇴 관 저 술 후 승 왜

王孫一去永無返
왕 손 일 거 영 무 반
日暮西天亡國懷
일 모 서 천 망 국 회

▼ 주(註)

1) 金塘 : 금당산을 이름.
2) 公主 : 노국공주를 이름.
3) 闖 : 문 열을 위.〔紙〕義同 왜.〔佳〕

영모재 정건천공 광

오월 광주에 경색이 아름답고
금당산 아래 옛 재실이 곱더라.

영산강 물은 만년토록 푸르르고
무등산 모양은 천장이나 높구나.

선고는 노국공주를 호종하여 고려에 건너왔고
그 아들은 신조에서 벼슬을 버리고 저술에 힘썼도다.

왕손은 한 번 가고 다신 돌아오지 않으니
해 저문 서천을 보고 망국의 감회에 젖는도다.

▼ 해제(解題)

영모재(永慕齋)는 광주광역시 서구 진월동에 있으니 정 건천공(程巾川公) 추모처이다. 공의 휘 광(廣) 자 덕노(德魯) 하남인이다.
고의 휘 사조(思祖)가 위위교승으로 노국공주를 배종하여 한림 공소(孔紹) 등 20여 인과 처음으로 고려에 들어와 벼슬이 전중시어사에 이르러 광주에 살았다. 공은 재능이 뛰어나 조년등과하여 공민왕조에 정포은, 길야은 등 제현과 도의상교하여 벼슬이 전중판시사에 이르렀다. 여말 국사일비에 기관귀향하였고 임신변역에 몸을 숨겨 나가지 아니하였다. 저술에 힘써 큰 업적을 남겼다. 다행히 공의 묘는 금당산 아래 남아있다. 배 광주이씨, 생 3남 1녀.

64. 道淵書院 許湖隱公麒〔押韻文〕

季夏固州人物文
계 하 고 주 인 물 문

甑峯東麓院祠懃
증 봉 동 록 원 사 근

竹風千里頌忠曲
죽 풍 천 리 송 충 곡

松籟萬年彰節聞
송 뢰 만 년 창 절 문

扈駕侍從吟北榭
호 가 시 종 음 북 사

累徵拒僕隱南蕡
누 징 거 복 은 남 분

嗚呼退野思王蠋
오 호 퇴 야 사 왕 촉

日月爭光永世欣
일 월 쟁 광 영 세 흔

∨ 주(註)

1) 季夏 : 음력 6월의 별칭.
2) 固州 : 고성의 고호.
3) 甑峯 : 산 이름. 시루봉이라 부른다.
4) 北榭 : 공북루를 이름.
5) 王蠋 : 전국시대 제(齊)나라 충신. 연(燕)나라가 제나라를 파하였을 때 연나라 악의(樂毅)가 왕촉이 어질다는 말을 듣고 불렀으나 나가지 아니한 채 자해(自害)하였다. 제나라 망대부가 왕촉의 의(義)를 듣고 분기하여 민왕(湣王)의 아들을 옹립하여 제나라를 광복하였다. 악의가 왕촉의 충

도연서원 허호은공 기

유월 고성에 인물이 빛나고
시루봉 동록에 옛 사당이 은근하구나.

죽풍은 천리에 충성을 찬양하여 노래 부르고
송뢰는 만년에 절의를 빛내며 노래 부르는도다.

임군을 호가하여 공북루(拱北樓)에서 시를 올리고
누징거벽에 남으로 숨어 시금을 즐기는도다.

오호라 벼슬을 물러나 왕촉을 생각하니
일월과 빛을 겨루어 영세의 기쁨이로다.

의를 기려 그 묘를 봉표하였다.

▼ 해제(解題)

도연서원(道淵書院)은 경상남도 고성군 마암면 도전리에 있으니 허 호은공(許湖隱公) 추모처이다. 공의 휘는 기(麒), 김해인이다. 조의 휘는 유전(有全) 문하시중이고, 고의 휘는 영(榮) 총랑이다.

공은 유학자로서 문장의 화려함에 뜻이 없었으며 덕이 뛰어났고 말이 무거워 목은, 야은 등 제현이 추중하였다. 홍건적 난에 공민왕을 호종하여 크게 공을 세우고 익위장군보승중랑장에 올랐다. 석탄 이존오(石灘 李存吾)가 무거운 죄를 쓰게 되자 공이 떨치고 일어나 그를 구하고자 글을 올렸으나 마침내 자신이 고성으로 귀양 갔다. 뒤이어 왕조가 무너지니 비탄에 빠져 신조에서 여러 번 불렀으나 돌아보지 않았다. 멀리 야은이 찾아와 위로했고 목은과는 위로의사를 주고받으며 숲과 연못을 이뤄놓고 살다가 생을 마쳤다.

65. 學士公墓 李忘川公阜〔押韻先〕

古邑華城秋色先
고 읍 화 성 추 색 선
蒼苔蓉碣一封虔
창 태 용 갈 일 봉 건

塔山八達地天泰
탑 산 팔 달 지 천 태
水府四通街路研
수 부 사 통 가 로 연

不就按廉忠節赫
불 취 안 렴 충 절 혁
無殫血淚孝盲憐
무 탄 혈 루 효 맹 련

育英勸善千年計
육 영 권 선 천 년 계
書塾仁溪萬世傳
서 숙 인 계 만 세 전

주(註)

1) 華城 : 수원의 고호.
2) 蓉碣 : 연꽃 비석. 고려 때 비석이다.
3) 塔山八達 : 수원에 있는 산 이름. 처음 이름이 탑산이고 후에 조선 이태조가 탑산을 팔달산으로 부르라 하여 팔달산으로 이름이 바뀌졌다.
4) 仁溪 : 공이 세운 서숙의 이름. 지금껏 인계학원이 있어 중등교육을 이어가고 있다.

학사공묘 이망천공 고

고읍 화성에 추색이 먼저 찾아오니
연수(蓮首) 비갈에 이끼 푸른 한 무덤이 공경스럽도다.

탑산을 팔달산으로 부르니 천하가 태평하고
수원시에 사방으로 통한 거리가 연하였도다.

안렴사로 불렀으나 아니 나가니 충절이 빛나고
끊이지 않는 피눈물에 맹인이 되니 그 효성 가련하도다.

권선과 육영은 천년 앞의 계략이요
인계학원은 만년을 전하리로다.

해제(解題)

학사공묘(學士公墓)는 경기도 수원시 장안구 하광교동에 있으니 한림학사 이고(李皐)의 묘소이다. 공의 휘(諱) 고(皐), 호(號) 망천(忘川), 여주인(驪州人)이다. 공민왕조에 한림학사를 지냈고 고려국사일비에 벼슬을 버리고 수원에 내려가 살다가 임신변역에 이성계가 경기우도안렴사로 불렀으나 나가지 아니하였다. 송산 조견, 둔촌 이집과 함께 여말절신 삼학사로 불린다. 효성이 지극하여 부모복상 시묘 6년에 피눈물을 흘려 눈이 멀으니 효자정려를 내렸다. 후진을 양성하여 인계서숙을 열어 많은 인재를 배출하였고 인계학원은 지금껏 이 고장에서 육영사업이 600년을 이어오고 있다.

66. 栗里祠 申溫水監公淇〔押韻麻〕

柳絮南飛似亂麻
유 서 남 비 사 난 마

庇仁東岸一祠嘉
비 인 동 안 일 사 가

赤閭白晝赤忠聳
적 려 백 주 적 충 용

蒼碣青天蒼節誇
창 갈 청 천 창 절 과

始祖殉衣唯獨赫
시 조 순 의 유 독 혁

後孫焚燼兩三葩
후 손 분 신 양 삼 파

夷齊王蠋豈專美
이 제 왕 촉 기 전 미

日月爭光千萬遐
일 월 쟁 광 천 만 하

▽ 주(註)

1) 庇仁 : 서천군 비인면을 이름.
2) 始祖 : 평산신씨 시조 장절공을 이름.
3) 夷齊 : 형 백이와 아우 숙제를 이름. 은나라 고죽군(孤竹君)의 아들. 주(周) 무왕(武王)이 은나라를 치자 이를 간하였으며 무왕이 천하를 얻자 주나라 곡식 먹기를 부끄러이 여겨 수양산에 들어가 고사리를 먹다가 굶어 죽었다.
4) 王蠋 : 전국시대 제(齊)나라 충신. 60. 慕先亭 註 4) 참조.

율리사 신온수감공 기

버들 솜이 난마처럼 휘날리고
비인 동안에 한 사당이 아름답구나.

붉은 홍살문은 적충을 빛내며 솟아있고
푸른 비석은 절의를 자랑하고 서있도다.

시조 장절공은 왕의 옷을 바꾸어 입어 목숨 바치고
후손은 신조에서 불렀으나 나가지 않자 그들이 숨은 산에
불을 질러 여섯 분이 불에 타 죽었도다.

백이숙제나 왕촉만이 어찌 그 아름다움을 오로지 하겠는가
일월과 빛을 겨루어 천만세 멀리까지 찬양하오리다.

✔ 해제(解題)

율리사(栗里祠)는 충청남도 서천군 비인면 율리에 있으니 신 온수감공(申溫水監公) 추모처이다. 공의 휘 기(淇), 자 기오(漪吾) 평산인이다.

나주목어사대부 군평(君平)의 손자이고, 집현전한림 우재혼(尤齋琿)의 아들인데 우재공은 간성왕조 온수감에 제수되어 불취하고 공의 형 연(演)은 대제학으로 10번 불렀으나 불취하고 공의 백부 예부시랑 규(珪) 중백부 문하성사 윤(瑀) 소윤 순(珣) 등 일가 부자 형제 세 집안 여섯 분이 광덕산(光德山)에 깊이 들어 임신변역에 신조 누징에 모두가 불응하니 신조에서 크게 노하여 이 산에 불을 질러 일문제사가 6충절 모두 장렬하게 분사하였다. 세칭 두문동 재판이라고 칭송한다. 공의 자 용(龍)이 비인면 월항산 건좌지원에 의관초혼장 하였다.

67. 歲一齋 韓太尉公蘭〔押韻陽〕

流火青州白足陽
유 화 청 주 백 족 양
無心川岸古齋康
무 심 천 안 고 재 강

南端大野彩雲遠
남 단 대 야 채 운 원
東極俗離煙霧堂
동 극 속 리 연 무 당

一夜征軍供宿食
일 야 정 군 공 숙 식
三韓統合樹功莊
삼 한 통 합 수 공 장

後孫震域振振譽
후 손 진 역 진 진 예
斯閥前途萬世彰
사 벌 전 도 만 세 창

▽ 주(註)

1) 青州 : 청주의 고호.
2) 白足 : 山名, 백족산.
3) 無心川 : 청주에 있는 강 이름.
4) 俗離 : 속리산을 이름.

세일재 한태위공 란

칠월 청주의 백족산 남쪽이오
무심천 언덕에 옛 재실이 편안하도다.

남쪽 큰 들에는 채색구름이 아득하고
동쪽 끝 속리산은 연무에 싸여 당당하도다.

하룻밤 왕건태조의 남정군 숙식을 제공하였고
남정군에 귀부하여 삼한통합에 큰 공을 세웠도다.

후손이 이 나라에 떨치고 떨치니
이 집안 앞날이 만세토록 빛나리로다.

✔ 해제(解題)
세일재(歲一齋)는 충청북도 청주시 남일면 가산리에 있으니 한 태위공(韓太尉公) 추모처이다. 공의 휘 란(蘭), 청주한씨 시조이다.
왕건 장군이 후백제 정벌군을 이끌고 청주를 지날 때 공이 정벌군에게 일야 숙식을 제공한 후 종군을 청원하여 장군의 윤허로 종군하여 그 전투에서 큰 공을 세우자 후일 고려 개국공신에 봉하고 삼중대광태위를 삼았다.

68. 松林齋 成貞節公思齋〔押韻庚〕

秋孟昌城人物庚
추 맹 창 성 인 물 경
火旺西麓一齋明
화 왕 서 록 일 재 명

山含未盡王孫恨
산 함 미 진 왕 손 한
江水猶悲故國聲
강 수 유 비 고 국 성

投紱杜門深谷隱
투 불 두 문 심 곡 은
累呼不出燼焚貞
누 호 불 출 신 분 정

寧爲麗鬼李臣拒
영 위 여 귀 이 신 거
日月競光千萬諻
일 월 경 광 천 만 황

▼ 주(註)

1) 昌城 : 창녕의 고호.

2) 火旺 : 화왕산을 이름. 창녕의 진산이다.

송림재 성정절공 사재

칠월 창녕에 인물이 많으니
화왕산 서록에 한 재실이 밝도다.

산은 끊이지 않은 왕손의 한을 머금었고
강물은 아직도 고국 소리로 슬프구나.

벼슬 버리고 문을 닫아 깊은 골에 숨으니
누차 불러도 나오지 않은 채 정절을 지켜 불타 죽었도다.

차라리 고려의 귀신이 될지언정 어찌 이조의 신하가 되리오
일월과 빛을 다투니 천만세토록 부르짖으리로다.

▼ 해제(解題)

송림재(松林齋)는 경상남도 창녕군 창녕읍 조산리에 있으니 성 정절공(成貞節公)을 추모하는 곳이다.

공의 휘(諱) 사재(思齋), 시호(諡號) 정절(貞節)이시다. 임신변역에 처자에게 이르기를 자손이 끊어지지 않도록 일점 혈육을 데리고 창녕으로 내려가되 신조에 벼슬하지 말고 내 봉분을 만들지 말라 이르고 두문동으로 들어갔다. 신조에서 아무리 불러도 나오지 않자 두문동에 불을 지르니 많은 선비가 나와 고향으로 돌아갔으나 공을 비롯한 13위 열사는 끝내 불타죽고 말았다.

69. 杜菴公墓〔押韻青〕

沉鳳孟秋山水青
침 봉 맹 추 산 수 청
松林深谷一封寧
송 림 심 곡 일 봉 녕

東江北脈終屯處
동 강 북 맥 종 둔 처
星嶺南龍大坐停
성 령 남 룡 대 좌 정

投紱歸鄕堅守節
투 불 귀 향 견 수 절
親喪侍墓孝誠聽
친 상 시 묘 효 성 청

節忠三代繼連赫
절 충 삼 대 계 연 혁
斯閥英名千世熒
사 벌 영 명 천 세 형

✔ 주(註)

1) 沉鳳 : 정선의 고호.
2) 東江北脈 : 정선 동강의 북쪽산맥.
3) 星嶺 : 성마령(星摩嶺)을 이름.
4) 三代 : 공과 공의 선대 문하시랑 우화(遇和)공과 자 채미헌 오륜(五倫)을 이름.

두암공묘

칠월 정선에 산수가 푸르고
송림 깊은 골에 한 무덤이 편안하구나.

동강 북맥이 둔친 끝자락에
성마령 내룡이 크게 좌정하였도다.

벼슬 버리고 귀향하여 절의를 지키고
친상 시묘에 효성이 아름답도다.

절의와 충성이 삼대를 이어 빛나니
이 집안 꽃다운 이름 천세에 빛나리로다.

✔ 해제(解題)
두암공묘(杜菴公墓)는 강원도 정선군 정선읍 용탄리에 있으니 두암 전분(杜菴 全賁) 선생의 묘소이다. 두암은 공의 호이고 정선인이다. 공은 문하시랑 우화(遇和)의 아들이고, 두문 7현 채미헌 오륜(五倫)은 공의 아들이다.
우리 일행을 안내하기 위하여 채미헌공파 회장 전성룡(全聖龍) 씨가 멀리 수원에서 이곳까지 와서 미리 준비해놓은 4륜구동 자동차를 타고 정선읍내에서 족히 40분을 경사 급한 험한 길을 달려 성마령 마루턱에 있는 공의 묘소에 겨우 도착하였다. 공의 묘소 북쪽에 깊이 10m 직경 30m의 구덩이 밑에 시랑 두암공(杜菴公) 묘소가 있고, 그 구덩이 들어가는 입구에 거북모양의 영구암이 있다. 공은 효성이 지극하여 대과를 거쳐 보문각대제학대사성에 진주목사로 나갔다가 벼슬을 버리고 귀향하여 세상을 끊고 부모를 모시며 선영을 지켜 평생을 마쳤다. 도첨의좌참찬에 추증되고 시호는 평간(平簡)이다.

70. 慕隱公壇〔押韻蒸〕

梧月安城殘暑蒸
오 월 안 성 잔 서 증
德岩山下神壇登
덕 암 산 하 신 단 등

松風長渡頌忠曲
송 풍 장 도 송 충 곡
碣影半斜彰節應
갈 영 반 사 창 절 응

五邑率權歸太祖
오 읍 솔 권 귀 태 조
一千軍士樹勳稱
일 천 군 사 수 훈 칭

三韓壁上功臣赫
삼 한 벽 상 공 신 혁
竹帛譽名萬世弘
죽 백 예 명 만 세 홍

▽ 주(註)
1) 梧月 : 음력 7월의 별칭.
2) 德岩山 : 산 이름.
3) 五邑 : 공이 다스리던 남해, 고성, 함안, 거제, 천령의 다섯 고을을 이름.
4) 一千軍士 : 공이 고려에 귀부할 때 거느린 군사가 1천이다.

모은공단

칠월 안성에 잔서가 찌는 듯한데
덕암산 아래 한 신단에 올랐도다.

송풍은 길이 불어 충성을 찬송하는 노래 부르고
비영은 반은 기울어 절의를 찬양하는도다.

다섯 고을을 거느리고 고려 태조에게 귀부하고
일천 군사를 이끌고 공을 세웠음을 칭찬하였도다.

고려 벽상공신이 되어 빛나니
청사에 아름다운 이름 만세토록 크도다.

✔ 해제(解題)

모은공단(慕隱公壇)은 경기도 안성시 원곡면 시은리에 있으니 모은 소공(慕隱蘇公)의 추모처이다. 공의 휘는 격달(格達), 자 유달(有達)이며 진주인이다. 강주도독 송(淞)의 아들이다.

지리산 아래 고소산성을 수축하고 뒤에 하동태수가 되었다. 고모부 최유문(崔有文)과 더불어 진주 서부 일대를 점거하고 원서(元瑞) 이중인(李重仁) 안유생(安有生) 박옥헌(朴玉憲) 김수봉(金秀峰) 장군 등을 거느리고 아버지를 죽인 차규웅(車閨雄)과 겨루니, 남해, 고성, 함안, 거제, 천령 등 5고을을 태수들이 도왔다. 36세에 다스리던 5읍과 군사 일천 명을 이끌고 고려에 귀부하여 태조가 강주를 칠 때 큰 공을 세웠고 삼한벽상공신이 되었다. 을사년 왕규의 난을 평정하는데 공을 세운 뒤 낙향하여 소촌에 살다가93세에 하세하니 태부에 추증되고 시호는 강평(康平)이다.

71. 篁山祠 崔忠武公必達〔押韻侵〕

涼月江陵秋氣侵
양 월 강 릉 추 기 침
大關嶺下一祠嶔
대 관 령 하 일 사 금

檐端碧岫嚴嚴聳
첨 단 벽 수 엄 엄 용
檻外蒼溟渺渺潯
함 외 창 명 묘 묘 심

扶植綱常風俗正
부 식 강 상 풍 속 정
統韓開國偉勳岑
통 한 개 국 위 훈 잠

海東孔子崇昂裡
해 동 공 자 승 앙 리
赫赫譽名萬世欽
혁 혁 예 명 만 세 흠

▽ 주(註)

1) 涼月 : 음력 7월의 별칭.

2) 大關嶺 : 강릉 서쪽의 높은 고개 이름.

황산사 최충무공 필달

칠월 강릉에 가을이 오니
대관령 아래 한 사당이 높구나.

처마 끝 푸른 산은 엄엄하게 솟아있고
난간 밖 푸른 바다는 아득히 펼쳐졌도다.

강상을 부식하여 풍속을 바로잡았고
고려 개국 통한의 위훈이 높도다.

해동공자로 추앙받는 가운데
혁혁한 명예가 만세의 공경을 받는도다.

✓ 해제(解題)

황산사(篁山祠)는 강원도 강릉시 난곡동에 있으니 최 충무공(崔忠武公) 추모처이다.

공의 휘 필달(必達), 고려 개국공신 좌정승 경흥군이며 강릉최씨 시조이시다. 신라 말 삼국 정치할 때 전화가 끊이지 아니하고 윤리가 땅에 떨어졌다. 이때 공이 분연개탄하여 강상을 다시 부식하고 도학을 일으켰으며 예악을 진작하니 세칭 해동공자라 칭송 받았다. 후손이 사당을 지어 공을 모셨다. 시호 충무이다.

72. 鳳山祠 將軍姜以式〔押韻咸〕

涼月山河秀景咸
양 월 산 하 수 경 함
康州淨岸一祠堿
강 주 정 안 일 사 감

長江滾滾千年詠
장 강 곤 곤 천 년 영
堞颮滔滔萬載諵
첩 박 도 도 만 재 남

侮辱隋書刀答肅
모 욕 수 서 도 답 숙
襲來强敵勝全劖
습 래 강 적 승 전 참

臨渝大捷輝靑史
임 유 대 첩 휘 청 사
日月爭光永世諴
일 월 쟁 광 영 세 함

주(註)
1) 凉月 : 음력 8월의 별칭.
2) 康州 : 진주의 고호.
3) 長江 : 남강(南江)을 이름.
4) 臨渝 : 임유관(臨渝關)을 이름.

봉산사 장군 강이식

팔월 산과 물의 경색이 다함께 빼어나고
진주 맑은 언덕에 한 사당이 아름답도다.

남강은 곤곤히 흘러 천년을 노래하고
진주성에서 부는 바람은 도도히 흘러 만세를 시끄럽게 하는
도다.

수나라 국서가 모욕적이니 칼로서 답함이 엄숙하고
내습한 강적을 섬멸하여 전승을 기록하였도다.

임유관대첩은 청사에 빛나니
일월쟁광에 영세토록 공경스럽구나.

✔ 해제(解題)

봉산사(鳳山祠)는 경상남도 진주시 상봉서동에 있으니 강 장군(姜將軍) 추모처이다. 공의 휘는 이식(以式), 진주강씨 시조이시다.
고구려 영양왕조에 수문제가 오만 무례한 글을 보내니 장군이 칼로 답함이 옳다하니 왕이 윤허하여 정병 5만을 이끌고 병마원수가 되어 임유관(臨渝關)에서 수군 30만을 전멸시켰다. 이 전투가 임유관대첩이다. 그러나 수서(隋書)는 그들의 치욕적인 패전을 거짓은폐하려고 질병과 풍랑으로 철군하였다고 단재의 상고사에서 밝히고 있다. 고 박정희 대통령은 장군을 민족의 성웅으로 받들고 봉산사를 크게 이룩하고 고구려 역사관을 이룩하기로 사업을 진행하다가 서거함으로써 역사관 건립은 중단되었다.

73. 永慕堂 李翰林公湯休〔押韻東〕

南道堗坪碧水東
남 도 돌 평 벽 수 동

靈臺山下一堂崇
영 대 산 하 일 당 숭

松濤萬里思君浪
송 도 만 리 사 군 랑

竹籟千年故國風
죽 뢰 천 년 고 국 풍

冠裂離家踪迹絶
관 열 리 가 종 적 절

守遺投紱彈琴聾
수 유 투 불 탄 금 농

祖孫父子連三盡
조 손 부 자 연 삼 진

忠節斯門永世烘
충 절 사 문 영 세 홍

▼ 주(註)

1) 堗坪 : 임실의 고호.

2) 堗 : 굴뚝 돌.〔月〕

3) 靈臺山 : 임실에 있는 산 이름.

4) 連三盡 : 조, 자, 손 연삼절. 공의 조부 송헌(松軒)공은 충선왕을 호종하여 충성을 바쳤다. 왕이 돌아가자 시신을 모시고 환국하였고 고려를 일개 성으로 격하하려 하자 이를 중지시켜 정승에 올랐으며 공의 아들 분(芬)은 아버지 유훈을 따라 벼슬을 버리고 남원에서 절의를 지켰다.

영모당 이한림공 탕휴

남도 임실은 벽수 동쪽인데
운대산 아래 한 재실이 높구나.

솔바람은 만리에 임을 그려 노래하고
죽피리는 천년에 고국의 노래를 부르는도다.

갓을 찢고 집 떠난 뒤 종적을 감추니
유언을 지켜 벼슬 버리고 거문고를 타며 귀머거리가 되도다.

조손과 부자 연삼대가 충성을 다하니
이 집안 충절은 영세에 횃불로 빛나리로다.

해제(解題)

영모당(永慕堂)은 전라북도 임실군 지사면 영천리에 있으니 이 한림공(李翰林公) 추모처이다. 공의 휘 탕휴(湯休), 영천인이다. 할아버지의 휘는 능간(凌幹) 호는 송헌(松軒)인데 충선왕이 토번으로 귀양 가서 돌아가자 관을 모시고 귀국하였다. 충숙왕 때 원나라 황제가 고려국을 한 개 성으로 격하시키려 하자 원 황제에게 주청하여 이를 막았다. 조적의 난에 왕을 호종하여 벽상공신이 되고 공민왕 때 문하시중으로 생을 마쳤다. 아버지의 휘는 명(銘), 판서이다. 한림공은 임신변역에 대간 벼슬하던 아들 분(芬)에게, 지금부터 신조에 벼슬하지 말라 이르고 스스로 관을 찢어 나무에 걸고 두문동으로 들어가 종적을 감췄다. 아들 분은 유훈에 따라 남원으로 내려가 거문고를 즐기며 정절을 지켰다.

74. 平章事公墓 朴元法〔押韻江〕

猪邑仲秋渡碧江
저 읍 중 추 도 벽 강
胎峯南麓一封厖
태 봉 남 록 일 봉 방

嚴嚴芳太詠忠聳
엄 엄 방 태 영 충 용
懇懇內麟彰善瀧
간 간 내 린 창 선 롱

退廷奸臣思義奏
퇴 정 간 신 사 의 주
擊追倭寇護安邦
격 추 왜 구 호 안 방

麒州萬戶遺香郁
기 주 만 호 유 향 욱
偉廟堂中長夜缸
위 묘 당 중 장 야 항

▼ 주(註)

1) 猪邑 : 인제의 고호.
2) 胎峯 : 산 이름.
3) 芳台 : 방태산을 이름.
4) 內麟 : 내린천을 이름.
5) 麒州 : 기린현을 이름.

평장사공묘 박원굉

인제골 중추에 푸른 강을 건너니
태봉 남록에 한 무덤이 크구나.

엄엄한 방태산은 충성을 기려 솟아있고
간간한 내린천은 선을 찬양하는 물소리로다.

의를 생각하여 간신을 물리치라 상주하고
왜구를 격퇴하여 나라 안이 편안하도다.

기린만호로 끼친 향기 그윽하니
큰 사당 당중에 장야 등이 밝도다.

✔ 해제(解題)

평장사공묘(平章事公墓)는 강원도 인제군 기린면 현리에 있으니 박 평장사 공의 묘소이다. 공의 휘 원굉(元浤)이며 춘천박씨 시조 문의공 춘성부원군 휘 항(恒)의 아들이다.

고려 원종조에 문과 평장사로 원경에 입조하였다 귀환하여 간신 오기(吳祁)의 부정을 상주하고 사임하였다가 인제 기린만호로 재임되어 동해의 왜적을 소탕하고 선정을 베풀어 백성의 숭앙을 받다 향년 65에 졸하니 지방민이 수호신으로 받들어 오늘에 이른다.

75. 景慕祠 錦城府院君羅聰禮〔押韻魚〕

長驅羅州駾躍魚
장 구 나 주 태 약 어
白龍峯下一祠琚
백 룡 봉 하 일 사 거

滎聲千里頌忠曲
영 성 천 리 송 충 곡
錦影萬年彰節書
금 영 만 년 장 절 서

鼻祖功臣崇祿赫
비 조 공 신 숭 록 혁
子孫輔國侍中譽
자 손 보 국 시 중 예

斯門永世英名錄
사 문 영 세 영 명 록
大道東天月上初
대 도 동 천 월 상 초

주(註)

1) 白龍峯 : 나주에 있는 산 이름.
2) 滎聲 : 영산강의 물소리를 이름. 영산강은 나주시 남쪽을 흐른다.
3) 錦影 : 금성산의 그늘. 금성산은 나주의 진산으로 시의 북쪽에 있다.
4) 大道 : 나주의 동리 이름.

경모사 금성부원군 나총례

장구 나주를 뛰는 고기처럼 달려가니
백룡산 아래 한 사당이 옥돌이구나.

영산강은 천리에 충정을 기려 노래하고
금성산 그늘은 만년에 절의를 빛내며 글로 쓰는도다.

비조는 개국공신 숭록대부의 영작을 받고
자손은 보국시중의 영예를 누리는도다.

이 집안 만대에 꽃다운 이름 빛나니
대도리 동천에 달이 뜨는도다.

✓ 해제(解題)

경모사(景慕祠)는 전라남도 나주시 문평면 대도리에 있으니 나 금성부원군을 추모하는 곳이다. 공의 휘는 총례(聰禮), 금성나씨(錦城羅氏) 시조이다. 공은 나주의 호족으로 조년 등제하여 한림이 되고 이어 후고구려 정가대감에 이르렀다. 왕건이 후백제를 치려고 금성을 공략할 때 천운이 왕건에게 돌아옴을 알고 이에 귀부 협력하여 큰 공을 세우니 고려 건국후 강궁진(姜弓珍), 김한충(金漢忠), 천명(千明) 등과 더불어 삼한공신에 봉하여졌다. 이어 여러 번의 내란을 평정함에 공이 있어 삼한 일등공신 금성부원군이 되었다. 묘는 진도에 있었으나 실전되었다. 자손이 번성 현달하여 대광, 시중 등의 높은 벼슬을 하였다.

76. 永慕齋 金貞簡公永煦〔押韻痲〕

秋雨霈然飛亂痲
추 우 패 연 비 란 마
慕亭幽谷古壇嘉
모 정 유 곡 고 단 가

美湖綠水千年艶
미 호 록 수 천 년 염
鶩嶺蒼容萬里娃
목 령 창 용 만 리 왜

上洛祖翁開國將
상 락 조 옹 개 국 장
筠軒孫裔謝恩葩
균 헌 손 예 사 은 파

一門三節安金閥
일 문 삼 절 안 김 벌
靑史英名永世華
청 사 영 명 영 세 화

▼ 주(註)

1) 慕亭 : 모정리를 말한다.
2) 美湖 : 미호천을 말한다.
3) 鶩嶺 : 목령산을 이름.
4) 上洛 : 상락장군. 김방경 선조를 말한다.
5) 筠軒 : 공의 아호이다.

영모재 김정간공 영후

가을비가 주룩주룩 난마처럼 쏟아지고
모정리 깊은 골에 옛 신단이 아름답구나.

미호강 푸른 물은 천년을 흘러 고운데
목령산 푸른 빛은 만리에 아름답도다.

할아버지 상락군은 고려 개국의 명장이시고
후손 균헌공은 사은사로 충성한 꽃송이로다.

한집안 세 분 충절은 안동김씨가 빛나고
청사에 꽃다운 이름은 영세토록 빛나리로다.

✓ 해제(解題)

영모재(永慕齋)는 충청북도 청주시 청원구 오창읍 모정리에 있으니 김 정간공(金貞簡公)을 추모하는 곳이다. 공의 휘는 영후(永煦)요, 호는 균헌(筠軒)이며 안동인(安東人)이다. 조의 휘는 방경(方慶)이요, 상장군상락군개국공(上將軍上洛君開國公)이요, 시호는 충열(忠烈)이시다. 공은 천성이 곧고 침중하고 무거웠다. 과거에 올라 추성보절동덕익찬공신이 되었다. 충목왕이 즉위함에 찬성사에 임명되고 우정승을 거쳐 좌정승이 되었다. 공민왕 원년에 복창부원군에 봉하여졌다. 변정도감(辨整都監)을 파할 것을 간하고 뒤에 병을 칭하여 벼슬에서 물러났다가 사은사가 되어 원나라에 갔다가 돌아와 상락후(上洛侯)에 봉하여졌다.

공민왕 10년 신축년 5월 12일에 돌아가니 향년 70세였다. 산소는 실전되어 단을 설치하였다. 손자 사렴(士廉) 및 수(綏)는 여말절신으로 한 집안에 삼절이 나왔다.

77. 高麗嘉陵 順敬太后金氏〔押韻江〕

穴口孟冬攀鎭江
혈 구 맹 동 반 진 강
帶紅楓埒古陵玒
대 홍 풍 날 고 릉 강

海風萬里懷王寵
해 풍 만 리 회 왕 총
松籟千年憶舊邦
송 뢰 천 년 억 구 방

九疊孤閨燈坐四
구 첩 고 규 등 좌 사
三更空闕雁飛雙
삼 경 공 궐 안 비 쌍

可憐失主無窮恨
가 련 실 주 무 궁 한
長夜思君月曉窓
장 야 사 군 월 효 창

주(註)

1) 穴口 : 강화의 고호.
2) 鎭江 : 진강산을 이름.
3) 埒 : 담장 날.
4) 九疊孤閨 : 구중궁궐에서 독수공방함을 이름.
5) 三更 : 깊은 밤. 밤 11시에서 새벽 1시 사이.

고려 가릉 순경태후 김씨

첫 겨울에 강화 진강산에 오르니
고릉 언덕에 단풍이 곱구나.

해풍 만리에 임금의 은총을 회고하고
솔바람 천년에 옛 나라를 사모하는도다.

구중궁궐 독수공방에 등촉은 사방을 밝히는데
깊은 밤 빈 궁궐에 기러기 쌍으로 나르는구나.

가련타 임을 잃은 무궁의 한이여
밤을 새워 임 그리다 새벽달이 창에 비치는도다.

✔ 해제(解題)

고려 가릉(高麗嘉陵)은 인천광역시 강화군 양도면 능내리에 있으니 고려(高麗) 원종비(元宗妃) 순경태후 김씨(順敬太后金氏)의 능이다. 경주김씨(慶州金氏)이다.

1235년 원종이 태자에 책봉되자 약선(若先)의 딸로 태자비가 되었고 1274년 충렬왕이 즉위하자 순경왕후로 추존 되었다. 고려는 1232년 몽고군의 침입으로 개경에서 강화로 옮겨 1270년(원종11) 개경으로 환도할 때까지 37년간 강화에서 몽고군에 대항하였다. 순경태후는 원종이 즉위하기 전 1244년 강화에서 별세하여 강화에 안장된 것으로 추정된다. 깊은 산속 봉분 앞에 표석과 문인석만 있고 능 앞에 장대석단을 설치한 고려 때의 능제(陵制)이다.

78. 金達岩 達巖公李達巖〔押韻删〕

春孟居昌寒氣删
춘 맹 거 창 한 기 산

猿峯東麓達岩斕
원 봉 동 록 달 암 란

舞龍凜凜千年綠
무 룡 늠 름 천 년 록

渭水悠悠萬里灣
위 수 유 유 만 리 만

痛哭松望飢窟上
통 곡 송 망 기 굴 상

育英罔僕戀崧山
육 영 망 복 연 숭 산

夫亡婦餓兩人絶
부 망 부 아 양 인 절

忠烈譽名長久䮝
충 렬 예 명 장 구 환

주(註)

1) 猿峯 : 금원산을 이름.

2) 舞龍 : 덕유산에 있는 무룡산(舞龍山)을 이름.

3) 渭水 : 거창에 있는 위천(渭川)강을 이름.

4) 崧山 : 개성 남쪽에 있는 산 이름.

금달암 달암공 이달암

정월 거창에 한기는 깎였는데
금원산 동쪽 금달암이 아름답구나.

무룡산은 늠름하여 천년을 푸르르고
위천은 유유히 흘러 만리를 굽이쳐 왔도다.

북망통곡하며 바위 위에서 굶었으며
후학을 길러 전조를 그리워하였구나.

남편이 굶어 죽자 부인도 따라서 굶어 죽으니
충신과 열녀의 꽃다운 이름은 천만세토록 나부끼리로다.

✔ 해제(解題)

금달암(金達岩)은 경상남도 거창군 위천면 장기리에 있으니, 고려 말 충신이요 학자인 이달암(李達巖)공을 추모하는 곳이다. 공의 휘는 달암(達巖), 자(字) 호(號) 미상, 합천 이씨이다.

공은 높은 학자로 학숙을 열어 제자가 구름처럼 모여들어 공의 학덕을 사모하였다. 제자 중에 영계 유환(劉懽)을 사위로 삼았는데, 유환은 문과를 거쳐 벼슬이 대사헌에 이르렀다. 이공(李公)은 임신변역에 학숙의 문을 닫고 부인 김씨와 더불어 금원산 밑의 큰 바위에 올라가 북향망곡하며 10여 일을 굶어 돌아가고, 그의 부인도 그 뒤를 따라 굶어 죽었다. 세상 사람들이 그 바위를 금달암이라 부른다. 공의 사위인 영계 유환이 이 바위 아래 영사정(永思亭)을 짓고, 장인을 사모하여 벼슬(대사헌)을 버리고 귀향하여 절의를 지켰다.

79. 萬籟祠 李櫟翁公英吉〔押韻蕭〕

燕月常山綠茁蕭
연 월 상 산 녹 줄 소

玉峰東麓一祠喬
옥 봉 동 록 일 사 교

檐端遠岫薰風渡
첨 단 원 수 훈 풍 도

檻外近川灘籟嘹
함 외 근 천 탄 뢰 료

光海昏朝官路拒
광 해 혼 조 관 로 거

累徵不仕育英詔
누 징 불 사 육 영 소

頌歌孔孟洞中滿
송 가 공 맹 동 중 만

斯祖譽名千萬翲
사 조 예 명 천 만 표

✔ 주(註)

1) 燕月 : 음력 3월의 별칭.

2) 常山 : 진천의 고호.

3) 玉峰 : 옥녀(玉女)봉을 이름.

4) 光海 : 광해군을 이름.

만뢰사 이역옹공 영길

3월 진천에 푸른 싹이 소슬한데
옥녀봉 동쪽에 한 사당이 높도다.

처마 끝 먼 산에서 훈풍이 불어오고
난간 밖 시내에서 개울 물소리 아름답도다.

광해 혼조에 벼슬하기를 마다하고
누징 불사한 채 후진 양성에 찬양노래 높도다.

공맹을 노래하는 소리 골 안에 가득하고
이 할배의 꽃다운 이름 천만세에 나부끼리로다.

✔ 해제(解題)

만뢰사(萬籟祠)는 충청북도 진천군 진천읍 연곡리에 있으니 나의 13대조를 모신 사당이다. 공의 휘는 영길(英吉), 호는 역옹(櫟翁), 전의이씨(全義李氏)이시다. 일찍이 사마시에 올랐으나 때마침 광해혼조에 벼슬길을 마다하고 후진양성을 위하여 청주 북쪽 가공촌에 동고정(東皐亭)을 짓고 문도 제자 70여 인과 더불어 공맹(孔孟)을 노래하니 초부 목동이 이를 따라 불러 그 동리를 세상사람이 가공촌이라 불러 지금도 동명으로 남았다. 훌륭한 제자 300여 인을 배출하여 향당의 사표가 되시고 풍속교화에 크게 이바지 하시니 지금껏 그 영명이 아름답게 남아있다. 묘소는 진천 연곡리에 모셔져 있고 그 묘하에 있는 만뢰사에는 공을 배향하고 있다.

80. 貞節祠〔押韻肴〕

流夏新村俱核肴
유 하 신 촌 구 핵 효

相思峯下一祠嵺
상 사 봉 하 일 사 교

海風萬里頌貞肅
해 풍 만 리 송 정 숙

松籟千年彰節怓
송 뢰 천 년 창 절 노

都彌仰天呼婦泣
도 미 앙 천 호 부 읍

阿娘守操戀郎媌
아 랑 수 조 연 랑 묘

遙望氷島問經事
요 망 빙 도 문 경 사

鷗鷺空啼長久詨
구 로 공 제 장 구 효

주(註)

1) 流夏 : 음력 유월을 이름.
2) 相思峯 : 정절사가 있는 산봉우리를 이름.
3) 都彌 : 아랑의 남편 이름.
4) 阿娘 : 도미의 아내 이름.

정절사

한여름 보령에 주효를 갖추니
상사봉 아래 한 사당이 높더라.

해풍 만리에 정숙을 찬송하고
솔피리 천년에 절의를 빛내면서 심란하구나.

도미는 하늘을 우러러 아내를 찾아 울고
아내인 아랑은 정절을 지켜 낭군을 그리며 아름답구나.

빙도를 멀리 바라보며 지난 일을 물으니
갈매기는 헛되이 울며 길이 부르짖는도다.

✔ 해제(解題)

정절사(貞節祠)는 충청남도 보령시 오천면 소성리에 있다.
백제시대에 살았던 절세미인 아랑이와 도미가 혼인하였다. 개로왕은 도미부인이 아름답다는 소문을 듣고 도미를 불러 장기내기를 하게 된다. 내기에 지면 도미의 처 아랑을 왕에게 바치기로 했는데 도미는 장기에 지고 말았다. 그리하여 도미의 아내 아랑(阿娘)은 백제왕궁으로 불려오고 개로왕의 갖은 회유와 협박에도 뜻을 굽히지 않아 끝내 도미의 눈을 멀게 한다. 그래도 아랑은 남편을 찾아 남편과 함께 고구려로 도망가서 해로했다고 한다. 이 얘기는 삼국유사에 실려 있다. 이곳에 도미부부의 합장묘가 있으며 그 옆에 있는 사당에 영정이 봉안되어 있다. 해마다 아랑(阿娘)의 정절을 기리는 제사를 지내고 있다고 한다.

81. 百濟古墳〔押韻陽〕

繫馬新川步太陽
계 마 신 천 보 태 양
石村湖岸古墳康
석 촌 호 안 고 분 강

北流滾滾千年翠
북 류 곤 곤 천 년 취
南岳嚴嚴萬里瑭
남 악 엄 엄 만 리 당

號令三韓英主去
호 령 삼 한 영 주 거
永眠累世墓陵藏
영 면 누 세 묘 릉 장

悠悠故國煙霞散
유 유 고 국 연 하 산
遙望遼東是故鄕
요 망 요 동 시 고 향

주(註)

1) 新川 : 지하철 2호선 신천역을 이름.
2) 石村湖 : 호수의 이름.
3) 北流 : 한강을 이름.
4) 南岳 : 관악산을 이름.

백제고분

신천역에 말을 매고 햇빛 쏟아지는 길을 걸어가니
석촌호 기슭에 고분이 편안하더라.

한강물은 곤곤히 흘러 천년을 푸르르고
관악산은 엄엄하게 솟아 만리에 옥봉우리처럼 아름답도다.

삼한을 호령하던 영명한 임금은 가고
여러 대 묘릉에 길이 잠들어 편안하도다.

멀고먼 백제는 연하처럼 사라졌는데
멀리 요동 땅을 바라보니 저곳이 우리 고향이로구나.

✔ 해제(解題)
백제고분(百濟古墳)은 서울특별시 송파구 석촌 호숫가에 있다.
백제 13대왕 근초고왕이 몽촌토성을 이룩하고 그 남쪽에 누대 백제왕의 묘지를 만들어 지금에 전해오고 있는데 고고학상 누구누구의 왕릉이라는 근거는 찾지 못하고 있다. 당초에는 많은 고분이 있었으나 지금에는 몇몇 개의 사각석축 큰 무덤이 남아있을 뿐이다.

82. 碧骨堤〔押韻青〕

碧骨垂天四面青
벽 골 수 천 사 면 청
一望秋野裕豊坰
일 망 추 야 유 풍 경

蕭蕭淨渚鶴翔映
소 소 정 저 학 상 영
颯颯江風雲影渟
삽 삽 강 풍 운 영 정

趙將勇姿眠裡想
조 장 용 자 면 리 상
丹娘說話倚欄聽
단 낭 설 화 의 란 청

周邊百里餓民救
주 변 백 리 아 민 구
青史英名萬世馨
청 사 영 명 만 세 형

▼ 주(註)

1) 江風 : 동진강에서 부는 바람을 이름.

2) 趙將 : 조장군(趙將軍)을 이름.

벽골제

벽골제에 드리운 하늘은 사면이 푸르고
일망 추야에 넉넉한 풍년이 들었구나.

소소한 맑은 물가에 학이 날아 아롱지고
살랑 부는 강바람에 떠가는 구름 강물에 잠겼구나.

조장군 용감한 모습 꿈속에서 그려보고
단야낭자의 설화는 난간에 의지하여 듣는도다.

주변 백리 안의 주린 농민을 구하고
청사에 꽃다운 이름 만세토록 향기를 토하리로다.

✓ 해제(解題)

벽골제(碧骨堤)는 전라북도 김제시 부량면 포교리에서 월성리에 이르기까지 제방이 남아 있는 백제시대의 저수지이다. 사적 제111호. 우리 나라 최대의 고대 저수지로 백제의 11대 비류왕 27년(330)에 축조된 것으로 당시 토목기술이 고도로 발달되었음을 입증해주고 있다.
벽골제를 처음 쌓을 때 번번이 제방이 무너져 도저히 쌓을 수가 없게 되자 청룡에게 단야낭자를 희생으로 받치고 비로소 제방을 쌓았다하며, 또 하나 설화는 착한 백룡에게 항적해오는 흑룡을, 조장군(趙將軍)이 활로 쏘아 죽인 뒤로 벽골제에 평안이 오고 연사가 풍년이 들었으며, 조장군의 자손이 이 고장에서 크게 번창하였다. 지금은 수리조합 시설이 완비되어 벽골제가 필요없게 되었지만 아직도 옛날 유구가 현존하고 있다. 매년 지평선축제가 열려 조장군을 기리고 있다.

83. 洗川亭 吳錦山公國萃〔押韻陽〕

四月召文題韻陽
사 월 소 문 제 운 양
爐峯南麓一亭康
노 봉 남 록 일 정 강

檐端碧岫帶霞壯
첨 단 벽 수 대 하 장
甍上白雲喬岳堂
맹 상 백 운 교 악 당

投紱有矜詩詠樂
투 불 유 긍 시 영 락
累徵無起耳川藏
누 징 무 기 이 천 장

許巢箕潁可比也
허 소 기 영 가 비 야
貞節千年靑史煌
정 절 천 년 청 사 황

▼ 주(註)

1) 召文 : 의성의 고호.

2) 爐峯 : 향로봉을 가리킨다. 공이 은거한 동리 북쪽에 있는 산 이름.

3) 耳川 : 川名, 洗耳川의 약칭. 금산공이 귀 씻은 강이라 하여 세상에서 그리 이름하였다.

4) 許巢箕潁 : 요 임금이 허유(許由)에게 천하를 양여하겠다고 하니 허유는 더러운 말을 들었다면서 영천(潁川)에 귀를 씻고 기산(箕山)으로 돌아가니 소부(巢父)는 영천 물이 더러워졌으니 내 소에게 그 물을 먹일 수 없다면서 소고삐를 끌어내어 두 사람은 함께 기산(箕山, 지금의 하남성 등

세천정 오금산공 국췌

4월 의성에 시운은 양(陽)자인데
향로봉 남쪽 자락에 한 정자가 편안하도다.

처마 끝 푸른 뫼뿌리는 안개를 띄어 씩씩하고
대마루 위 흰 구름은 기봉을 이루어 당당하더라.

벼슬을 버리고 스스로 자랑하며 시와 술을 즐기고
누징불사고 더러운 소리 들었다며 귀를 씻고 이천(耳川)에
숨었네.

허유와 소부의 정갈함에 견줄만하니
청사천추에 그 정절이 빛나리로다.

봉현에 있음)에 들어가 고사리를 먹었다는 고사를 이름이다. 금산공의 정절이 허유나 소부에 견줄만하다는 뜻이다.

∀ 해제(解題)

세천정(洗川亭)은 경상북도 의성군 단촌면 세천리에 있다. 오 금산공(吳錦山公) 추모처이다. 공의 휘 국췌(國萃) 해주인이며, 금산은 그 아호이다. 고려 말에 평의사를 거쳐 예의전서가 되고 이어 영남안렴사로 있을 때 포은이 해를 입었음을 듣고 벼슬을 버리고 3일을 통곡한 후 의성 금산에 숨어 평생토록 나오지 아니하였다. 신조에서 여러 번 불렀지만 그 부름을 들을 때마다 강물에 귀를 씻어 불이지절을 지키니 세상에서 그 강을 세이천이라 불렀다. 불사이군의 높은 절행은 가히 허유(許由)와 소부(巢父)와도 견줄만 하다 할 것이다.

84. 時思齋 晉昌南齋公如蘭〔押韻庚〕

孟夏龍城義氣庚
맹 하 용 성 의 기 경
深山幽谷古齋明
심 산 유 곡 고 재 명

長江萬里紫霞帶
장 강 만 리 자 하 대
喬岳千年青霧生
교 악 천 년 청 무 생

與弟棄官松竹友
여 제 기 관 송 죽 우
歸鄉遯跡石泉迎
귀 향 둔 적 석 천 영

南來排祿頌麗曲
남 래 배 록 송 려 곡
一抹頭流濃靄晴
일 말 두 류 농 애 청

주(註)
1) 龍城 : 남원의 고호.
2) 頭流 : 지리산의 별칭.

시사재 진창남재공 여란

첫 여름 남원골은 의기가 굳세고
심산유곡에 옛 재실이 밝도다.

장강 만 리에 붉은 노을 비끼었고
교악 천년에 푸른 안개 이는도다.

벼슬을 버리고 아우와 함께 송죽의 절의를 지키고
고향에 돌아와 자취를 감춘 채 석천을 맞는도다.

남으로 배록동에 들어 고려를 기려 노래 부르니
지리산 한 자락에 이내가 거치는도다.

▼ 해제(解題)

시사재(時思齋)는 전라북도 남원시 주생면 지당리에 있으니 진 창남재공(晉昌南齋公) 추모처이다. 공의 휘 여란(如蘭) 자 윤국(允國) 남원인이며, 창남재는 그 아호이다. 전공상서 영(英)의 손자이고 금성목사 성용(成用)의 아들이다.

천생이 영명호학하고 사친에 성효를 다하더니 공민왕조에 음보로 출사하여 진원현감으로 있을 때 임신변역을 만나 망경 통곡하고 불이지절을 맹세하고 그의 아우와 더불어 지리산에 들어가 숨어살다가 신조 9년 향년 90에 영면하였다.

85. 慰禮城〔押韻覃〕

慰禮城南秋晩覃
위 례 성 남 추 만 담

扶蘇嶺上晄楓甘
부 소 령 상 황 풍 감

山河萬里霜顔艶
산 하 만리 상 안 염

風雨千年堞影檻
풍 우 천 년 첩 영 람

百濟初都遷有數
백 제 초 도 천 유 삭

三分形勢竟無漸
삼 분 형 세 경 무 점

興亡遠思依笻佇
흥 망 원 사 의 공 저

半嶂中天夕照含
반 장 중 천 석 조 함

주(註)

1) 慰禮 : 충청남도 직산의 고호.
2) 扶蘇嶺 : 위례성 북쪽에 있는 고개의 이름. 이 고개를 넘으면 서북쪽에 있는 직산으로 갈 수 있다.
3) 三分 : 백제, 신라, 고구려의 세 나라를 이름.

위례성

늦가을 직산 남쪽 위례성에 이르니
부소령 위에 단풍잎이 곱구나.

산하 만리에 서리 맞은 경치가 아름답고
풍우 천년에 옛 성은 허물어져 남루하구나.

백제는 첫 도읍터인 이곳으로부터 여러 번 천도하니
나라가 삼국으로 나뉜 형세에서 끝내 도리가 없음이로다.

삼국의 흥망사를 멀리 생각하여 서성이는데
중천에 솟은 서산은 저녁 빛을 머금었도다.

✓ 해제(解題)

위례성(慰禮城)은 충청남도 천안시 직산면에 있는 백제의 옛 성터이다. 삼국사기에 의하면 백제 온조와 비류가 하남 위례성에 처음으로 도읍을 정하였다고 기록하고 있는데 2015년 10월 27일 이곳에 와보니 지금은 석성이 허물어져 이끼 낀 돌이 쌓여있을 뿐이다. 하남 위례성의 위치가 어디인가 하는 것은 역사상 아직 정설이 없으나 그 위치로 보아 가히 이곳은 도읍이 될 만한 자리였다.

第四部

麗羅詠史

86. 溫達山城〔押韻佳〕

五月丹陽景色佳
오 월 단 양 경 색 가
隔江古堞碧峰崖
격 강 고 첩 벽 봉 애

出征溫達銘勳誓
출 정 온 달 명 훈 서
祈禱平岡合掌娃
기 도 평 강 합 상 왜

壯意無成當敵矢
장 의 무 성 당 적 시
忠魂未往在天涯
충 혼 미 왕 재 천 애

山含痛恨寒雲夕
산 함 통 한 한 운 석
怨淚添流萬里懷
원 루 첨 류 만 리 회

주(註)

1) 溫達 : 고구려 25代 평원왕의 사위이며 장수로 신라와의 아단성 전투에서 전사.

2) 平岡 : 평원왕의 공주. 온달장군의 부인.

온달산성

오월 단양에 경색이 아름답고
강 건너 푸른 산위에 고성이 높구나.

출정하는 온달은 공을 세우기를 맹서하고
고운 모습 평강은 합장하여 비는도다.

큰 뜻을 이루지 못하고 적의 화살 맞으니
충혼은 돌아가지 못한 채 구천을 헤매누나.

산은 통한을 품어 저녁 해는 저무는데
원통한 눈물이 강물에 더하니 만 리 회한이로다.

해제(解題)

온달산성(溫達山城)은 충청북도 단양군 영춘면 하리에 있다. 이 성은 고구려 장수 온달이 쌓았다고 속설은 전하지만 성의 위치, 주저항선 축조기법 등으로 미루어 신라가 쌓은 성으로 보는 것이 옳다고 한다.
온달장군은 실지 회복을 위하여 신라가 쌓은 이 성을 공격하다가 화살을 맞아 전사한 것이라 보는 것이 옳다는 견해가 더욱 합리적이다. 영춘군은 장수왕 당년에 백제에게서 빼앗은 한주 10주의 하나이더니, 돌궐을 치기위해 신라의 힘을 빌리고 그 대가(代價)로 조령 이북 몇 군을 신라에게 주어 이를 잃었으므로, 실지를 회복하고 아울러 왕권을 강화하려고 평원왕은 부마인 온달장군으로 하여금 조령 이북 여러 성중 영춘성(온달산성)을 공격케 한 것으로 보는 것이 학계의 정설이다.

87. 數訪白頭山〔押韻眞〕

數訪白頭祈願眞
수 방 백 두 기 원 진
壯容慣面更怡神
장 용 관 면 갱 이 신

虎峰念佛雲中禱
호 봉 염 불 운 중 도
龍水聽經霧裡恂
용 수 청 경 무 리 순

肇國悠悠三萬載
조 국 유 유 삼 만 재
開天杳杳億千春
개 천 묘 묘 억 천 춘

靈山與問幾秋歷
영 산 여 문 기 추 력
積恨老顔兄弟親
적 한 노 안 형 제 친

✔ 주(註)
1) 怡神 : 마음을 위로하고 즐겁게 함.
2) 虎峰 : 백두산 백호봉을 이름.
3) 龍水 : 천지를 이름.
4) 靈山 : 백두산을 이름.

여러 번 백두산에 오르다

여러 번 찾은 백두산에 기원이 참인데
장엄한 그 산 모습 낯익으니 반갑고 기쁘구나.

백호봉은 구름 속에서 염불하며 기도하고
천지는 안개 속에서 공손히 독경소리 듣는도다.

건국은 유유하여 삼만 년이오
개천은 아득하게 억천 년 전이로다.

영산에게 묻노니 몇 해나 기다리면
한 맺힌 늙은 얼굴의 형제가 얼싸안을꼬.

✔ 해제(解題)

백두산(白頭山)은 양강도 삼지연군과 중국 지린성의 경계에 있는 한반도에서 가장 높은 산이다. 남한은 인천 앞바다를 수준원점으로 하고 북한은 원산 앞 바다를 기준으로 함으로써 표고가 남한은 2744m 북한은 2750m로 측량된다.

백두산에서부터 지리산에 이르는 백두대간은 한국의 기본 산줄기로서 모든 산들이 여기서 뻗어 내렸다하여 예로부터 성산(聖山)으로 숭배하였다. 또한 단군이 탄강(誕降)한 성지로 숭배하였다. 산 정상에 천지(天池)가 있는데 최대 수심이 384m이며, 천지의 물은 동쪽으로 흘러 두만강이 되고 서쪽으로 흘러 압록강이 되니, 이 두 강이 현재의 한중, 한러 국경을 이룬다. 이 두 강 북쪽의 요동 삼천리는 옛날 우리조상이 창업한 고구려 삼천년 고토이다. 숙종 38년 조선과 청나라 사이에 세운 백두산정계비가 천지 가에 있다.

88. 鴨綠江〔押韻文〕

盛夏丹東鴨綠文
성 하 단 동 압 록 문
靈山源發一流紋
영 산 원 발 일 류 문

蒼江滾滾萬民樂
창 강 곤 곤 만 민 락
碧水滔滔千里氛
벽 수 도 도 천 리 분

好太皇名長久詠
호 태 황 명 장 구 영
句麗煌史永年蕡
구 려 황 사 영 년 분

會離本是人間事
회 리 본 시 인 간 사
生別悲哀落淚沄
생 별 비 애 낙 루 운

∀ 주(註)
1) 鴨綠 : 압록강을 이름.
2) 靈山 : 백두산을 이름.
3) 好太 : 호태왕을 이름.
4) 沄 : 굴러흐를 운, 轉流也.〔文〕

압록강

한여름 단동에 압록강물이 빛나고
영산에서 발원하여 이 강물이 아롱졌구나.

창강은 곤곤히 흘러 만민이 즐겁고
벽수는 도도하여 천리에 서기 넘치는도다.

호태왕의 빛나는 이름 길이길이 찬양하고
고구려 빛나는 역사 만년토록 읊는도다.

만나고 헤어짐은 인간세상의 정해진 이치이지만
생이별의 슬픔에 압록강물은 민족의 눈물을 더하여 흘러만 가는구나.

▼ 해제(解題)

압록강(鴨綠江)은 백두산의 최고봉인 천지 부근 병사봉의 남동8km부근에서 발원하여 작은 계류를 형성하면서 흐른다. 압록강은 우리나라와 중국의 동북지방과의 국경을 이루는 국제 하천으로 혜산, 중강진, 만포, 신의주를 거쳐 용암포의 초하류(稍下流)에서 황해로 흘러든다. 긴 강은 남쪽에서 허천강, 장진강, 부전강, 자성강, 독로강, 충만강, 삽교천을 유합하고, 중국 쪽에서 혼강(渾江), 초하(草河) 등 여러 하천들과 수많은 지류를 아울러 흐른다. 압록강은 우리나라에서 제일 긴 강으로 강의 길이는 803km, 유역면적은 약 3만㎢이고, 중간에 수풍댐이 생겨서 우리나라에서 제일 큰 수력발전소가 되었다. ≪신증동국여지승람≫에 의하면 물빛이 오리머리빛과 같이 푸른 색깔을 띠고 있다 하여 압록이라 이름을 붙였다고 한다.

89. 豆滿江〔押韻寒〕

豆滿冤江碧水寒
두 만 원 강 벽 수 한
遙天故里忍愁看
요 천 고 리 인 수 간

北風戀若輸情數
북 풍 연 약 수 정 삭
南籟洵然受信難
남 뢰 순 연 수 신 난

生別七旬生死絶
생 별 칠 순 생 사 절
淚分三八淚潸剸
누 분 삼 팔 누 산 단

憑誰與問順伊事
빙 수 여 문 순 이 사
不語東流長恨歎
불 어 동 유 장 한 탄

∀ 주(註)

1) 洵 : 無聲出淚. 소리 없이 훌쩍이며 눈물 흘릴 순.〔眞〕
2) 七旬 : 칠십년을 이름.
3) 三八 : 三八線. 한반도 허리에 그어진 남북한의 경계선.
4) 剸 : 끊을 단, 斷也.〔寒〕

두만강

원한어린 두만강 물은 푸르고 찬데
고향 하늘 멀리 보며 시름에 잠겼구나.

북풍은 그리움인가 정을 실어 여러 번 보냈건만
남에서 들려오는 여울소리는 훌쩍이는 울음뿐이로다.

생이별한 지 칠십년에 생사조차 모르고
삼팔선에서 눈물로 헤어진 뒤 이제는 눈물조차 말랐네.

누구를 잡고 순이의 일을 물어야 할까
말없는 두만강은 동으로 흘러 나는 긴 탄식뿐이로다.

✔ 해제(解題)

두만강(豆滿江)은 백두산 남동쪽 사면에서 발원화여 나진선봉 직할시 선봉군 우암리에서 동해로 흐르는 강이다. 길이 547km이며 한국과 중국・러시아 의 국경을 흐른다. 상류에서 유선까지는 북동방향, 유선에서 온성까지는 남북방향온성에서 어구까지는 남동방향으로 흐른다.

상류는 현무암으로 된 용암대지 및 화강암 화강 편마암으로 되었고, 무산고원 중류지역은 중산성산지이며, 하류지역은 낮은 산과 충적평야 모래언덕으로 되어 있다. 연안에는 넓은 초원이 발달되어 목축이 성하며 면양 방목지를 이루고 있다. 부령에 수력발전소가 있다.

90. 好太王碑 高句麗廣開土王〔押韻先〕

卓立斯碑自古乾
탁 립 사 비 자 고 건
遼東凝視三萬年
요 동 응 시 삼 만 년

偉容百丈句麗頌
위 용 백 장 구 려 송
壯貌千秋好太虔
장 모 천 추 호 태 건

北伐南征疆域拓
북 벌 남 정 강 역 척
東矜西恤衆民憐
동 긍 서 휼 중 민 련

覇王號令山河震
패 왕 호 령 산 하 진
蓋世雄名永世傳
개 세 웅 명 영 세 전

▼ 주(註)

1) 好太 : 호태왕을 이름.

호태왕비 고구려 광개토왕

이 비가 옛부터 이처럼 웅장하게 서서
요동을 응시한지 삼만 년이 되었지.

위용은 백장에 고구려를 칭송하고
씩씩한 모양은 천년에 호태왕을 우러르는도다.

북벌 남정에 고구려 강역을 개척하였고
동서 백성을 긍휼하여 만민을 사랑하는도다.

패왕이 호령하니 산하가 진동하고
개세 웅명은 만세에 전하리로다.

해제(解題)

호태왕비(好太王碑)는 중국 길림성 집안현에 위치한 고구려 유적인 광개토대왕비로 묘호(廟號)인 국강상광개토경평안호태왕(國岡上廣開土境平安好太王)의 마지막 세 글자를 따내서 일명 호태왕비라고도 한다. 동아시아 최고(最古), 최대(最大)의 비석(碑石)이다.

장수왕 3년(414)에 고구려 제19대 광개토왕의 훈적을 기념하기 위하여 아들인 장수왕이 세운 비석으로, 사면(四面) 석비(石碑)의 높이가 약 6.4m인데, 당시 고구려 수도였던 국내성 동쪽 국강상(國岡上)에 대왕의 능과 함께 세워졌다. 능비는 집안현(輯安縣)의 현청 소재지 통구성 대왕촌 대비가(通溝城太王村大碑街)에 서있으며, 비의 서남쪽 약300m지점에 대왕의 능으로 추정되는 태왕릉(太王陵)이 있다. 현재는 중국당국에 의해 새로 건립된 단층의 대형 비각 속에 있으며 비(碑)주위는 보호구역으로 설정되어 철책으로 된 담장이 설치되어 있다.

91. 千里長城〔押韻肴〕

秋孟卑沙薦核肴
추 맹 비 사 천 핵 효
探尋胡地古墩嵺
탐 심 호 지 고 돈 교

句麗墻壁萬年固
구 려 장 벽 만 년 고
遼岸長城千里媌
요 안 장 성 천 리 묘

敵旅來侵双次寇
적 여 내 침 쌍 차 구
我軍擊破每回嘲
아 군 격 파 매 회 조

敗逃煬帝無爲悔
패 도 양 제 무 위 회
得罪於天必有謼
득 죄 어 천 필 유 호

▼ 주(註)
1) 遼岸 : 요하의 동쪽 언덕을 이름.
2) 謼 : 부를 호.〔肴〕

천리장성

첫가을 비사성에 주효를 드리고저
호지를 찾아와 보니 고성이 높구나.

고구려 장벽이 만년토록 견고하고
요하 언덕 천리에 장성은 아름답도다.

수나라 군대가 두 차례에 걸쳐 침공해오니
아군이 매양 이를 물리쳐 조롱하였도다.

패전도주한 수양제는 뉘우침이 없으니
하늘에 득죄하면 마땅히 사죄하여야 하느니라.

해제(解題)

천리장성(千里長城)은 고구려 말기 서부 국경의 방어를 위하여 축조한 성으로, 당 태종이 세계 제국을 건설하려는 야심을 드러내자 고구려는 장차 당나라의 침략을 예상하여 장성을 쌓았다. 동북쪽으로는 부여성(扶餘城) 지금 농안(農安)에서 서남쪽으로는 발해만의 비사성(卑沙城) 지금의 대련(大連)에 이르기 까지 대체로 요하(遼河) 좌안을 따라 1,000리에 걸친 장성으로 16년의 기간이 소요되어 647년에 완성하였다. 삼국유사에는 연개소문의 주청으로 천리장성이 축조되었다고 하였으나 삼국사기에는 영류왕의 명으로 연개소문이 632년부터 공사를 감독하였다고 한다. 특히 이 공사를 감독하던 연개소문은 642년 10월 군사를 이끌고 평양성으로 들어가 영류왕을 비롯해 반대파를 학살하고 스스로 대 막리지가 되어 독재정치를 실시하였다라고 기록되어있다.

92. 英城子山城(安市城)〔押韻歌〕

安市墩頭麥秀歌
안 시 돈 두 맥 수 가
黑山南麓古城難
흑 산 남 록 고 성 나

楊師守備仁王像
양 사 수 비 인 왕 상
煬寇來侵斷末魔
양 구 내 침 단 말 마

句陣勝軍攻水澤
구 진 승 군 공 수 택
隋兵屍體滿江河
수 병 시 체 만 강 하

敵沈大敗幾人走
적 침 대 패 기 인 주
天理失邦無奈何
천 리 실 방 무 내 하

▼ 주(註)

1) 安市 : 안시성을 이름. 삼국사기에 기록된 안시성이 지금의 어느 성이냐 하는 데는 5, 6개의 학설이 있어 구구하지만 서경대학교 서길수 교수는 영성자산성을 안시성으로 비정하였다. 이에 따랐다.(KBS 발행 고구려성)

2) 麥秀歌 : 기자가 은나라 폐허에 가서 고국의 멸망을 탄식하여 지은 노래.
麥秀漸漸兮 禾黍油油兮 맥수점점혜 화서유유혜
彼狡僮兮 不與我好兮 피교동혜 부여아호혜
보리는 점점 자라고 수수잎은 번쩍인다.
이것이 모두 주왕(周王)이 내 말을 듣지 않아서 이렇게 된 것이로다.

영성자산성(안시성)

안시성두에서 맥수가 부르니
흑산 남록에 고성이 우뚝하구나.

양만춘 장군은 성을 지켜 인왕처럼 엄엄하고
수양제는 단말마처럼 침공하는도다.

고구려군은 승리하여 반격을 가하니
수병의 시체가 강하에 가득 찼도다.

적군은 대패하니 몇 명이 살아 도망갔는고
하늘의 명을 어긴 수나라가 망한들 어찌할 거냐.

▼ 해제(解題)

영성자산성(英城子山城)은 중국 요녕성 해성시 동남쪽 7.5km 영성자둔에 위치한 고구려 산성으로 1926년에 발견된 이래 고구려 안시성으로 비정되고 있다. 산성의 지형은 동·북·남 3면이 비교적 높고 서쪽면이 낮아 조그만 계곡이 형성되어 있다. 산 능선의 자연 지세를 따라 판축기법으로 축조한 토축산성이다. 평면은 동서를 장축으로 하는 타원형에 가까우며 전체길이가 2,472m이다. 서벽은 488m로 판축하였으며, 서벽 계곡부에는 너비40m의 수문이 시설되어있다. 여기서 100m정도 북쪽에 이 성의 정문 서문지가 있다. 성내에는 4개의 우물이 있다. 수뇌(水牢)라고 부르는 돌로 쌓은 유적지 3곳도 있다. 고구려 명장 양만춘이 수양제의 30만 대군을 물리쳐, 양제가 패전 도주한 찬란한 역사로, 빛나는 고구려의 자랑감인 성이다.

93. 遼東城〔押韻陽〕

老壘遼東立夕陽
노 루 요 동 입 석 양
遙遙萬里是吾疆
요 요 만 리 시 오 강

胡風颯颯自千古
호 풍 삽 삽 자 천 고
偉塔嚴嚴天一方
위 탑 엄 엄 천 일 방

敵帝侵攻鼕響短
적 제 침 공 동 향 단
我軍勝利凱歌長
아 군 승 리 개 가 장

乾坤震動山河壯
건 곤 진 동 산 하 장
渺邈蒼空雁數行
묘 막 창 공 안 수 항

▼ 주(註)

1) 偉塔: 요동성 안에 있는 6층탑을 이름. 백탑(白塔)이라 부른다.

요동성

요동성두 석양에 섰으니
요요 만 리 땅이 내나라 강토로구나.

호풍은 살랑 불어 천고에 시원하고
솟은 백탑은 엄엄하니 천일방이로다.

수양제는 침공하니 북소리 짧고
고구려군은 승리하여 개가는 우렁차도다.

그 소리 천지를 진동하니 산하가 장하고
아득한 창공에 기러기 나는도다.

▼ 해제(解題)

요동성(遼東城)은 만주 요양부근에 있는 고구려 성(城)으로, 요동수변(遼東水邊)에서 가장 험하고 견고한 고구려 요새이다. 612년과 613년 수나라 1, 2차 고구려 침입 때 적이 비루(飛樓: 높은 널빤지 집으로 위에 쇠가죽을 덮고 긴 사닥다리를 붙여 그 위에 올라 성문을 공격하는 것), 동차(橦車: 큰 궤에 바퀴를 달고 그 속에서 쇠뭉치 같은 것으로 성 밑을 파서 파괴하는 것)와 운제(雲梯: 큰 평상모양으로 바퀴 여섯 개를 달고 그 위에 사닥다리 두 개를 연결하여 접었다 폈다하여서 성벽을 공격하는 기계) 같은 것으로 맹렬히 공격하였으나 성의 방어가 워낙 튼튼하여 함락할 수 없었다.

94. 蒼巖城(覇王朝山城)〔押韻尤〕

探史遼寧殘暑尤
탐 사 요 령 잔 서 우

新開河岸一城合
신 개 하 안 일 성 구

東連國內萬年禦
동 연 국 내 만 년 어

西望渾江千里流
서 방 혼 강 천 리 류

卒本集安烽燧役
졸 본 집 안 봉 수 역

廢門古井祖魂留
폐 문 고 정 조 혼 유

遠聞麥秀孤騷惕
원 문 맥 수 고 소 척

有數興亡獨自愁
유 수 흥 망 독 자 수

∨ 주(註)

1) 新開河 : 강 이름.
2) 國內 : 집안에 있는 고구려 제2차 도성의 이름.
3) 渾江 : 강 이름.
4) 卒本 : 고구려 제1차 수도의 이름.
5) 集安 : 길림성 집안시를 이름.
6) 麥秀 : 맥수가를 이름. 기자가 은나라 폐허에 가서 고국의 멸망을 탄식하여 지은 노래.

창암성(패왕조산성)

요동에 역사탐방차 오니 잔서가 더욱 심한데
신개하 언덕에 한 성이 높구나.

동으로 국내성으로 통하는 요충이니 만년을 굳게 지키고
서쪽으로 혼강을 바라보니 천리를 흐르는도다.

졸본성과 집안 중간에서 봉화대 역할을 하고
폐문과 옛 우물에는 조상의 혼이 머물렀구나.

멀리 맥수가를 들으니 늙은이 마음 슬프고
흥망이 유수하니 스스로 시름에 잠기는도다.

✓ 해제(解題)

창암성(蒼巖城)은 길림성 집안시 재원향 패왕조촌(霸王朝村) 동북쪽에 있으며, 석축으로 규모가 1,260m로 길림성지정 문화재 보호지역으로 되어 있다. 1989년 출판한 <동북역사지리>에는 패왕조산성을 위나암성이라고 주장하고 있다. 한편 <중국역사지도집>에는 패왕조산성을 창암성(蒼巖城)이라고 비정하였다. 패왕조산성은 집안에서 97km떨어진 곳에 위치하고, 혼강에서 신개하로 들어오는 입구에서 신개하를 통해 집안으로 쳐들어오는 적군을 막는 중요한 성이었다. 강 건너 서남쪽 30km지점에 위치하여 봉수대 역할도 하기에 전략적으로 중요한 위치를 차지하고 있다. 동쪽 성벽은 298m, 서쪽 성벽은 420m, 남쪽 성벽은 247m, 북쪽 성벽은 295m, 둘레는 1,260m로 성벽의 남쪽부분이 잘 보존되어 있다.

95. 國內城 〔押韻咸〕

氣壯山河秀美咸
기 장 산 하 수 미 함
鴨江北岸古城堿
압 강 북 안 고 성 감

春堤垂柳旌王舞
춘 제 수 류 정 왕 무
老堞蒼苔頌德雭
노 첩 창 태 송 덕 삼

讚詠好長家國旺
찬 영 호 장 가 국 왕
謳歌堯舜衆民諴
구 가 요 순 중 민 함

句麗詠史三旬韻
구 려 영 사 삼 순 운
詩作眞難口默緘
시 작 진 난 구 묵 함

∇ 주(註)

1) 鴨江 : 압록강을 이름.
2) 雭 : 가랑비 삼. 〔咸〕
3) 好長 : 호태왕과 장수왕을 이름.
4) 堯舜 : 요임금과 순임금을 이름.
5) 三旬韻 : 평운 30운을 이름.

국내성

산하에 장기가 넘치고 또한 모두 수려한데
압록강 북안에 고성이 아름답구나.

봄 언덕에 늘어진 버들 왕업을 칭송하여 춤을 추고
이끼 낀 고성에 가랑비 나려 왕의 덕을 찬송하는도다.

호태왕과 장수왕을 찬양하여 고구려는 흥왕하고
요순을 구가하며 만민이 공경하는도다.

고구려 역사를 읊어서 30운을 마치니
영작시가 진실로 어려움을 알고 할 말을 잊었도다.

▼ 해제(解題)

국내성(國內城) : 고사(古史)에 주몽이 부여에서 난을 피하여 졸본에 이르렀다고 하였는데, 졸본이 첫 번째 수도인 홀승골성이다.

고구려의 두 번째 수도로 AD 3년(유리왕 22) 수도를 국내성으로 옮겼는데, 위치가 대체로 길림성 집안현에 있는 성터라는 설이 가장 유력하다. 또한 광개토왕비에 나오는 통구성(通溝城)이 국내성이라고 보고 있다. 국내성 성벽의 길이는 2,686m, 동서가 남북에 비해 약간 길다. 집안현 서북쪽 2.5km지점에 산성자산성, 위나암성이 있는데, 평지에 있는 국내성이 공격받을 경우에 이곳으로 피란하여 대적하였던 것으로 보인다. 고구려는 기원427년(장수왕 15) 국내성에서 평양으로 천도하였다.

96. 下古城子城址〔押韻東〕

朔北桓仁路折東
삭 북 환 인 노 절 동
奠都卒本武陵同
전 도 졸 본 무 릉 동

渾流南岸此城起
혼 류 남 안 차 성 기
女岳西陰斯闕工
여 악 서 음 사 궐 공

肇國千年王道樂
조 국 천 년 왕 도 락
領民萬里曙霞紅
영 민 만 리 서 하 홍

笛聲彩閣煙雲緲
적 성 채 각 연 운 묘
帆影江村水月朧
범 영 강 촌 수 월 롱

▼ 주(註)

1) 桓仁 : 지명(地名).
2) 卒本 : 지명(地名).
3) 渾流 : 훈강. 강명(江名).
4) 女岳 : 오녀산을 이름. 산명(山名).

하고성자성지

삭북 환인 땅 가는 길은 동으로 구부렸고
졸본 땅에 정도하니 무릉도원 닮았구나.

혼강 언덕에 이 성을 쌓았고
오녀산 아래 본 궁궐 지었도다.

천년 고구려 세워 왕도를 즐기고
만리 강토에 아침 해는 붉도다.

피리소리 붉은 누각에 연운이 아득하고
강촌 뱃놀이에 달빛은 영롱하도다.

✔ 해제(解題)

하고성자성지(下古城子城址)는 기원전 37년 주몽 집단이 세운 고구려의 첫 수도 성곽터이다. 서기 3년 국내성으로 천도하기까지 40년간의 고구려 수도였다. 요녕성 환인현 중심 시가지에서 북으로 8km지점에 오녀산(五女山)이 있고, 이 산의 서쪽자락 혼강 가에 왕궁을 건설하고 이 성을 쌓았다. 이 성은 평지성이고 오녀산 정상에는 따로 산지성을 쌓았다.

평지성은 평시성(平時城)이고 산지성은 전시성(戰時城)이다. 왕과 백성이 평시에는 평지성에 있다가 일단 전쟁이 벌어지면 가까이에 있는 산지성으로 옮긴다. 이 성은 현재 성벽은 대부분 멸실되고 남쪽성문 유구와 서쪽에 해자로 쓰였던 개천에서 겨우 옛 성터의 모습을 짐작할 수 있을 뿐이다. 이 성안에서 고구려시대의 도기, 와당, 화살촉, 쇠칼 등 유물이 다수 출토되어 오녀산성과 함께 고구려 첫 수도인 졸본성의 평지성으로 비정되는 중요한 증거로 쓰여지고 있다.

97. 乙支文德將軍〔押韻冬〕

大捷薩流頑寇冬
대첩살류완구동
二千七百走生重
이천칠백주생중

允文允武乙支偉
윤문윤무을지위
貪慾貪名煬帝恟
탐욕탐명양제흉

殘命僅扶雙敗戰
잔명근부쌍패전
凱歌高唱四山鼕
개가고창사산동

興亡本是世間事
흥망본시세간사
隋運終焉天理宗
수운종언천리종

▼ 주(註)

1) 薩流 : 살수.

을지문덕장군

수나라 도적떼를 살수에서 대파할 때
30만 5천이 쳐들어와 2천 7백이 살아 돌아갔구나.

문무 쌍전한 을지문덕 장군 우뚝하시고
탐욕으로 가득 찬 수양제는 두려워 떨고 있도다.

수양제는 두 번의 패전에서 겨우 목숨을 건져 도망가고
고구려군은 개가 높이 사산에 진동하는도다.

흥망은 본래 인간 세상에 항상 따르는 것이지만
수나라 국운이 다하는 것 천리의 존엄이니라.

✓ 해제(解題)

을지문덕(乙支文德)은 고구려 영양왕 때의 장수로, 문무쌍전에 지략 담력을 겸비한 명장이다. 동왕 23년(612) 수양제는 수륙 양군 300만으로 고구려에 내침해 왔을 때 고구려군을 지휘, 압록강에서 대치하다가 장군은 적정을 살피기 위해 단신으로 적진에 들어가 거짓으로 항복, 전군이 피곤함을 탐지했다. 이제 적을 평양성 30리 밖까지 유인하고 적장 우문술(宇文述), 우중문(于仲文)에게 회군할 것을 종용했다. 이때 지친 적군은 회군하기로 결정한다. 회군하는 적군이 살수(薩水 : 淸川江)에 이르렀을 때 수나라 후군을 급습하여 살수대첩을 이룩한다. 그때 수군 30만5천 중에서 살아 도망간 것은 겨우 2,700명이라고 삼국사기는 전한다. 장군의 다음 시가 지금껏 전한다.

與隨將于仲文

神策究天文, 妙算窮地理. 戰勝功旣高, 知足願云止.

"그대 우중문 장군은 천문지리를 통달하여 이미 싸움에 대승하고 큰 공을 세웠으니 이제 회군하기를 바란다."라는 뜻이다.

98. 平岡公主〔押韻支〕

公主平岡說話支
공 주 평 강 설 화 지
王諧適女某惷追
왕 해 적 녀 모 용 추

滿齡選婿出嫁拒
만 령 선 서 출 가 거
黜闕尋溫成婚怡
출 궐 심 온 성 혼 이

呆達研修長勇將
매 달 연 수 장 용 장
周軍擊破偉勳曦
주 군 격 파 위 훈 희

殉忠慰撫夫棺動
순 충 위 무 부 관 동
聖愛英名萬世詩
성 애 영 명 만 세 시

▽ 주(註)
1) 某惷 : 바보 온달을 이름.
2) 尋溫 : 온달을 찾아가다.
3) 呆達 : 바보 온달을 이름.

평강공주

평강공주 설화가 무성하니
왕은 공주에게 기롱으로 울면 바보 온달에게 시집보낸다 했더라.

나이차 혼처가 나와도 공주는 출가를 마다하고
궁궐을 쫓겨나 온달과 성혼하였도다.

온달은 문무를 연수하여 고구려 장수가 되고
북주군을 대파하여 위훈이 빛나도다.

신라와의 싸움에 순충하고 공주가 위무하여 관이 움직였으니
성애 바친 공주의 영명은 만세의 시로 찬양받으리로다.

✔ 해제(解題)

평강공주(平岡公主)는 고구려 제25대 평원왕의 딸로 온달의 아내이다. 어릴 때 자주 울어 아버지로부터 바보 온달에게 시집보낸다는 농담을 듣고 자라 아버지가 상부(上部) 고(高)씨 집안에 출가시키려 하자, 거역하고 궁궐을 뛰쳐나와 온달을 찾아 부부가 되었다. 그후 온달에게 학문과 무예를 가르쳐 고구려에서 가장 훌륭한 장군이 되게 하였다.
신라와의 전투에서 온달이 전사하여 온달의 관을 옮기려 하였으나, 움직이지 않았다. 평강공주가 나타나 관을 붙잡고 울자 그제야 온달의 관이 움직였다고 한다. 아들 온군과 손자 온사문 역시 고구려 말기 장군으로 활약하였다.

99. 永樂大王 高句麗廣開土王〔押韻魚〕

鴨綠清江觀躍魚
압 록 청 강 관 약 어
集安壯碣百尋餘
집 안 장 갈 백 심 여

東疆西域帝威進
동 강 서 역 제 위 진
北伐南征王令舒
북 벌 남 정 왕 령 서

偉武偉風天地動
위 무 위 풍 천 지 동
施恩施惠古今書
시 은 시 혜 고 금 서

千秋句史蒼蒼裡
천 추 구 사 창 창 리
騷客心胸若太初
소 객 심 흉 약 태 초

주(註)
1) 鴨綠 : 강명(江名). 압록강.
2) 集安 : 지명(地名).
3) 太初 : 음양 미분(未分)의 혼란한 상태.

영락대왕 고구려 광개토왕

압록강 푸른 물에 고기 뛰는 장관이오
집안 큰 비석은 백 길이 넘는구나.

동서 강역에 제위는 뻗치고
남북 정벌에 왕령이 퍼지는도다.

위무 위풍이 천지에 떨치고
시은 시혜가 고금 사서에 적혔도다.

천년 고구려 역사가 창창한 가운데
늙은 시객의 가슴은 태초처럼 산란하구나.

✔ 해제(解題)

영락대왕(永樂大王)은 고구려 제19대 광개토왕의 연호가 영락이므로 광개토왕을 이렇게도 부른다. 고국양왕의 아들로 이름은 담덕인데, 어려서부터 체격이 크고 위엄이 있었다. 13살에 태자가 되어 군대를 지휘하고 용병술도 익혔으며 전공을 쌓았다. 이 담덕이 18살의 나이로 고국양왕의 뒤를 이어 고구려 19대 왕위에 올랐다. 그가 고구려 역사를 바꾸어 놓은 광개토왕이다. 광개토왕은 백제를 공격하여 10여 개 성을 빼앗아 한강 유역까지 밀고 내려갔고 거란을 공격하여 승리하였으며, 수차의 백제를 공격하여 백제의 수도 풍납토성은 고구려의 총공격을 받아 완전한 포위로 백제를 굴복시켰고, 신라도 완전히 복종시켜 신라는 100년 동안 고구려의 제후국이 되었다. 광개토왕이 일본열도까지 공격하였던 흔적이 있다고 한다.

100. 東國大穴〔押韻眞〕

白露輯安秋景眞
백로집안추경진
龍頭大穴鴨江垠
용두대혈압강은

通天洞窟天靈禪
통천동굴천령선
攀地登仙地隧禋
반지등선지수인

句帝會盟祠后土
구제회맹사후토
震黎悅舞頌君臣
진려열무송군신

泰平盛代唐虞讚
태평성대당우찬
輝晄斯名萬世振
휘황사명만세진

▼ 주(註)

1) 禪 : 천제 선.〔霰〕
2) 禋 : 결사 인.〔眞〕
3) 祠 : 제사지낼 사.〔支〕
4) 后土 : 천지국토를 이름.
5) 唐虞 : 요순을 이름.

동국대혈

한가을 집안에 추경이 참인데
용두 대혈은 압록강 언덕에 있구나.

통천 동굴에서 천령을 모시고 천제지내고
땅을 기어올라 지신에게 제사 지내는도다.

고구려 황제는 천지국토에 제사지내고
이 나라 백성은 기뻐 춤추며 군신을 찬송하는도다.

요순 같은 태평성대를 찬양하니
빛나는 그 이름 만세토록 떨치리로다.

▼ 해제(解題)

동국대혈(東國大穴)은 국내성 동쪽에 있는 커다란 동굴형태의 통천문이다. 禮記 王制 第五篇에 이르기를, "天子祭天地諸侯祭社稷 황제는 천지에 제사지내고 제후는 사직에 제사 지낸다."라고 하였다. "고구려에는 요동의 천리땅에 동국대혈이 있어 매년 10월에 황제(皇帝)가 천지신명에게 제사 지냈다."라고 三國史記 卷第32, 志1 祭祀篇에 기록되어있다. 이곳이 바로 국내성 동쪽에 있는 이른바 동국대혈이다. 이곳 동국대혈에서 남쪽으로 압록강을 굽어보면 천길 절벽 아래로 만리 장강이 유유히 흐르는데 통천 동구에 서서 천령을 맞이하는 듯 한 엄숙한 심정에 젖어든다. 이곳이 바로 백두대간의 용머리요, 통일 민족의 성지이다. 아 ~ 고구려! 아 ~ 3000년! 하고 외쳐본다. 고구려와 백제는 천제를 지냈다. 신라는 당에 사대하여 사직에 제사 지냈다. 이조의 사직단을 허물어야 한다. 우리 조선조 융희황제는 황구단(중구 소공동)에서 천제를 지냈다.

101. 將軍塚〔押韻歌〕

秋晚桓仁祥瑞歌
추 만 환 인 상 서 가
米倉溝岸古墳羅
미 창 구 안 고 분 라

煙筒凜凜千年聳
연 통 늠 름 천 년 용
渾水蒼蒼萬里沱
혼 수 창 창 만 리 타

百蕾芙香盈馥郁
백 뢰 부 향 영 복 욱
九龍列序頌逶迤
구 룡 열 서 송 위 타

句麗肇國東明帝
구 려 조 국 동 명 제
景仰斯名渺綠波
경 앙 사 명 묘 록 파

▽ 주(註)

1) 米倉溝 : 지명(地名).
2) 煙筒 : 연통산을 이름. 산명(山名).
3) 渾水 : 혼강을 이름. 강명(江名).
4) 東明 : 동명성왕을 이름.

장군총

늦가을 환인에 상서를 노래하고
미창구 언덕에 고릉이 아름답구나.

연통산은 늠름하여 천년을 솟아있고
혼강 물은 창창하여 만리를 흐르는도다.

백송이 연꽃향기 관실 가득 복욱하고
아홉 용은 늘어서서 머긋머긋 노래하는도다.

고구려 조국하신 동명성왕을
그 이름 우러르니 아득히 푸른 파도 이는도다.

✔ 해제(解題)

장군총(將軍塚) : 만주 길림성 집안현 통구 용산에 위치한 장군총은 고구려 시대의 적석총으로 장수왕 능으로 추정한다.

장군총은 규모가 태왕릉, 천추총 다음으로 큰 최대형급으로 적석무덤 중에서도 잘 다듬은 화강석으로 7층이나 되는 높이로 피라미드형으로 축조되었다. 돌의 크기는 반드시 일정하진 않으나 1층은 큰 돌로, 위로 올라갈수록 조금씩 작아진 듯하며 형체가 가장 잘 남아있어 유명하게 되었다. 통구 평야를 서남향으로 내려다볼 수 있는 자리에 있으며, 무덤이 위치한 자리는 잔자갈을 넓게 깔아서 일정한 넓이의 묘역을 만들었다. 목책이나 돌담이 둘러져 있을 것으로 짐작하고 있는데, 실제로 돌담이 무너진 흔적으로 자갈의 한 변이 70~80cm 가량인 사각형으로 둘러져 있다.

102. 遙望滿浦思順伊〔押韻靑〕

遠岫遙望雲霧靑
원 수 요 망 운 무 청
斜陽滿浦路悠冥
사 양 만 포 노 유 명

嶺風颯颯自千古
영 풍 삽 삽 자 천 고
灘籟涓涓過萬齡
단 뢰 연 연 과 만 령

淚別女男三八隔
누 별 여 남 삼 팔 격
袖分南北七旬經
수 분 남 북 칠 순 경

憑誰與問順伊事
빙 수 여 문 순 이 사
不語山河無可聽
불 어 산 하 무 가 청

▼ 주(註)

1) 滿浦 : 지명(地名).

2) 三八 : 북위 38도(度)선을 이름.

3) 順伊 : 인명(人名), 여(女).

멀리 만포를 바라보며 순이를 생각한다

요망 원산에 운무는 푸르르고
사양 만포진에 길은 아득하구나.

영풍은 천년 내내 살랑 불어오고
탄뢰는 끊임없이 만년을 지났도다.

눈물로 헤어진 남녀를 삼팔선이 갈라놓았고
소매를 나눈 뒤에 남북에서 칠십년이 지났구나.

뉘와 더불어 순이 일을 물을꼬
산도 물도 말이 없으니 들을 길이 없도다.

✓ 해제(解題)

만포(滿浦)는 자강도 북쪽 압록강 가에 있는 포구 마을이다. 집안현 조선족이 경영하는 음식점에서 점심을 먹고 압록강 강가에 서있는 거대한 압록강 표지석 앞에 서있으면 시원한 강바람에 한여름 더위를 식힐 수 있다. 이 표지석에서 11시 방향으로 강 건너 산 너머에서 솟아오른 연통이 만포제철소 굴뚝이다. 순이야! 너는 지금 어디에 있느냐? 눈물로 헤어진 너와 나를 38선이 갈라놓았고, 어언 70년이 흘렀구나. 버들 꽃이 눈처럼 휘날리던 만포진 강 언덕에서 울며 잡고 놓지 못하던 네 손의 보드러움을 나는 지금도 두 손에 간직하고 있다. 온갖 풍상을 다 겪어가며 살아온 나날, 하루도 네 상념을 잊은 날이 없었지. 순이야! 꼭 우리 다시 만나자. 이승에서 이루지 못하면 저승에 가서라도 꼭 다시 만나자. 순이야～! 오～ 순이야!

103. 好太王陵 高句麗廣開土王〔押韻蒸〕

秋晩集安秋氣蒸
추 만 집 안 추 기 증

鴨流右岸太王陵
압 류 우 안 태 왕 릉

江風萬里歌麗肯
강 풍 만 리 가 려 긍

嶺籟千年頌帝興
영 뢰 천 년 송 제 흥

南伐北征疆域拓
남 벌 북 정 강 역 척

東宣西撫庶民乘
동 선 서 무 서 민 승

泰平盛代唐虞彷
태 평 성 대 당 우 방

讚舞揚聲永世弘
찬 무 양 성 영 세 홍

∀ 주(註)

1) 唐虞 : 요순 성왕을 이름.

호태왕릉 고구려 광개토왕

늦가을 집안에 가을빛이 무르익었는데
압록강 우안에 호태왕릉 있구나.

강풍은 만 리에 흘러 고구려를 자랑하고
영뢰는 천 년에 임금의 큰 업을 노해하는도다.

남벌 북정에 강역을 넓히고
동선 서무에 뭇 백성을 다스리는도다.

태평성세 요순을 방불케 하니
아름다운 춤과 기리는 노랫소리 영세토록 크리로다.

✔ 해제(解題)

호태왕릉(好太王陵)은 길림성 집안현 퉁구에 있으며, 장수왕의 아버지 19대 광개토왕의 능으로 광개토왕의 諡號(시호)를 호태왕이라 한다.
방형적석총으로 한 변의 길이는 66m, 잔고는 14.8m로, 남아있는 형상으로 볼 때 본래는 7층 이상의 계단을 쌓아 만든 것으로, 장군총보다 네 배나 크다. 그러나 현재는 심하게 훼손되어 마치 자갈을 모아놓은 것 같은 모습이다. 무덤을 이루었던 큰 돌들은 주민들이 주춧돌로 하기위해 가져간 듯 작은 돌만 남아있었다. 낡은 철제 계단을 올라 무덤 맨 위층에 있는 묘실을 보니, 묘실의 안은 네 벽을 매끄러운 돌로 쌓고 그 위에 커다란 돌로 덮었다. 바닥에는 관을 놓았던 넓은 판석 두 개가 나란히 놓여 있었다.

104. 楊萬春將軍 〔押韻侵〕

安市墻頭胡寇侵
안 시 장 두 호 구 침
我軍意氣衝天嶔
아 군 의 기 충 천 금

句兵守堞無餘念
구 병 수 첩 무 여 념
唐陣攻城有苦心
당 진 공 성 유 고 심

兩月擊墩嘗膽敗
양 월 격 돈 상 담 패
朔風寒雪走呻吟
삭 풍 한 설 주 신 음

敵屍遼澤若山積
적 시 요 택 약 산 적
失眼世民望日沉
실 안 세 민 망 일 침

▼ 주(註)

1) 安市 : 성명(城名). 안시성을 이름.

2) 楊萬春 : 안시성주. 고구려 명장.

양만춘 장군

안시 성두에 호구가 침노하니
아군의 적개의기는 충천하여 높더라.

고구려 군사는 성을 지키고자 여념이 없고
적진은 공격에 고심이 많도다.

두 달 공격에도 이루지 못하니
삭풍 한설에 패주하며 신음하는도다.

적시가 요택에 산처럼 쌓이고
왼쪽 눈을 잃은 이세민은 지는 해를 바라보는구나.

▼ 해제(解題)

양만춘 장군(楊萬春將軍)은 안시성의 성주이며, 고구려 제28대왕인 보장왕 시절의 명장이다. 연개소문이 정변을 일으켜 정권을 장악하였으나 굴복하지 않자 연개소문이 직접 군대를 이끌고 안시성을 공격하였지만 함락시키지 못하고 결국 양만춘에게 안시성 성주를 맡겼다. 고구려와 당나라의 수차례의 공격에 맞서 당나라에 끝까지 항전했으며, 안시성에서는 60일 동안 당나라의 공격을 막아 결국 승리한다. 이 전투에서 이세민은 왼쪽 눈에 화살을 맞고 패퇴하였고, 이로 인하여 얼마 후 죽는다. 양만춘 장군은 고구려의 숨은 영웅이요 명장이나, 정사에 기록이 없고 야사에만 기록되어있어 생몰연대를 알 수가 없다.

105. 瞻星臺〔押韻微〕

冬孟鷄林寒氣微
동 맹 계 림 한 기 미

荒城北苑一臺磯
황 성 북 원 일 대 기

千年星塔雪風歷
천 년 성 탑 설 풍 력

萬里長霄雲霧飛
만 리 장 소 운 무 비

月落空中河漢遠
월 락 공 중 하 한 원

雨霽穹極斗牛巍
우 제 궁 극 두 우 외

東洋最古天文塔
동 양 최 고 천 문 탑

誇自歎詩和者稀
과 자 탄 시 화 자 희

✔ 주(註)

1) 冬孟 : 음력 10월의 별칭.
2) 鷄林 : 경주의 옛 이름.
3) 河漢 : 은하수를 이름.
4) 斗牛 : 북두칠성을 이름.

첨성대

시월 경주에 한기가 미미한데
황성 북쪽 동산에 첨성대가 서있도다.

천년 성탑이 설풍을 겪었고
만리 긴 하늘에 운무가 날리는구나.

달지는 허공에 은하수가 멀고
비 개인 밤하늘에 북두칠성이 높도다.

동양 최고 천문대라고
스스로 자랑하며 탄시 읊어도 화답하는 자가 없도다.

✔ 해제(解題)
첨성대(瞻星臺) : 경상북도 경주시 인왕동에 있다. 국보 제31호.
첨성대는 동양에서 가장 오래된 천문대로 첨성대를 쌓은 돌이 모두 361개 반이며 음력 일년의 날수와 같다. 원주형으로 쌓은 석단은 27단인데, 맨 위의 井자 모양의 돌까지 따지면 모두 28단으로 기본 별자리 28수를 상징한다. 석단 중간의 네모난 창 아래위 12단의 석단은 12달, 24절기를 의미한다고 한다. 첨성대위 井자 모양은 신라 자오선의 표준이며 첨성대는 갖가지 상징과 과학적인 구조를 갖추고 있으며 둥근 하늘과 네모난 땅을 상징하는 사각형과 원형을 적절히 배합했다. 제 27대 선덕여왕 때 축조되었다.

106. 半月城址〔押韻虞〕

冬孟鷄林故國虞
동 맹 계 림 고 국 우
蒼松圍繞古城孤
창 송 위 요 고 성 고

蕭蕭落木四望寂
소 소 낙 목 사 망 적
寞寞荒臺千草枯
막 막 황 대 천 초 고

鳳闕靈光仙界畵
봉 궐 영 광 선 계 화
龍樓輪奐玉京圖
용 루 윤 환 옥 경 도

堞形半月六宮址
첩 형 반 월 육 궁 지
萬里水流三姓姝
만 리 수 류 삼 성 주

▼ 주(註)

1) 鳳闕 : 궁궐 대궐을 이름.
2) 玉京 : 신선이 사는 궁전.
3) 半月 : 반달 같다고 해서 붙여진 성의 이름.
4) 三姓 : 박(朴), 석(昔), 김(金) 삼성을 이름.
5) 姝 : 아름다울 주.〔虞〕

반월성지

시월 계림에 옛 나라를 생각하니
푸른 솔 둘려있는 옛 성이 외롭도다.

소슬한 낙목은 사방 보아도 쓸쓸한데
고요한 거친 터에 우거진 풀이 말랐도다.

큰 집에 신령스러운 빛은 선경의 그림이요
높은 다락에 빛나는 모양은 선경을 닮았도다.

반달 성첩은 여섯 궁의 터요
만리에 흐르는 물 삼성이 아름답도다.

해제(解題)

반월성지(半月城址) : 경상북도 경주시 인왕동 387-1.

반월성은 신라 파사왕 22년에 쌓은 것으로 신라시대 궁궐이 있었던 도성터이다. 지형이 반달처럼 생겨 반월성이라 하며 임금이 계신 성(城)이라 재성이라고 불렀다. 성을 쌓기 전 호공이 살고 있었는데 석탈해가 꾀를 써서 그의 집을 차지하니, 남해왕이 석탈해를 슬기롭다하여 사위 삼고 왕위를 물려주어 신라 4대 탈해왕이 되었다는 전설이 있다. 성벽 아래로 남천(南川)이 흘러 방어선이 되었고, 안압지 서쪽에 있는 임해전(臨海殿)으로 통하는 문터와 북쪽 성벽 밑으로 해자를 파서 성(城)을 보호하고 있음이 발굴조사 결과 밝혀졌다.

107. 鮑石亭址〔押韻齊〕

冬孟東京寒色齊
동 맹 동 경 한 색 제
金鰲山麓一墟璨
금 오 산 록 일 허 려

鷄林亭址耄騷佇
계 림 정 지 모 소 저
上月夕陽宮鳥啼
상 월 석 양 궁 조 제

羽衣彩裳仙舞艶
우 의 채 상 선 무 염
流觴曲水苑筵禔
유 상 곡 수 원 연 제

景王被害甄萱地
경 왕 피 해 견 훤 지
回想沾衿麥穗悽
회 상 첨 금 맥 수 처

주(註)

1) 冬孟 : 음력 10월의 별칭.
2) 東京 : 경주의 옛 이름.
3) 上月 : 음력10월의 별칭.
4) 羽衣 : 선녀의 웃옷.
5) 景王 : 경애왕을 이름.
6) 麥穗 : 맥수가를 이름. 기자가 은나라 폐허에 가서 고국의 멸망을 탄식하여 지은 노래.

포석정지

시월 경주에 찬 빛이 가지런한데
금오산 기슭에 옛터가 아름답도다.

계림의 정자 터 노시인이 머뭇거리고
시월 달 석양에 궁조가 우는 도다.

나래 옷 입은 선녀의 춤이 아름답고
곡수에 흐르는 잔 잔치자리 복스럽도다.

경애왕이 견훤에게 해를 입은 땅인데
회상하는 옷깃에 눈물 젖는 망국의 슬픔이로다.

✔ 해제(解題)

포석정(鮑石亭) : 경상북도 경주시 배동에 있다. 사적 제1호.

포석정은 신라시대 가장 아름다운 이궁지에 있었다. 현재는 유상 곡수연을 즐기던 돌홈(곡수거)만 남아 있다. 유상 곡수연이란 수로를 굴곡지게 하여 술잔을 띄우고 그 술잔이 자기 앞에 올 때 시를 읊는 놀이로, 그런 목적으로 만든 도랑을 곡수거(曲水渠)라 한다. 이 놀이의 유래는 헌강왕대(875-885년) 왕이 포석정에 들러 좌우와 함께 술잔을 나누며 즐겼다는 내용이 삼국유사에 기록되어 있다. 또 동국통람에는 경애왕 4년(927년)에 왕이 신하와 술을 마시며 즐기다가 왕비와 함께 견훤에게 잡혀서 자결을 하여 신라의 패망을 재촉하였다고 쓰여있다.

108. 佛國寺〔押韻文〕

歲首月城梅影文
세 수 월 성 매 영 문
吐含山下古藍芬
토 함 산 하 고 람 분

紫霞門裏大雄壯
자 하 문 리 대 웅 장
安養閭中淨土賁
안 양 려 중 정 토 분

多寶婆前祈願切
다 보 파 전 기 원 절
釋迦塔左獻香焚
석 가 탑 좌 헌 향 분

海東極樂令民賀
해 동 극 락 령 민 하
護國佛恩千萬煇
호 국 불 은 천 만 훈

▽ 주(註)

1) 歲首 : 정월 초승을 이름.
2) 月城 : 경주의 고호.
3) 吐含山 : 산 이름. 이 산 아래 불국사와 석굴암이 있다.
4) 紫霞門 : 문 이름.
5) 安養門 : 문 이름.

불국사

정월 경주엔 매화꽃이 아름다운데
토함산 아래 옛 절이 향기롭구나.

자하문 안에는 대웅전이 웅장하고
안양문 안에는 극락전이 크도다.

다보탑 앞에서 소원을 비는 간절함이요
석가탑 왼편엔 향을 올려 사르는 도다.

해동극락을 온 백성이 하례하고
호국 불은에 천만세토록 빛남이로다.

✓ 해제(解題)

불국사(佛國寺) : 경상북도 경주시 진현동 소재. 사적 및 명승 제1호.
불국사는 신라 경덕왕 10년(751) 김대성에 의해 기공되고, 혜공왕 10년(774)에 이르러 80여 동의 목조 건물로 완성되었으며, 신라 호국불교의 도량으로서의 법통을 이어왔다. 우리의 문화유산인 불국사가 호국도량으로서의 옛 모습을 되찾게 하고자 1969년에서 1973년에 걸쳐 창건 당시의 건물터를 발굴, 다시 세움으로써 현재의 모습을 갖추게 되었다. 경내에는 통일신라시대에 만들어진 다보탑, 석가탑으로 불리는 3층 석탑 등 고탑 2기와, 자하문으로 오르는 청운교, 백운교, 극락전으로 오르는 연화교, 칠보교가 국보로 지정되어있다. 비로전에는 금동 비로자나불 좌상, 극락전의 금동 아미타여래 좌상이 있어 당시의 찬란했던 불교문화를 후세에 보여준다. 신라인들의 돌을 이용한 예술품의 훌륭함을 알 수 있다.

109. 金庾信墓〔押韻先〕

春孟東京雨水先
춘 맹 동 경 우 수 선
南流右岸偉封錮
남 류 우 안 위 봉 견

鶴鳴詠頌男兒志
학 명 영 송 남 아 지
鳳唱歎歌慶賀年
봉 창 탄 가 경 하 년

統合三韓宏業達
통 합 삼 한 굉 업 달
宮音百樂讚功瑄
궁 음 백 악 찬 공 선

丈夫一劍安民就
장 부 일 검 안 민 취
青史雄名永世傳
청 사 웅 명 영 세 전

✔ 주(註)
1) 春孟 : 음력 정월의 별칭.
2) 東京 : 경주의 옛 이름.
3) 雨水 : 24절기 중 두 번째 절기로, 2월 19일 또는 20일 무렵이다.
4) 偉封 : 큰 무덤.

김유신묘

정월 경주에 우수를 앞섰는데
남천 언덕에 큰 묘가 단정하구나.

백학은 남아의 큰 뜻을 찬양하여 노래 부르고
봉황은 축하의 노래를 부르는도다.

통합 삼한의 큰 업을 이루었고
궁중 풍악이 큰 공을 기려 아름답도다.

장부의 일검은 안민을 이룩하였고
청사의 큰 이름 길이길이 전하리로다.

▼ 해제(解題)

김유신묘(金庾信墓) : 소재 경상북도 경주시 충효동. 사적 제21호.
이 고분은 삼국 통일의 명장 신라 김유신 장군의 묘이다. 김유신 장군은 금관가야국의 마지막 왕 김구해(일명 김구형)의 증손이며, 15살에 화랑이 되어 김춘추를 도와 태종무열왕이 되게 하고, 함께 삼국 통일의 대업에 나서 무열왕 7년(660)에 황산벌에서 백제를 아울렀으며, 문무왕 8년(668) 신라 총사령관이 되어 고구려를 평정하였고, 당나라군을 물리쳐 통일의 위업을 완성하였다. 장군은 문무왕으로부터 태대각간이라는 최고의 관작을 받았고, 뒷날 흥덕왕은 장군을 흥무대왕으로 추봉하였다. 이 묘는 직경 30m의 큰 무덤으로 병풍처럼 판석으로 호석을 설치하였고, 호석 중간 중간에는 평복 차림의 무기를 든 12지신상을 배치하였다. 호석의 밖으로는 여러 개의 돌기둥을 세워 난간을 돌렸다.

110. 聖德大王神鐘〔押韻肴〕

頌讚鑄匠供酒肴
송 찬 주 장 공 주 효

神鐘每見乍咽聱
신 종 매 견 사 인 오

百尋偉貌使龍蚓
백 심 위 모 사 룡 인

萬里宏聲令虎麃
만 리 굉 성 영 호 포

薦度父王祈願造
천 도 부 왕 기 원 조

所施幼子母呼啁
소 시 유 자 모 호 조

佛恩乘響滿天地
불 은 승 향 만 천 지

濟衆眞音朝夕詨
제 중 진 음 조 석 효

▼ 주(註)

1) 鑄匠 : 종을 만든 장인.

2) 幼子 : 종이 완성이 안 되어 어린아이를 시주받아 넣어 완성하니 종소리가 '에밀레'라는 소리가 나서 에밀레종이라고도 한다.

3) 聱 : 귀먹을 오. 〔肴〕

4) 蚓 : 지렁이 인. 〔軫〕

5) 麃 : 노루 포. 〔肴〕

성덕대왕신종

종을 만든 장인을 기려 술 한잔 올립니다.
이 종을 볼 때마다 목이 메어 딴소리는 아니 들립니다.

백길 우뚝한 모습을 본 용은 지렁이가 되고
만리 굉음을 들으면 범이 노루가 되는구나.

부왕의 왕생극락을 빌어 이 종을 만들으니
시주로 받쳐진 어린 아이는 에밀레에 슬피 우는도다.

종소리를 타고 부처님 은혜가 천지에 가득하니
중생을 제도하는 이 종소리 조석으로 부르짖는도다.

✓ 해제(解題)

성덕대왕신종(聖德大王神鐘, 에밀레종) : 소재 경상북도 경주시 일정로 186 국립경주박물관. 국보 제29호.

신라 경덕왕은 성덕왕을 추앙하기 위하여 구리 12만 근으로 대종을 주조하고자 했으나 못하고 혜공왕이 부왕의 뜻을 받들어 동왕 7년(771)에 종을 완성하고 성덕대왕신종이라 하였다. 시주한 아기의 피가 녹아들어 '에밀레~~' 하며 여운이 길게 이어져 그 소리가 슬프고도 장엄하여 에밀레종이라고도 불려왔다. 신비를 간직한 종으로 '태산 같은 모습과 용울음 같은 소리가 하늘을 찌르고 땅속으로 파고드니 한번 이 소리를 들으면 천추에 복을 받으리로다. 이전에도 없고 오직 하나 에밀레종이 있을 뿐이다.'라고 칭송되는 최장수 종이다. 1915년 종각과 함께 동부동 구박물관으로 옮겼으며, 박물관이 이곳으로 신축 이전하게 되어 1975년 5월 26일에 이곳 종각으로 옮겨졌다.

111. 文武大王巖〔押韻陽〕

陽月月城甘浦陽
양 월 월 성 감 포 양
海中遠見奇巖光
해 중 원 견 기 암 광

青波萬里雄名赫
청 파 만 리 웅 명 혁
碧岫千年史績常
벽 수 천 년 사 적 상

文武聖君遺骨處
문 무 성 군 유 골 처
新羅英主永眠藏
신 라 영 주 영 면 장

成龍護國每祈願
성 용 호 국 매 기 원
偉也斯恩悠久惶
위 야 사 은 유 구 황

✓ 주(註)

1) 陽月 : 음력 이월을 이름.
2) 月城 : 경주의 옛 이름.
3) 甘浦 : 포구 이름.
4) 成龍 : 문무왕이 나라를 지키려 용이 되었다는 고사를 이름.

문무대왕암

2월 경주 감포 해변에
바다 가운데 멀리보이는 신기한 바위 빛이로다.

푸른 파도 만리에 왕의 이름 빛나고
푸른 산에 천년의 사적은 떳떳하도다.

문무대왕의 수중능인데
신라의 영주의 잠드신 곳이로다.

용이 되어 나라를 지키려고 기도가 끊이지 아니하니
위대하도다 이 은혜 길이길이 황송하온지고.

✔ 해제(解題)

문무대왕암(文武大王巖) : 경상북도 경주시 양북면 봉길리. 사적 제158호. 일명 대왕암이라 불리는 이 동해의 바위섬은, 고구려를 멸망시키고 당나라 세력을 축출하여 삼국통일을 완수한 신라문무대왕(661-681)의 수중릉이다. 죽어서 동해의 큰 용이 되어 왜적으로부터 동해를 지키겠다며, 대왕의 유언에 따라 장례를 검소하게 하고 대왕의 유해를 화장하여 이 곳 동해의 대석상에 매장하였다고 한다. 이 능은 육지에서 약 200m 떨어져 바위섬으로 되어 있으며, 가운데는 조그만 수중못이 있으며, 그 안에 길이 3.6m, 폭 2.85m, 두께 0.9m 크기의 거북모양 화강암석이 있어, 이곳이 그 속에 화장한 유골을 봉안한 납골처로 생각되고 있다. 죽어서도 나라를 지키겠다는 수중왕릉은 세계에서도 유례가 없는 특이한 것이다.

112. 感恩寺址〔押韻庚〕

肇歲慶州馳浦庚
조 세 경 주 치 포 경
龍堂山下古墟宏
용 당 산 하 고 허 굉

東西高塔前朝色
동 서 고 탑 전 조 색
南北柱痕思舊情
남 북 주 흔 사 구 정

單願泰安倭寇滅
단 원 태 안 왜 구 멸
只希和樂所望誠
지 희 화 락 소 망 성

新羅詠史與朋惕
신 라 영 사 여 붕 척
接國親隣豈戰爭
접 국 친 린 기 전 쟁

▼ 주(註)
1) 肇歲 : 음력 정월을 이름.
2) 浦 : 감포를 이름.〔虞〕
3) 惕 : 슬플 척.〔錫〕
4) 諻 : 큰소리 황.〔庚〕

감은사지

정월달 경주의 감포로 달려가니
용당산 아래 옛터가 크도다.

동서의 옛 탑은 전조의 색깔이요
남북의 기둥터는 추모의 정이로다.

한가지 기원은 왜구를 없이하여 나라의 태평을 빌 뿐이요
오직 백성의 안락함을 바라는 마음 정성스럽도다.

신라 역사를 벗과 더불어 슬퍼하는데
이웃한 나라와 어찌 전쟁을 하려는가.

해제(解題)

감은사지(感恩寺址) : 경상북도 경주시 양북면 용당리. 사적 제31호.
감은사는 신라 문무대왕이 삼국통일 후 왜국의 침입을 막고자 절을 세우려 했으나 이루지 못하고 돌아가자 아들 신문왕이 즉위하여 완성한 사찰이다. 문무대왕은 '내가 죽으면 용이 되어 나라를 지키고자 하니 화장하여 동해에 장사 지낼 것'을 유언하니 그 뜻을 따라 장사한 곳이 대왕암이며, 부왕의 은혜에 감사하여 사찰을 지어 이름을 감은사(感恩寺)라 하였다 전하고 있다. 현재의 모습은 1979년 발굴조사를 하여 얻어진 자료를 통해 당시의 건물 기초대로 노출, 정비한 것이다. 감은사는 문무대왕이 나라에 대한 충(忠)과, 신문왕이 부왕의 대한 효(孝), 즉 충효의 정신이 깃든 유적이라 하겠다.

113. 花郎亭〔押韻侵〕

泰月月城春氣侵
태 월 월 성 춘 기 침
鰲山東麓一亭臨
오 산 동 록 일 정 림

花芳榭岸初梅郁
화 방 사 안 초 매 욱
誓願池邊綠鴨琳
서 원 지 변 록 압 림

棄命盡忠眞本領
기 명 진 충 진 본 령
生民救國是郎心
생 민 구 국 시 랑 심

官昌殉義危邦救
관 창 순 의 위 방 구
統合三韓萬世欽
통 합 삼 한 만 세 흠

주(註)

1) 泰月 : 정월 의 별칭.
2) 鰲山 : 금오산을 이름.
3) 榭 : 정자 사. 사당집 사.〔禡〕
4) 郎心 : 화랑의 마음.
5) 官昌 : 화랑 관창을 이름. 그는 16세의 어린 나이에 황산벌에서 백제와의 결전에서 장렬히 전사하여 조국 신라를 구하였다.

화랑정

정월 경주에 봄기운이 더하는데
금오산 동쪽 기슭에 한 정자에 올랐도다.

꽃다운 정자 언덕 첫 매화가 빛나고
서원 못가에 청둥오리가 아름답도다.

기명진충이 진실한 본분이요
백성과 나라 구하는 것이 화랑의 길이로다.

관창이 순국한 의는 위험한 나라를 구하였고
삼한으로 통합한 만세의 공경함이로다.

✔ 해제(解題)

화랑정(花郎亭) : 경상북도 경주시 칠불암길 통일전 안에 있다.
1977년 박정희 대통령 지시로 건립되었다. 신라의 태종무열왕 김춘추, 김유신 장군, 삼국통일을 완수한 문무왕의 세 분 영정을 모신 통일전 넓은 경내에 화랑정이 있다. 아담한 기와를 올린 정자도 연못 가에 멋스럽게 지어져 있으니, 신라통일의 동력인 화랑을 기리기 위한 정자이다.

114. 北漢山眞興王巡狩碑 〔押韻咸〕

春月古墻勝色咸
춘 월 고 장 승 색 함
碑峯頂上一碑鑑
비 봉 정 상 일 비 감

北山疊疊歌功數
북 산 첩 첩 가 공 삭
南水溶溶頌德諵
남 수 용 용 송 덕 남

百濟故城王拓境
백 제 고 성 왕 척 경
句麗疆域主巡巉
구 려 강 역 주 순 참

中興家國黎民樂
중 흥 가 국 여 민 락
青史英名永世劖
청 사 영 명 영 세 참

▼ 주(註)
1) 碑峯 : 북한산에 있는 봉우리 이름.
2) 諵 : 수다스러울 남. 〔咸〕
3) 劖 : 새길 참. 〔咸〕

북한산 진흥왕순수비

봄 달 비친 고성이 모두 경색이 아름다운데
비봉 정상에 한 비석이 밝더라.

북한산은 첩첩하여 공을 노래하여 되풀이하고
한강물은 용용히 흘러 덕을 그리며 수다스럽도다.

백제의 옛 성으로 신라의 경계를 넓혔고
고구려 강역을 점령하여 순수하였도다.

신라를 중흥하여 백성이 즐겁고
청사에 꽃다운 이름 영세에 새겨있도다.

✔ 해제(解題)

북한산진흥왕순수비(北漢山眞興王巡狩碑) : 서울특별시 북한산 비봉(현재 국립중앙박물관). 국보 제3호.

북한산 진흥왕 순수비는 파손이 우려되어 현재는 서울 용산구 국립중앙박물관에 소장하고 있다. 지금까지 발견된 4기의 진흥왕순수비 중 하나로, 화강암으로 된 이 비석은 직사각형으로 가공된 석재를 사용하여 자연암반 위에 2단의 층을 만들고 세웠다. 현재 많은 부분에 총탄 흔적이 있고 절단되고 손상되어 있다.

진흥왕 16년 왕이 북한산에 순행한 사실이 있으나 이를 곧 이 비의 건립연대로 보기는 어렵고, 비석을 세운 연대는 남아있는 글자의 내용을 검토하면 568년(진흥왕 29년) 이후 진흥왕 생존 시까지의 날짜로 추정된다.

115. 花郎官昌〔押韻肴〕

烈殉軍兵享酒肴
열 순 군 병 향 주 효
黃山堞上紫雲交
황 산 첩 상 자 운 교

五千濟陣死生決
오 천 제 진 사 생 결
二八羅郎忠盡猫
이 팔 라 랑 충 진 묘

萬蕾落凋援故國
만 뢰 낙 조 원 고 국
一花損命救同胞
일 화 손 명 구 동 포

弔魂灑淚落杯溢
조 혼 쇄 루 낙 배 일
西望慕君詩唱詨
서 망 모 군 시 창 효

▼ 주(註)

1) 黃山 : 지명. 연산에 있는 황산벌을 이름.
2) 濟陣 : 백제진지.
3) 羅郎 : 신라의 화랑, 관창을 이름.
4) 萬蕾 : 신라의 전몰사병.
5) 一花 : 관창을 이름.

화랑 관창

장렬하게 전사한 군병을 위안하여 주효를 올리니
황산벌에 붉은 구름 모이는구나.

오천 백제군은 사생을 결단했고
열여섯 신라화랑은 충성에 목숨 바쳐 아름답도다.

만송이 봉우리는 져서 나라를 살리고
한송이 꽃은 져서 동포를 구하였도다.

영혼을 조상하여 뿌린 눈물 술잔에 떨어져 넘치니
서망 모군에 시창을 높이 부르는도다.

▼ 해제(解題)

관창(官昌)은 신라 태종무열왕 때의 화랑(花郞)으로, 신라의 좌장군 품일의 아들이다. 어려서 화랑이 되어 말 타고 활 쏘는데 능하여 태종무열왕 김춘추에 천거되어 왕이 부장으로 삼았다. 나당 연합군이 백제를 칠 때 황산벌 대격전에서 단신 적군 속에 돌입하여 백제의 포로가 되었는데, 백제장군 계백은 그 어린 소년의 용맹에 탄복하여 그를 죽이지 않고 신라군으로 돌려보냈다. 그러나 관창은 또 한 번 공격에 참가하여 다시 포로가 되어 끝내 백제 군영에서 죽었고, 신라군은 관창의 분전과 용기에 고무되어 백제군을 대파하였다.

116. 故室嘉淵鄭氏挽〔押韻支〕

老嫗難能巨廈支
노 구 난 능 거 하 지
嗟君先背百年期
차 군 선 배 백 년 기

娑婆有淚虞郎切
사 바 유 루 우 랑 절
天上無情夢路遲
천 상 무 정 몽 로 지

楓艶江山三酌酒
풍 염 강 산 삼 작 주
淸宵凉月兩論詩
청 소 양 월 양 론 시

嘉淵順雅今安在
가 연 순 아 금 안 재
不語流雲獨送譆
불 어 유 운 독 송 희

✓ 주(註)
1) 嘉淵 : 돌아간 아내의 호.
2) 順雅 : 故人의 常稱.
3) 譆 : 어이구 희, 한탄하거나 원통하여 부르짓는 소리 희. 〔支〕

고인 된 아내 가연을 불러본다

늙은 몸에 큰 짐을 지기가 어려웠던가
슬프다 백년 기약을 그대 먼저 어겼구려.

사바에선 인정도 많아 밤낮없이 낭군걱정이더니
천상에서는 무정하게도 꿈길에 조차 못 만나겠도다.

풍염 강산에서 술잔을 나누었고
청소 양월에 서로 시를 논하였건만

가연! 순아 지금 어디 계신고
구름은 말없으니 홀로 원통한 이름 불러보는구나.

✔ 해제(解題)
나의 아내 연일 정묘순은 1925년 8월 28일생으로 2016년 8월 27일(음력 7월 19일) 거세하였다.

第五部
震史覽古

117. 淸州井北洞土城〔押韻東〕

探史西原路折東
탐 사 서 원 로 절 동

鵲川左岸古墻雄
작 천 좌 안 고 장 웅

重垓固稚長江外
중 해 고 치 장 강 외

偉堞聳門廣野中
위 첩 용 문 광 야 중

兩水獵漁家食足
양 수 엽 어 가 식 족

四時農稼族糧豊
사 시 농 가 족 량 풍

泰平聖世黎民樂
태 평 성 세 여 민 락

百濟春城萬里風
백 제 춘 성 만 리 풍

주(註)

1) 西原 : 청주의 고호.
2) 鵲川 : 川名. 까치내를 이름.
3) 兩水 : 미호천과 무심천을 이름.

청주 정북동토성

청주에 탐사차 동쪽 길을 가니
작천 좌안에 옛 성이 웅장하구나.

겹친 해자와 견고한 치성은 장강밖에 있는데
우뚝한 토성에 높은 문루가 넓은 들 가운데 솟았네.

두 강에서 고기 잡아 가솔 먹이기 넉넉하고
사시에 농사지어 가족식량 풍요롭다.

태평성세에 어린 백성이 즐거우니
백제 춘성에 만 리 바람이 부는구나.

✔ 해제(解題)

청주 정북동토성(淸州井北洞土城)은 청주시 상당구 정북동에 있으며 백제 초기의 토성이다. 성벽 안쪽과 바깥쪽 에 나무기둥을 세우고, 그 사이에 나무판자를 세워 그 안에 흙과 진흙을 교대로 다져 쌓은 판축 토성이다. 남문과 북문은 성벽을 어긋나게 만들어 옹성(甕城)의 역할을 하게 하였으며, 동서의 문은 성벽을 끊어서 성문을 만들었다. 네 모서리에는 높고 넓은 각루(角樓)터가 있고, 이 모서리와 문 사이에 4개의 치성(雉城)을 만들었다. 성벽 바깥은 2중의 해자(垓字)를 만들어 물을 채워 방어력을 높였다. 이 성 밖에 4개의 우물터가 있다. 이 토성은 무심천 서안에 있는 송절동, 까치내 등 백제 집단주거지의 동쪽 외곽 토성으로 남쪽의 부모산 석성과 더불어 중요한 외성의 역할을 담당한 것으로 보인다. 이 성은 축조연대와 입지조건이 서울 풍납토성과 지극히 유사한데, 그보다도 연대가 다소 올라가는 것으로 판단된다고 한다. 따라서 이 토성은 우리나라에서 가장 오래된 평기토성이며, 또한 그 보존 상태가 완벽하여 역사적 가치가 높다는 평가이다.

118. 鵲川住居址 〔押韻江〕

探史西原訪鵲江
탐 사 서 원 방 작 강
無心左岸住墟玒
무 심 좌 안 주 허 강

金銅耳飾槍刀出
금 동 이 식 창 도 출
煉鑛熔爐鐵劍厖
련 광 용 로 절 검 방

丸底土壺多數顯
환 저 토 호 다 수 현
暖房遺構確然峗
난 방 유 구 확 연 앙

千年濟乘浮雲去
천 년 제 승 부 운 거
八結長流萬世淙
팔 결 장 류 만 세 장

주(註)

1) 西原 : 청주의 고호.
2) 鵲江 : 江名. 까치내.
3) 無心 : 江名. 무심천.
4) 八結 : 津名. 팔결나루.

작천 주거지

역사탐방 차 청주 까치내를 찾으니
무심천 좌안에 백제 주거지가 아름답더라.

금동 귀고리와 창과 칼이 나오고
용광로 자리와 철검이 두터이 출토되었다.

환저 토기가 다수 출토되었고
난방 유구가 뚜렷하게 보였도다.

천년 백제역사는 구름타고 갔는데
팔결 강물은 만세토록 물소리로다.

해제(解題)

작천 주거지(鵲川住居址)는 충청북도 청주시 흥덕구 정북동에 있는 백제 초기 주거 묘지 밀집지역이다.

이 지역은 무심천(無心川)이 미호천(美湖川)과 합류하면서 형성된 넓은 퇴적평야에 세워진 집단주거 분묘유적이다. 이 지역에 500여 기의 집터와 400기에 가까운 무덤이 발견되었는데, 무덤 또는 주거지에서 많은 토기와 철제 무기, 마구 등 다양한 부장품이 출토되었다. 작천〔까치내〕 주거지 뒤쪽 높은 언덕에는 토광묘(土壙墓), 석광묘(石壙墓), 옹관묘(甕棺墓) 등이 발견되었고, 까치내 주거지의 동쪽에는, 이 주거지 주민을 보호하기 위한 정북토성이 조성되었다. 특히 주목할 것으로 쇠를 녹이기 위한 제철로가 발견된 것은 백제 초기에 철기문화가 시작되었음을 증명하는 역사자료이다.

119. 父母山山城〔押韻虞〕

探史西京三國虞
탐 사 서 경 삼 국 우
南馳停馬古城膴
남 치 정 마 고 성 무

黨山凜凜萬年鎭
당 산 늠 름 만 년 진
鵲水滔滔千里驅
작 수 도 도 천 리 구

一井淸幽萱惠備
일 정 청 유 훤 혜 비
四門堅固父恩俱
사 문 견 고 부 은 구

朔風杖劍墻頭立
삭 풍 장 검 장 두 립
百濟男兒大丈夫
백 제 남 아 대 장 부

주(註)

1) 西京 : 청주의 고호.
2) 三國 : 고구려, 백제, 신라를 이름.
3) 黨山 : 山名. 상당산.
4) 鵲水 : 江名. 까치내.
5) 萱惠 : 어머니 은혜.

부모산 산성

청주에 탐사 차 오니 삼국을 생각하는데
남쪽으로 달려오니 옛 성이 크도다.

상당산은 늠름하게 만년을 진좌하고
작천강은 도도하게 천리를 달리는 도다.

큰 샘이 맑고 그윽하여 어머니 은혜를 갖추었고
사대문은 견고하여 부은을 구비하였도다.

삭풍에 칼을 집고 성 머리에 섰으니
이것이 백제 남아대장부의 모습이로다.

✔ 해제(解題)

부모산성(父母山城)은 청주시 흥덕구 비하동에 있는 백제 초기의 산성이다. 산성은 산의 지형을 이용하여 평면이 삼각형을 이루고 있으며 성벽의 둘레가 1,135m인데, 성벽의 윗부분은 많이 무너졌으나 기저부분은 온전히 남아 있다. 성벽의 상단 너비는 6m가 넘었던 것으로 보이며, 성벽의 높이 또한 이와 비슷한 것으로 추정된다. 현재 동서남북에 통행로가 있으며, 이는 옛날 성문터였던 것으로 미루어 알 수 있다. 산성이 있는 산줄기를 따라 몇 개의 작은 규모의 보루성들이 있다. 성안에 연화사(蓮花寺)가 있고, 피난 전설을 간직한 모유정(母乳井)이라는 우물이 있어, 현재도 맑은 물이 솟아나오고 있다. 한편, 산성 내에서 원삼국시대에서 삼국시대 후기에 이르는 유물이 출토되었다. 이 석성은 이 성의 동남쪽에 위치한 까치내 주거지, 송절동 주거지, 화계동 주거지, 봉명동 주거지 등의 외곽성 역할을 한 것으로, 무심천 건너에 있는 정북리 토성과 함께 백제 집단 주거지의 중요한 방어시설이었던 것으로 보인다.

120. 伴鷗亭〔押韻元〕

賢宰厖翁淸白元
현 재 방 옹 청 백 원
臨津江岸一亭翻
임 진 강 안 일 정 번

蒼松鬱鬱頌仁厚
창 송 울 울 송 인 후
綠水悠悠歌德惇
녹 수 유 유 가 덕 돈

三代侍王茅屋住
삼 대 시 왕 모 옥 주
卄年在相素湯飧
입 년 재 상 소 탕 손

愛民廉稅若仙境
애 민 염 세 약 선 경
遠里近村桃李園
원 리 근 촌 도 리 원

주(註)

1) 厖村 : 황희 선생의 호.

2) 臨津江 : 강 이름. 임진강을 이름.

반구정

어진 재상 방촌 선생은 청백의 근본이시니
임진강 언덕에 한 정자가 아름답구나.

창송은 울울하여 선생의 인후한 덕을 상징하고
녹수는 유유히 흘러 높은 덕을 노래하는도다.

삼대 왕을 모시고도 띠집에서 사시었고
20년 재상에 된장국을 자시는도다.

애민하고 세렴이 적으니 온 나라가 선경 같고
멀고 가까운 마을이 모두 꽃동산을 이루었도다.

해제(解題)

반구정(伴鷗亭)은 경기도 파주시 파주읍 서흥리에 있으며 황희정승(黃喜政丞)을 추모하기위한 정자이다. 그의 이름은 희(喜), 호 방촌(厖村), 본관은 장수이다. 우왕 2년 사마전사시에 합격하고 문과에 등재하였다. 고려가 망하자 두문동에 은거하였다가 태조 3년 왕의 부름을 받고, 두문동 동료들의 천거로 성균관 학반으로 제수되었다. 여러 화직을 거쳐 1423년 예조판서가 되고, 1426년 우의정에 발탁되고 또 좌의정이 된 뒤 평안도 체찰사로 파견되어 약산성을 답사하고, 영변대도후부를 설치한 뒤 평안도 체찰사의 본영으로 삼게 하였다. 후에 좌의정으로서 감목을 잘못하여 군마 1,000여 필을 죽여 구금된 태석균을 가볍게 다스려 달라고 건의하다가, 탄핵을 받아 파직된 뒤 파주 반구정에 은거하였다. 곧 복직하여 영의정 부사에 오른 지 18년 동안 국정을 통치하며 국부(國父)의 자리에 있었다.
성품이 어질며 근검 청백하여 삼대의 왕을 모시고, 20년 재상자리에 있었으면서도 초가에 살고 퇴관 후 양식 걱정을 하였다 한다.

121. 聖興山城〔押韻歌〕

百濟舊邦思慕歌
백 제 구 방 사 모 가
嘉林山上暮烟波
가 림 산 상 모 연 파

近泉依舊黎民易
근 천 의 구 여 민 역
遠水如前歲月過
원 수 여 전 세 월 과

西逆怏心圖叛亂
서 역 앙 심 도 반 란
東城被害仰天訶
동 성 피 해 앙 천 가

盛衰互替人間事
성 쇠 호 체 인 간 사
嗟歎孤飮醉興何
차 탄 고 음 취 흥 하

주(註)
1) 嘉林 : 성흥산의 별명.
2) 白架 : 人名. 역신 백가를 이름.
3) 東城 : 王名. 백제 제24대 동성왕을 이름.

성흥산성

백제 구방을 사모하여 노래 부르니
가림산 위에 저녁노을 어리는구나.

가까운 샘은 의구하건만 백성은 바뀌고
먼 강물은 여전한데 세월이 지났도다.

서쪽에서 역적 백가가 앙심을 품고 반란을 일으키어
동성왕이 시해되니 앙천하여 꾸짖었네.

흥망이 바뀌는 것이 인간세상 일인데
차탄 독작에 취흥을 주체하지 못하는구려.

✔ 해제(解題)

성흥산성(聖興山城)은 충청남도 부여군 임천면 구교리에 있는 백제시대의 석축산성으로 성흥산 정상에 있다.
백제 산성으로는 유일하게 축조연대와 축조 당시의 지명이 기록에 남아있는 귀중한 역사유적이다. 『삼국사기』「백제본기」 동성왕(제24대) 23년 8월에, '가리성(임천의 옛 이름)을 쌓고 백가(白架)로 하여금 이를 지키게 하였다.'라고 기록되어 있다.
남서북문지(南西北門址)와 군창지가 있고 세 개의 우물이 있는데, 제일 큰 우물에서 맑은 물이 지금도 졸졸 흘러나오고 있어 나는 그 물로 목을 축였다. 백가(白架)는 벽지에 보냈다 하여 동성왕에게 앙심을 품고 있다가 사냥 나온 동성왕을 시해하고 무령왕(제24대)에 의하여 처형되어 시신은 백마강에 버려졌다. 무령왕의 아들 성왕(제25대)이 부여로 천도하면서 성흥산성은 더욱 전략적 요충지로 외곽방어 산성으로서의 역할을 맡게 되었다.

122. 留王山山有花歌〔押韻痲〕

光復夢歌雨亂痲
광 복 몽 가 우 란 마
留王峰頂感天涯
유 왕 봉 정 감 천 애

義慈擒主臨時宿
의 자 금 주 임 시 숙
泗沘江邊落月斜
사 비 강 변 낙 월 사

聳聳扶蘇幾返復
용 용 부 소 기 반 복
深深龍浦望京華
심 심 용 포 망 경 화

嗚乎篞篞上思禱
오 호 녈 녈 상 사 도
再發祈求山有花
재 발 기 구 산 유 화

주(註)
1) 留王峰 : 산 이름.
2) 義慈 : 백제 마지막 왕.
3) 泗沘江 : 강 이름. 사비강을 이름.
4) 扶蘇 : 부소산. 산 이름.
5) 龍浦 : 구룡포. 지명.
6) 篞 : 피리 녈. 중간 크기의 피리. 〔屑〕

유왕산에서 산유화가를 부른다

유왕봉에 난마처럼 쏟아지는 비
광복을 노래하니 하늘이 감동하였나보다.

잡혀가는 의자왕이 하룻밤을 묵으니
사비강변에 지는 달이 비꼈도다.

부소산 높이 솟아 광복을 기약하고
구룡포 깊고 깊어 백제 꽃 다시 펴라.

오호 널널 상사디야 상사디야
다시 한 번 피어주소 산유화야 산유화야.

해제(解題)

유왕산성(留王山城)은 충청남도 부여군 양화면 원당에 있으니 유왕산 위에 있는 백제 말기의 성곽이다. 의자왕(제31대) 때 나당 연합군에 의하여 백제의 사직이 무너지고, 왕을 비롯하여 대신 93명과 백성 12,807명이 소정방에 의하여 당나라로 포로가 되어 금강으로 배에 실려 내려갈 때, 백제유민이 이 산에 올라 왕을 하룻밤 머무르게 해달라고 청원하여, 이것이 허락되었는데 그날이 음력 8월 17일이다. 그로부터 지금까지 1300년 동안 해마다 8월 17일이 되면 인근 고을 부녀자들이 음식을 차려놓고 다음 노래를 부르는 풍습이 전해진다. <이별 별자 서러워 마소. 만날 봉자 또 다시 있네. 명년 8월 17일에 악수논정 다시하세> 이 노래를 부른 다음 광복을 부른 산유화가(충남 무형문화재 제4호)를 부른다. <추월봉에 달 뜨고, 사비강에 달 진다. 저전 날에 떠나서 들에 나와, 저달 져서 집에 올라간다. 어럴널 상사뒤야 상사뒤, 부소산이 높이 솟고, 구룡포가 깊이 있다. 부소산 평지되고 구룡포도 평천되니, 새상사 누가 알꼬. 어럴널 상사뒤 어여뒤여 상사뒤…>

123. 靑馬山城〔押韻陽〕

靑馬垣頭立夕陽
청 마 원 두 입 석 양
月明山上感無常
월 명 산 상 감 무 상

蘚苔古井記榮辱
선 태 고 정 기 영 욕
草茂廢城思昔光
초 무 폐 성 사 석 광

故國千年雲霧散
고 국 천 년 운 무 산
壯風萬里淚沾裳
장 풍 만 리 루 점 상

南方濟墓談竹帛
남 방 제 묘 담 죽 백
寂寞恢墟獨斷腸
적 막 회 허 독 단 장

▼ 주(註)

1) 靑馬 : 산성 이름. 청마산성을 이름.
2) 月明山 : 산 이름. 월명산을 이름.
3) 恢 : 大也. 클 회. 넓을 회. 〔灰〕

청마산성

청마성두에 석양에 서니
월명산상에서 무상을 느끼노라.

이끼 낀 옛 우물에 세상 영욕이 쓰였고
우거진 풀에 덥힌 황성에 옛 영화를 그리노라.

천년 고국이 운무 속에 사라지니
만리 장풍에 눈물짓는 도다.

남쪽의 백제고분은 창창한 옛 역사를 말하는데
적막한 폐허에서 홀로 가슴아파하는구려.

▼ 해제(解題)

청마산성(青馬山城)은 충청남도 부여군 부여읍 능산리에 있다. 월명산 위에 있는 백제시대 토석 혼축 포곡산성이다.

둘레 6,500m, 면적 41만㎡로 백제 고성 중 가장 광대한 면적의 산성이다. 성내에 망대, 우물터, 건물터, 절터가 있고, 성의 주문은 서쪽에 있었을 것으로 추정되는데, 무너져 흔적을 찾을 수가 없다. 성내에 남아있는 각시우물은 수량이 풍부하다. 경룡사(驚龍寺) 터, 의열사(義烈寺) 터가 남아있고, 성 남쪽에 백제 고분군이 있다. 이 성은 석성산성(石城山城), 성흥산성(聖興山城), 증산성(甑山城)과 함께 사비수도 방어를 위한 외곽방어 산성이다.

124. 三忠祠 成忠外二位〔押韻庚〕

百濟高臣訪暑庚
백 제 고 신 방 서 경
三忠祠上白雲生
삼 충 사 상 백 운 생

壯心翊國千年赫
장 심 익 국 천 년 혁
義氣撐天萬里明
의 기 탱 천 만 리 명

志士序居降外敵
지 사 서 거 항 외 적
郡民群集享芳名
군 민 군 집 향 방 명

扶蘇古堞夕陽立
부 소 고 첩 석 양 립
仰慕依依無限情
앙 모 의 의 무 한 정

주(註)

1) 暑庚 : 삼복더위.
2) 依依 : 사모가 간절한 모양.

삼충사 성충 외 두 분

백제 높은 신하를 복중에 찾으니
삼충사 위에 백운이 이는구나.

나라를 지킨 장한 뜻은 천년토록 빛나고
하늘을 떠받치는 의기는 만리토록 밝도다.

지사가 늘어앉아 외적을 항복시켜주시고
구름처럼 모인 군민은 꽃다운 이름을 받드는 도다.

부소성 옛 성 머리 석양에 서서
끊임없이 간절한 앙모의 정을 보내는 도다.

∨ 해제(解題)

삼충사(三忠祠)는 충청남도 부여군 부여읍 관북리 부소산성 안에 있다. 백제 충신(百濟忠臣) 성충(成忠), 흥수(興首), 계백(階伯)의 삼위를 배향하였다. 해마다 가을에 부여 군민이 향사를 올린다.

125. 大興任存城〔押韻蒸〕

鳳首峯頭伏暑蒸
봉 수 봉 두 복 서 증
任存古堞與朋登
임 존 고 첩 여 붕 등

東西連堡歡聲滿
동 서 연 보 환 성 만
南北門開爽氣澄
남 북 문 개 상 기 징

濟陣守墻風雪霽
제 진 수 장 풍 설 제
羅軍來襲曉寒凝
나 군 내 습 효 한 응

復興故國民臣蹶
부 흥 고 국 민 신 궐
黑齒常之據點稱
흑 치 상 지 거 점 칭

주(註)
1) 鳳首 : 산 이름. 이 봉수산 위에 임존성이 있다.
2) 大興 : 地名. 예산군 대흥면.
3) 任存 : 城名. 임존성
4) 濟陣 : 백제의 진지.
5) 羅軍 : 신라군.
6) 黑齒常之 : 人名. 백제 부흥군 수장의 이름.

대흥 임존성

봉수산 위에 복더위 찌는 듯한데
임존 고성에 친구와 함께 올랐더라.

동서로 이어진 성에서 환성이 넘치고
남북 문을 여니 상쾌한 기운 맑도다.

백제 진영 수성에 풍설이 개이고
신라군 내습에 새벽추위 어리었도다.

백제 부흥에 백성이 궐기하니
이 성은 부흥군 수령인 흑치상지의 거점으로 칭하는도다.

▼ 해제(解題)

대흥 임존성(大興任存城)은 충청남도 예산군 대흥면 상중리에 있는 백제시대 석축산성이다.

둘레 2.4km 수구문(水口門)과 우물이 남아있고, 남문지와 북문지, 장대지로 추정되는 넓은 집터가 모두 남아있다. 백제 토기조각이 성안에서 출토되었다. 이 성은 주류성(周留城)과 더불어 백제 부흥군의 거점이었다. 부흥군의 수령인 흑치 장군도 이 성에서 광복군을 지휘하였다. 이 성은 공주와 부여와의 거리가 각각 90리쯤 떨어져 있어서 수도방위의 요충지였다. 후일 왕건 태조와 견훤이 이 성에서 싸웠다고 전한다.

126. 拱北樓 〔押韻蕭〕

詠月公山風影蕭
영 월 공 산 풍 영 소
雞龍凜凜嶺雲搖
계 룡 늠 름 영 운 요

長江灘籟衆魚躍
장 강 탄 뢰 중 어 약
大野暮天孤雁遙
대 야 모 천 고 안 요

錦水滔滔南繞艶
금 수 도 도 남 요 염
濟城撓撓北圍姚
제 성 요 요 북 위 요

朝鮮仁祖播遷跡
조 선 인 조 파 천 적
平亂欣欣歸路昭
평 란 흔 흔 귀 로 소

▽ 주(註)

1) 詠月: 음력 9월의 별칭.
2) 公山: 공산성. 백제고도.
3) 錦水: 江名. 금강을 이름.
4) 濟城: 백제 고궁의 성곽.
5) 仁祖: 조선조 제16대 왕.

공북루

9월 공산성에 가을바람 소슬한데
늠름한 계룡산에 흰 구름 떠간다.

장강 여울물에 물고기는 뛰고
넓은 들 저물녘에 외기러기 날아가네.

금강은 도도히 흘러 남으로 돌아나가고
백제 고성은 구불구불 북으로 둘러 아름답도다.

조선 인조가 파천하여 오른 정자에
난리가 평정되어 돌아가는 길이 밝도다.

✔ 해제(解題)

공북루(拱北樓)는 웅진 백제시대 고궁을 호위하는 궁성인 공산성의 북문 위에 세워진 문루이다.

공북루 아래로 출입문을 만들어 도성의 출입을 하게 만든 구조이다. 이 문이 백제 도성의 정문 역할을 맡고 있었다. 공북루 동쪽으로 금강물이 푸른 비단을 펼친 듯이 아름답고, 남으로 늠름한 계룡산이 솟아서 호서(湖西) 제일의 승경을 이룬다. 조선 제16대 인조가 이괄의 난을 피하여 이 성에 잠시 머물렀을 때 이 정자에 올랐으며, 난리가 평정된 후 환궁하였다.

127. 善花公主〔押韻塩〕

絶世美名思戀塩
절 세 미 명 사 련 염

薯童計略僞言纖
서 동 계 략 위 언 섬

善花懇託寶搬事
선 화 간 탁 보 반 사

知命快容金輸恬
지 명 쾌 용 김 수 염

公主涓涓前後奏
공 주 연 연 전 후 주

父王諾諾婦郎忺
부 왕 낙 락 부 랑 험

不如意事古來許
불 여 의 사 고 래 허

夢外成功琴瑟沾
몽 외 성 공 금 슬 점

▼ 주(註)

1) 薯童 : 人名. 백제의 왕자 이름. 서동왕자.
2) 善花 : 人名. 신라 진평왕의 딸. 선화공주.
3) 知命 : 人名. 지명대사.
4) 忺 : 悅也. 기쁠 험.〔塩〕
5) 沾 : 젖을 점.〔塩〕

선화공주

절세미녀를 사모함이 간절하여
서동은 거짓말을 퍼뜨려 계략을 세웠더라.

선화공주는 보화를 궁중으로 옮겨 달라 부탁하고
지명법사는 금덩이를 편안히 궁중으로 옮겼도다.

공주는 전후사를 자세하게 아뢰었고
부왕은 혼인을 허락하여 부부가 기뻐하는 도다.

불여의사 고래로 허다한데
뜻밖에 성공하니 두 사람 금슬이 찰떡같도다.

✔ 해제(解題)
선화공주(善花公主)는 서동설화의 여주인공이다. 삼국사기에 의하면 공주는 신라 제26대 진평왕의 셋째 딸로 절세미인이었다고 한다.
백제 왕자 서동은 이 소문을 듣고, 공주가 자기와 밀통하였다는 허위사실을 노래로 지어 이를 퍼뜨린다. 이로 인하여 선화는 부왕의 노여움을 사고 왕궁에서 쫓겨나서 귀양 가는 길에서 서동을 만난다. 두 사람은 서동이 숨겨 놓은 많은 금덩이를 보고, 이것을 신라 궁전으로 옮겨줄 것을 지명법사에게 간청한다. 지명법사는 쾌히 승낙하고 법력으로 금덩이를 왕궁으로 옮기니, 부왕은 많은 금덩이를 보고 기뻐하여, 두 사람의 혼인을 허락하였다. 두 사람 금슬이 찰떡같았을 것은 말할 나위가 없다.

128. 金水亭 蓬萊楊士彦〔押韻東〕

春晩抱州流水東
춘 만 포 주 유 수 동

永平北岸古亭𤥨
영 평 북 안 고 정 강

蒼江逶逝右行左
창 강 위 서 우 행 좌

白鶴飛翔雌伴雄
백 학 비 상 자 반 웅

勸酒彈琴楊柳綠
권 주 탄 금 양 유 록

看花高唱醉顏紅
간 화 고 창 취 안 홍

詩書兩絶青丘颭
시 서 양 절 청 구 점

萬世英名萬里風
만 세 영 명 만 리 풍

▼ 주(註)

1) 抱州 : 포천의 고호.

2) 永平 : 영평천을 이름.

3) 颭 : 펄럭일 점.〔琰〕

금수정 봉래 양사언

늦은 봄 포천의 강물은 동으로 흐르고
영평천 북쪽 언덕에 옛 정자 아름답구나.

창강은 돌고 돌아 굽이쳐 흐르고
백학은 짝을 지어 쌍쌍이 나는도다.

권주 탄금에 양류는 푸르르고
간화 고창에 취안이 붉도다.

시서 양절에 해동 제일로 펄럭이고
만세토록 꽃다운 이름 만리풍에 휘날리리로다.

✔ 해제(解題)

금수정(金水亭)은 경기도 포천군 창수면 오가리에 있으니 봉래 양사언(楊士彦) 선생 추모정이다.
공의 휘는 사언(士彦), 자는 응빙(應聘), 호는 봉래(蓬萊)이며 청주인이다. 중종 12년 정축생이며, 병오년에 문과 삼등(三登), 현감을 거쳐 강릉부사, 함흥 부윤, 고양 군수로 있다가, 말년에 진릉(眞陵) 화재로 해서(海西)로 유배되었다. 이곳에서 병을 얻어 고향으로 돌아오던 중 돌아갔다.
해동의 신필이며, 그의 초서는 호탕 쇄탈하여 아무도 그를 따를 사람이 없었다고 한다. 시문에 뛰어났고 특히 걸작 시조를 남겼으며, 금수정에서 정자 주인 안동김씨 금옹(琴翁)은 거문고를 타고 공이 시를 읊으니, 정자아래 강에서 학이 춤을 추었다고 한다.

129. 誠信祠 享梧隱李義碩〔押韻先〕

誠信祠墟日午天
성 신 사 허 일 오 천

端宗圖復未成憐
단 종 도 복 미 성 련

會朋修睦近隣樂
회 붕 수 목 근 린 락

鄕約刱之風俗鮮
향 약 창 지 풍 속 선

忠節文望危坐聽
충 절 문 망 위 좌 청

士林立議享陪虔
사 림 립 의 향 배 건

不勞再建羞靑史
불 로 재 건 수 청 사

梧隱英名萬世傳
오 은 영 명 만 세 전

주(註)

1) 梧隱: 이의석 선생의 아호이다.

성신사 오은 이의석 선생을 배향하다

성신사 옛터에 한낮이 되었는데
단종을 복위하고자 하였으나 이루지 못하였으니 슬프구나.

친구를 모아 돈목하니 근린이 즐겁고
향약을 창제하여 풍속이 아름다워졌도다.

충절과 학문의 명성을 위좌하여 듣고
사림이 공의를 세워 성신사에 공경스럽게 배향하였도다.

임진왜란에 소실된 후 재건을 못하였으니 청사에 부끄러운 노릇인데
오은 선조의 꽃다운 이름은 만세에 전하리로다.

▼ 해제(解題)

성신사지는 충청북도 청주시 옥산면 금계리에 있다. 오은 이의석(梧隱 李義碩; 생졸 미상) 선생을 배향한 서원이다. 공은 나의 17대조이시니 장인되시는 태종부마 정효전(鄭孝全)과 더불어 단종을 복위하고자 하였으나 이루지 못하고 고향에 내려와 은거하고 계셨다. 청주시 옥산면 금계리에 은거하면서 친구와 돈목하고 향약을 제정하여 풍속을 규정하니 해동향약의 효시라고 한다. 율곡선생이 청주목사가 되어 향약을 제정한 것보다 120년 전의 일이다. 사림은 공의로 돌아가신 후 성신사에 배향하였다. 성신사는 임진왜란에 소실된 후 복원되지 못하고 있다.

130. 枯松亭 炭翁金忠柱〔押韻刪〕

秋孟安山暑未刪
추 맹 안 산 서 미 산
炭翁追慕古亭斕
탄 옹 추 모 고 정 란

朔望戀主遠思哭
삭 망 연 주 원 사 곡
朝暮懷王遙拜潸
조 모 회 왕 요 배 산

父子承承彰孝列
부 자 승 승 창 효 열
祖孫継継表忠班
조 손 계 계 표 충 반

一門五代旌閭烈
일 문 오 대 정 려 열
青史英名萬里鸛
청 사 영 명 만 리 환

주(註)

1) 炭翁: 김충주(金忠柱)의 아호(雅號).
2) 父子: 탄옹자 한천(寒泉)과 그 아들 약전(約前).
3) 祖孫: 백촌(白村)과 탄옹(炭翁).
4) 五代旌閭: 백촌 김문기(白村 金文起) 단묘 순충(端廟 殉忠), 현석(玄錫) 단묘 순충(端廟 殉忠), 탄옹(炭翁) 정충(旌忠), 한천(寒泉) 정효(旌孝), 약전(約前) 정효(旌孝).

고송정 탄옹 김충주

초가을 안산에 더위는 아직 남았는데
탄옹을 추모하는 고정이 빛나는구나.

초하루 보름에 임금 그려 멀리서 곡하고
아침저녁에 왕을 사모하여 요배하며 눈물짓는도다.

부자가 이어이어 효자문이 서있고
조손이 이어이어 충신각이 늘어서 있도다.

한집안 오대에 충신 효자 정열하니
청사에 영명이 만 리에 나부끼는도다.

✔ 해제(解題)

고송정(枯松亭)은 경기도 시흥시 화정동에 있으니 김탄옹(金炭翁)공의 추모 정자이다.
공의 휘는 충주(忠柱), 영인(金寧人)이다. 공의 조부 호 백촌(白村) 문기(文起) 이조판서가 단종 복위 사육신으로, 공의 선고 휘 현석(玄錫) 영월군수는 백촌과 같이 부자가 함께 옥사하였다. 공은 형인 충립(忠立)과 더불어 노비가 되어 강릉으로 끌려가다가 도망쳐 한남 안산(漢南 安山) 마하산에 숨어서, 숯을 팔아서 목숨을 이어갔다. 세상 사람들이 '탄옹'이라고 불렀다고 한다. 공의 후손이 모두 극진한 성효로 대대로 이어 나와 3대 충신문 양대 효자문을 받으니 세상 사람들이 한집안 5대 충효정문을 받았다고 찬양하였다.

131. 尋源亭〔押韻肴〕

探訪尋源對酒肴
탐 방 심 원 대 주 효
咸陽安義古亭媌
함 양 안 의 고 정 묘

德峰凜凜吟風聳
덕 봉 늠 름 음 풍 용
龍水溶溶頌德呶
용 수 용 용 송 덕 노

善政愛民名利棄
선 정 애 민 명 리 기
歸鄉投紱俗緣拋
귀 향 투 불 속 연 포

遯菴戀慕歸京路
돈 암 연 모 귀 경 로
落日殘紅掛樹梢
낙 일 잔 홍 괘 수 초

▼ 주(註)

1) 尋源: 심원정을 이름, 정자이름.
2) 咸陽安義: 함양군 안의면을 이름.
3) 德峰: 덕유산을 이름.
4) 龍水: 용추강을 이름.
5) 呶: 지껄일 노.〔肴〕

심원정

심원정에 올라 주효를 대하니
함양군 안의 옛 정자가 아름답구나.

덕유산은 늠름하여 풍월을 읊으며 솟아있고
용추강은 용용하여 덕을 찬송하여 시끄럽도다.

선정 애민하여 명리를 버렸고
귀향 투불하여 속연을 끊었도다.

돈암을 연모하며 귀경하는 길에
낙일 잔홍이 나무 끝에 걸렸더라.

해제(解題)

심원정(尋源亭)은 경상남도 함양군 안의면 하월리에 있으니 정돈암(鄭遯菴) 공이 지은 정자이다.

공의 휘는 지영(芝榮)이며 돈암은 호이고 초계인이다. 공은 어려서부터 빼어나게 영특하고 효성이 지극하였으며, 과거에 뜻을 두지 아니하고 다만 부모님을 봉양하며 배움에 힘쓰길 기본행실로 삼았다. 뒤에 음사로 거제부사가 되었는데, 치민 2년에 상하군민이 모두 칭송하여 가로대, 공이 어찌 이다지 늦게 오셨는가. 청송은 원욕이 없고 시정은 공평하여 산에는 도적이 없으며 치적이 아름다우니, 공의 사가 살림은 양식조차 풍부하지 못하고 가족은 남루한 옷을 입고 살았다. 벼슬을 버린 후 향저로 돌아와 스스로 밭을 갈아 양친하고 정자를 지어 금주로 소일하니, 세상 사람들이 모두 공의 높은 덕을 찬양하면서 문산부자(文山夫子)라고 칭송하였다.

문산은 공이 사는 동리이름이요, 문산부자란 문산에 사는 공자라는 뜻이다. 얼마나 높은 칭송일까.

132. 金笠墓〔押韻覃〕

秋孟騷朋探韻覃
추 맹 소 붕 탐 운 담
奈城臥石一封甘
내 성 와 석 일 봉 감

御來山下乞人唱
어 래 산 하 걸 인 창
玉洞江邊詩聖諵
옥 동 강 변 시 성 남

放浪吟君遊夕霧
방 랑 음 군 유 석 무
譏諷詠客觀朝嵐
기 풍 영 객 관 조 람

風塵天地醒仙夢
풍 진 천 지 성 선 몽
春恨千絲楊柳潭
춘 한 천 사 양 류 담

주(註)
1) 奈城: 영월의 고호.
2) 臥石: 지명, 와석리를 이름.
3) 御來山: 산 이름.
4) 玉洞江: 강 이름.

김립묘

시우가 맹추에 시운 찾아 이곳 오니
영월 와석리 한 무덤이 아름답구나.

어래산 아래 걸인이 창시하는데
옥동 천변에 시성은 수다스럽도다.

방랑시인이 저녁 안개에 놀고
풍자시객이 조람을 구경하는도다.

풍진 천지에 신선의 꿈을 깨니
양유 늘어진 춘담에서 가는 봄을 서러워 하는도다.

✔ 해제(解題)

김립묘(金笠墓)는 강원도 영월군 하동면 와석리에 있으니 널리 알려진 김삿갓의 묘소이다. 김삿갓의 본명은 김병연(金炳淵)이며, 조선 순조7년 경기도 양주군 퇴천면 화암리에서, 당대 명문이었던 안동김씨 가문에서 태어났다. 순조11년 홍경래난 때 서천 부사였던 조부 김익순이, 난도에게 항복한 죄로 퇴적처분을 받아 영월로 은둔하였다.

공이 20세 되던 해에, 공은 백일장에서 김익순의 죄를 통탄한다는 시제가, 자기 조부를 비판하는 내용인줄을 모른체, 그는 김익순을 실랄하게 탄핵하는 시를 써서 장원에 뽑혔다. 후일 집안 내력을 듣고 김익순이 자기 조부인 사실를 알고 스스로 용서받을 수 없는 죄인으로 자처하고, 22세부터 해를 보지 않기 위하여 삿갓을 쓰고 방랑생활을 시작하였다. 그는 전국 방방곡곡을 가는 곳마다 서민의 애환을 시로 읊어, 오늘날 방랑시인 김삿갓으로 널리 알려지게 되었다. 불행한 환경이 명시를 낳게 한 것은 중국 시성 두보(杜甫)의 예를 닮았다고 하면 과한 말이 되는가 모르겠다.

133. 追慕南怡將軍〔押韻冬〕

號令一聲嚴若冬
호 령 일 성 엄 약 동
千軍萬將肅然恭
천 군 만 장 숙 연 공

白頭山石磨刀盡
백 두 산 석 마 도 진
豆滿江流飮馬供
두 만 강 류 음 마 공

杖劍朔風城上立
장 검 삭 풍 성 상 립
丈夫心境陣中鼕
장 부 심 경 진 중 동

男兒二十未平國
남 아 이 십 미 평 국
讒佞更文爲得凶
참 녕 경 문 위 득 흉

▿ 주(註)

1) 白頭山 : 산 이름.

2) 豆滿江 : 강 이름.

추모 남이장군

호령 일성에 엄동처럼 엄숙하니
천군 만장이 숙연하구나.

백두산 석은 칼을 갈아 없어지고
두만강 물은 말에게 먹여 다하는도다.

삭풍에 칼을 집고 성 머리에 섰으니
대장부 심경이 진중에 울리는도다.

남아 이십에 나라를 평정치 못하고 장군의 이 시의 평(平)
자를
득(得)자로 고쳐서 억울한 죽임을 당하고 마는구나.

✔ 해제(解題)

남이장군(南怡將軍)은 조선 초기의 무신으로 본관은 의령이며, 의산군(宜山君) 휘(暉)의 아들이고, 태종의 외손이며, 권람(權擥)의 사위이다.

선조 3년에 무과 장원을 하였으며, 이시애(李施愛)의 난에 우대장이 되어 이를 토벌하여 적개공신 1등에 이르고, 27세 젊은 나이에 병조판서가 되었다. 유자광(柳子光)이 이를 시기하여 장군이 지은 시 칠언절구의 셋째구인 남아이십미평국(男兒二十未平國)의 평자(平字) 한 자를 득(得)으로 고쳐서 장군에게 반역의 저의가 있다고 모함하고 반역죄로 몰아 끝내 주살되었다. 순조 18년에 관작이 복구되고 신원(伸寃)되었으며 시호가 문충(文忠)이다.

134. 松江祠 文清公鄭澈〔押韻虞〕

當亂松江宜思虞
당 란 송 강 의 사 우
地藏山麓一祠圖
지 장 산 록 일 사 도

讚忠擊濁若鷹虎
찬 충 격 탁 약 응 호
剛節敏聰如要樞
강 절 민 총 여 요 추

沙叟堂中龍夢醒
사 수 당 중 용 몽 성
河西階下會高儒
하 서 계 하 회 고 유

歌辭長短創功士
가 사 장 단 창 공 사
國學斯文爲丈夫
국 학 사 문 위 장 부

✔ 주(註)
1) 松江 : 송강 정철(鄭澈) 선생의 아호.
2) 地藏山 : 산명(山名), 송강사가 그 아래에 있다.
3) 環碧堂 : 사촌 김윤제(沙村金允悌) 사랑방 이름.
4) 河西 : 김인후 선생의 아호.

송강사 문청공 정철

임진왜란을 당하여 송강은 크게 나라를 걱정하였으니
지장산 아래 큰 사당은 그림같이 아름답구나.

충성을 찬미하여 부정과 맹호처럼 싸우고
강절민총하니 나라의 기둥이 되었도다.

사촌(沙村)은 환벽당중에 용꿈을 깨었으며
하서 선생 사랑에서 높은 선비 만났도다.

장단가사를 창작하여 그 이름은 빛났고
국문학과 유학에 모두 우뚝한 업적을 남겼도다.

▼ 해제(解題)

송강사(松江祠)는 충청북도 진천군 문백면 봉죽리에 있으며 송강 정철(松江鄭澈) 선생을 모신 사당이다. 공은 사람됨이 총명하고 충직하여, 속에 품은 마음을 말로 하지 아니하면 못 견디어, 사람들은 그를 수리와 같고 범과 같다고 평하였다고 한다. 직언을 참지 못하는 성격으로, 주위에 많은 적을 사게 되었다. 공의 선고 판관공이 을사사화로 영일 등지에 유배되었다가 명종 6년에 석방되어, 공은 판관공을 따라 나주로 내려가 그곳에서 하서 김인후(河西金麟厚) 선생을 만나, 그 문하에서 학문을 닦고 높은 선비와 교류하는 기회를 가졌다. 이보다 먼저 사촌 김윤제(沙村金允悌) 선생이 그의 사랑방 환벽당(環碧堂)에서 졸다가, 꿈에 자기 집 연못가에 청룡이 놀고 있어 놀라 꿈을 깨어, 그곳에서 한 소동을 발견하고 누구냐 묻자 정모라고 답하였으니, 그 뒤로 사촌의 문하에서 공부하여 등과하고 사촌의 외손서가 되었다는 일화가 전한다. 공은 학문이 깊고 한시에 능할 뿐 아니라 한글로 된 장단 가사에 능하여, 우리나라 국문학계에서 둘도 없는 큰 업적을 남겼다.

135. 古山子金正浩讚揚〔押韻眞〕

東國輿圖始寫眞
동 국 여 도 시 사 진
古山子也卓行珉
고 산 자 야 탁 행 민

朝鮮八道今逢閏
조 선 팔 도 금 봉 윤
震域千州又送春
진 역 천 주 우 송 춘

九食三旬茶飯事
구 식 삼 순 다 반 사
單衣兩歲豈難親
단 의 양 세 기 난 친

坊坊谷谷踏如麴
방 방 곡 곡 답 여 국
萬代榮譽青史彬
만 대 영 예 청 사 빈

▼ 주(註)

1) 古山子 : 김정호 선생의 아호.
2) 九食三旬 : 한 달에 9끼 밖에 못 먹는다. 가난함을 뜻함.
3) 單衣兩歲 : 2년에 옷 한 벌을 입다. 가난함을 뜻함.
4) 麴 : 누룩 국, 메주 국. 〔屋〕

고산자 김정호 찬양

동국의 지도를 처음 만든
고산자의 높은 업적 아름답구나.

조선 팔도 다니다가 금년에는 윤달 만나고
이 나라 천 고을을 밟고 다니다가 또 한 번 봄을 보내는도다.

삼순 구식은 다반사이니
단 벌 옷으로 두 해를 살기가 어찌 어렵다 할까보냐.

이 나라 방방곡곡을 메주 밟듯 하였으니
만 대의 영예는 청사에 빛나리로다.

✔ 해제(解題)

고산자 김정호(古山子金正浩)는 무명의 선비로 그의 친구 최한기(崔漢綺)가 아니었다면 그의 김정호라는 이름 석 자도, 후세에 전하지 못할 뻔 했다. 최한기는 김정호의 유일한 친구로서, 최한기는 천문을 맡고 김정호는 지리를 맡아서, 각기 그 목적을 달성하는 일에 매진하기로 상약하여, 최한기는 천문학에 관하여 삼백여 책의 저술을 남겼고, 김정호는 대동여지도(大東輿地圖) 22권과 대동지지(大東地誌) 15권의 큰 저작을 남겼다.

최한기가 대동여지도의 전신인 천구도(天球圖)의 제변(題辯)의 구절에, "나의 벗 김정호는 약관에서부터 지도 만드는 일에 깊은 뜻을 두었다."라고, 한데서 고산자의 성명이 김정호라는 것이 밝혀졌다. 대동여지도는 고산자가 전국방방곡곡을 스스로 밟고, 높은 산, 긴 강을 몇 번씩이나 밟고 다니며 실지를 측량하여 만든 도면인데, 우리나라에 근대식 실측도면이 생긴 후 대동여지도와 비교해보니, 조금도 어긋나지 않음을 보고 경탄하였다고 한다. 그는 당시 관헌의 눈을 피해 다니면서 가난을 무릅쓰고 이 큰 사업을 이룩하였다.

136. 遲川崔鳴吉墓〔押韻寒〕

寒露狼城時値寒
한 로 낭 성 시 치 한
西京大栗一墳玕
서 경 대 율 일 분 간

讚忠切切野風詠
찬 충 절 절 야 풍 영
頌德嚴嚴松籟歎
송 덕 엄 엄 송 뢰 탄

清蔭裂書專戰哭
청 음 열 서 전 전 곡
遲川拾片主和爛
지 천 습 편 주 화 란

嗚乎痛也三田辱
오 호 통 야 삼 전 욕
賢宰英名萬世冠
현 재 영 명 만 세 관

주(註)
1) 寒露 : 24절기의 하나, 10월에 드는 절기이다.
2) 狼城 : 청주의 고호.
3) 西京大栗 : 청주시 청원구 대율리를 이름.
4) 清蔭 : 김상헌의 호.
5) 遲川 : 최명길 선생의 호.

지천 최명길 묘

한로절 청주에 첫 추위 다가오니
청원구 대율리에 큰 무덤 아름답도다.

들바람 간절하게 공의 충성 찬양하여 노래 부르고
솔바람 엄숙하게 높은 덕을 찬송하여 탄식하는도다.

청음은 항서 찢으며 주전론 들어 통곡하고
지천은 찢어진 조각 주우며 주화론을 펴는도다.

오호 통재라, 삼전도의 치욕이여
어진 재상의 꽃다운 이름 만세의 으뜸일진저.

해제(解題)

지천 최명길 묘(遲川崔鳴吉墓)는 청주시 북이면 대율리에 있다. 공은 전주 최씨이고, 휘 명길(鳴吉)이며, 호는 지천(遲川), 시호는 문충(文忠)이다.
백사 이항복 문하에서 수학하여 생원시에 장원하여 성균관 전적이 되었다. 광해군 6년에 병조 좌랑으로 인조반정에 가담하여 정사공신 1등이 되었고, 완성부원군(完城府院君)에 봉해졌다. 이어 홍문관부제학, 사헌부대사헌, 예조판서, 양관 대제학을 겸임하였다. 병자호란 때 척화론이 팽배한 조정에서 홀로 강화론을 주장했다. 이조판서가 되어 12월 청군이 침입하여 인조와 남한산성으로 들어갔다. 정세가 기울어 인조가 청태조에게 항복하고자할 때 지천이 항복서를 인조에게 올리니, 김상헌이 항복문을 찢으며 통곡하였고, 조정엔 항복문서를 찢는 이도 있어야하고, 찢은 항서를 줍는 나 같은 자도 있어야한다고 했다니 시국의 명철한 현실감각이라고 후일 찬양된다. 그 후 우의정으로 국정을 안정시켜 좌의정을 거쳐 영의정에 올랐는데, 청에 사신으로 가서 명나라를 치기위한 징병요구를 거절하였다. 성리학과 문장이 뛰어났으며, 글씨가 동기창체에 능하였고, 저서로 『지천집』 19권이 있다.

137. 節齋金宗瑞墓〔押韻肴〕

追慕斯翁供酒肴
추 모 사 옹 공 주 효
國師峯下一墳虓
국 사 봉 하 일 분 효

嶺風遠渡盡忠哭
영 풍 원 도 진 충 곡
松籟長吹彰節謷
송 뢰 상 취 창 설 오

六鎭拓開防守艶
육 진 척 개 방 수 염
二乘編纂主關烋
이 승 편 찬 주 관 휴

興亡盛替人間事
흥 망 성 체 인 간 사
青史英名萬世詨
청 사 영 명 만 세 효

✓ 주(註)

1) 斯翁: 절재 김종서 장군을 가리킨다.
2) 六鎭: 두만강가의 경원(慶源), 경흥(慶興), 부령(富寧), 온성(穩城), 종성(鍾城), 회령(會寧)의 여섯 진(鎭)을 이름. 절재 장군이 설치하였다.
3) 二乘: 두 역사서적, 고려사절요와 세종실록을 이름.

절재 김종서 묘

절재 장군을 추모하며 술 한 잔 드리고자 그 묘소에 가니
국사봉 아래 큰 무덤에서 호랑이 우는 소리 나는구나.

영풍은 충성을 다하여 원통한 목숨 받쳤음을 통곡하고
송뢰는 크게 외쳐 공의 높은 절의를 기려 슬피우는도다.

육진을 개척하여 국방을 튼튼히 하였고
고려사절요와 세종실록의 편찬을 주관하였도다.

흥망성쇠는 인간세상 일이니
청사에 그 영명이 만세토록 찬양되리로다.

✓ 해제(解題)

절재선생묘(節齋先生墓)는 세종시 장군면 대교리에 있다. 공의 본관은 순천김씨 호는 절재(節齋)이다. 태종5년에 문과에 급제하여 상서원 직장을 지냈고, 여러 벼슬을 거쳐 황해도 경차관과 좌대언을 거쳐, 1443년에 함길도 도관찰사가 된 뒤 6진을 개척하여, 두만강 국경 확장에 큰 공을 세웠다. 1446년 의정부 우찬성과 예조판서를 겸하였으며, 충청도에 태안등지의 택보를 설정하였다. 다음해 우의정이 되어 세종실록 편찬 감수를 맡았고, 고려사절요를 편찬하였다. 단종 원년 좌의정으로 단종을 보필하다가 수양대군에게 살해되었다. 6진 개척으로 큰 공을 세우자, 그를 무장으로 알기 쉬우나 명철한 학자였으며 유능한 관료로 집현전 출신이 아님에도, 당시 최고의 집현전 학사를 지휘하여, 고려사를 편찬하는 책임을 맡았으며 세종실록의 편찬에도 책임관으로 임명되어 세종실록의 칠정산내외편등의 자료 정리를 하였으니, 그는 학문과 지략에 무인적 기상으로 대호라는 별명을 들었으며, 수양대군의 야망에 장애인물로 지목되어 계유정란에 제거되었다. 시호는 충익(忠翼)이며 장릉 배식단에 배향되었다.

138. 花石亭 栗谷李珥先生〔押韻尤〕

聖學東邦栗傳尤
성 학 동 방 율 부 우
臨津淨岸一亭㕤
임 진 정 안 일 정 구

檐端秀岳嚴嚴聳
첨 단 수 악 엄 엄 용
檻外長江滾滾流
함 외 장 강 곤 곤 류

震國三千儒脈統
진 국 삼 천 유 맥 통
豫言十萬養兵謳
예 언 십 만 양 병 구

時當兩亂斯歌的
시 당 양 란 사 가 적
仰慕巨師日月烋
앙 모 거 사 일 월 휴

주(註)
1) 栗傳 : 율곡 선생님을 이름.
2) 臨津 : 江名, 임진강.

화석정 율곡 이이 선생

율곡 선생님은 동방 유학 총수이시니
임진강 물가에 한 정자가 높더라.

처마 끝 높은 산은 엄엄하게 솟아있고
난간 밖 장강은 끊임없이 흐르는도다.

진국 삼천리 유맥을 통솔하시고
십만 양병을 예언 주장하시었도다.

때마침 두 차례 왜란을 당해서 그 예언이 적중하니
큰 스승을 우러러 일월처럼 아름다움이로다.

해제(解題)
화석정(花石亭)은 경기도 파주시 파평면 율곡촌에 있다. 율곡 이이 (栗谷李珥)선생의 정자이다.
율곡 선생이 여가가 날 때마다 이곳에서 시를 읊었고, 관직을 물러나서 이곳에서 제자들을 가르치던 곳이다.
율곡 선생의 십만양병설을 듣지 않은 선조가 임진왜란에 의주로 파천 가는 길에, 밤중에 임진강을 건널 때 이 정자를 태워 뱃길을 밝혔다는 이야기는, 지금까지도 전하여지고 있다.
선생은 동방의 유맥(儒脈)을 통솔하신 분이며 동방5현으로 문묘에 배향되었다.

第六部

加耶風韻

139. 首露王陵〔押韻東〕

肇國金官臨海東
조 국 금 관 임 해 동
祚王首露告蒼穹
조 왕 수 로 고 창 궁

如堯善治千年頌
여 요 선 치 천 년 송
若舜慈民萬里豊
약 순 자 민 만 리 풍

誠愛春宵花裡月
성 애 춘 소 화 리 월
偏憐夏日竹間風
편 련 하 일 죽 간 풍

天占與后樂天命
천 점 여 후 락 천 명
九子終身悲歎終
구 자 종 신 비 탄 종

✔ 주(註)

1) 金官: 금관가야를 이름.

2) 首露: 금관가야 시조 수로왕을 이름.

수로왕릉

금관가야국을 새로 세워 해동에 임하니
왕위에 오른 수로는 하늘에 고하였네.

요임금의 선치를 천년토록 기리고
순임금의 자애로 만리에 풍년일세.

봄 저녁에 꽃 속의 달을 사랑하고
여름 낮 대숲에 부는 바람을 아끼누나.

하늘이 정해주신 허황후 맞아 천명을 즐기고
아홉 아들이 종신을 하여 비탄 속에 가셨도다.

∀ 해제(解題)

수로왕릉(首露王陵)은 경상남도 김해시 서상동에 있다. 금관가야의 시조 왕릉으로, 사적 제73호, 원형토분으로 1580년 선조 13년에 허엽이 왕릉을 수축하여 상석, 석단, 능묘 등을 갖추었고, 1647년 능비를 세웠다. 능비에 가락국 수로왕릉(駕洛國首露王陵)이라 새겼다.

1884년 고종 21년에 숭선전(崇善殿)이라 사호(賜號)한 침묘(寢廟)를 개축하였으며, 안향각(安香閣), 신도비각(神道碑閣), 석양(石羊)을 설치하였다.

140. 神魚山〔押韻微〕

金海鎭山靈氣微
김 해 진 산 령 기 미
神魚峰下聖魚飛
신 어 봉 하 성 어 비

洛南正脉南端聳
낙 남 정 맥 남 단 용
洛水逶迤水口衛
닉 수 위 이 수 구 위

首露許妃陵寢地
수 로 허 비 릉 침 지
加耶諸國誕生圻
가 야 제 국 탄 생 기

嚴嚴凜凜威容赫
엄 엄 늠 름 위 용 혁
壯也英姿萬世輝
장 야 영 자 만 세 휘

✓ 주(註)

1) 洛南正脉: 낙동강 남쪽을 두르고 있는 산맥. 한반도 산맥의 13정맥 중 하나이다. 낙남정맥 남쪽 끝에 신어산이 솟아있다.

신어산

김해 진산에 영기가 어리는데
신어산하에서 신어 뛰어나왔네.

낙남정맥의 남단에 솟았고
낙동강 수구를 지키는 산이로다.

수로왕과 허왕비의 능침을 모신 곳이오
가야제국의 탄생신화 어린 땅이로세.

엄엄하고 늠름한 위용이 빛나니
장하도다 그 빼어난 모습 만세에 빛나리로다.

▿ 해제(解題)

신어산(神魚山)은 경상남도 김해시 상동면 삼방동에 있다.
높이 630m로 금관가야 시조 수로왕과, 허왕후의 신화가 어린 성산(聖山)이다. 신어(神魚)는 수로왕릉 정면에 새겨진 두 마리 물고기를 뜻하며, 인도 아유타국과 가락국의 상징이다. 선어산(仙魚山)이라고도 한다. 낙남정맥의 맨 끝에 위치하며, 낙동강 건너 낙동정맥의 여러 산들과 대치하고 있다.

141. 巴斯石塔〔押韻魚〕

洛水深淵躍聖魚
낙 수 심 연 약 성 어
神山南麓塔姿琚
신 산 남 록 탑 자 거

百年配匹震邦探
백 년 배 필 진 방 탐
萬里航程波浪沮
만 리 항 정 파 랑 저

新迎怡怡靈主樂
신 영 이 이 령 주 락
于歸嫋嫋貴妃譽
우 귀 요 요 귀 비 예

加耶肇國太平世
가 야 조 국 태 평 세
首許英名青史書
수 허 영 명 청 사 서

▼ 주(註)
1) 神山: 山名. 신어산.
2) 首許: 수로왕과 허황후를 이름.

파사석탑

낙동강 깊은 물에 성어는 뛰고
신어산하에 영탑은 아름답구나.

백년해로할 배필을 동방으로 찾을 제
만리 뱃길에 파도를 잠재웠도다.

신영은 기쁘고 기뻐 영주는 즐겁고
새 새댁은 곱고 고와 허황후는 자랑스럽도다.

가야가 나라를 세워 태평성세에
수로왕과 허왕후의 영명은 청사에 기록되리로다.

✔ 해제(解題)

파사석탑(巴斯石塔)은 경상남도 김해시 구산동 허왕후릉 앞에 있다. 가야시대의 석탑으로, 경상남도 문화재 자료 제227호로 지정되어 있으며, 아유타국의 허황옥(후에 수로왕비)이 인도에서 배타고 오실 때 파도를 가라앉게 하려고 배에 실어왔다는 탑으로, 이 전설로 인하여 뱃사람들이 탑돌을 떼어갔기 때문에 탑이 많이 훼손되어 있다. 우리나라에서는 보기 드문 돌(인도산?)로 만들어진 석탑이다.

142. 金海大成洞遺跡〔押韻虞〕

探史始初儂切虞
탐 사 시 초 농 절 우
大成洞裡古墳圖
대 성 동 리 고 분 도

東江水路繁商貿
동 강 수 로 번 상 무
南海航程數易途
남 해 항 정 삭 역 도

鐵斧鐵銜金飾具
철 부 철 함 금 식 구
土壺土器巴扇瑛
토 호 토 기 파 선 오

雲珠巨劍埋藏墓
운 주 거 검 매 장 묘
殉葬遺骸婢朽軀
순 장 유 해 비 후 구

片鋌而媒千里馳
편 정 이 매 천 리 치
巨財以積萬年軀
거 재 이 적 만 년 구

新羅倂合加耶去
신 라 병 합 가 야 거
人世興亡淚已枯
인 세 흥 망 루 이 고

김해 대성동 유적

탐사 시초에 나는 기쁘기 한이 없으니
대성동 고분이 그림처럼 아름답구나.

낙동강 물길로 장사를 잘하여 번창하고
남해 뱃길로 무역길이 자주 열렸도다.

쇠도끼 쇠재갈과 금동 장신구에
토호 토기 바람개비모양 동기가 아름답구나.

운주와 철검이 매장된 묘에서 나온
순장유해는 계집종의 것으로 추측되는도다.

철정을 매개로 천리를 달려 장사하여
큰 재산을 모아서 만년을 달리네.

신라가 병탄하여 가야는 갔으니
인세흥망에 눈물이 말랐구나.

▼ 주(註)

1) 東江: 낙동강을 이른다.
2) 南海: 海名. 남해
3) 殉葬: 순장은 죽은 사람을 위하여 살아있는 사람이나 동물을 죽은 사람과 함께 매장하는 장례행위를 통칭한다. 고대사회에서 왕이나 귀족이 죽었을 때, 노비나 추종하던 사람 혹은 동물을 왕이나 귀족의 묘에 함께 산 채로, 혹은 죽여서 매장하는 제도이다. 그런데 이와 같은 용어정의에는 흠모하고 존경하는 마음에서 스스로 목숨을 끊는 자순(自殉)과 자신의 의사와는 관계없이 타의에 의하여 강제적으로 죽음을 당하는 타순(他殉)의 두 가지로 나눌 수 있다. 이것은 하나의 장례풍습에 불과하지만 살아있는 사람을 강제로 다른 사람의 장사에 사용하는 순장은, 인간에 대한 강한 지배와 예속의 관계를 보여주는 것이다. 이러한 순장풍습은 세계적으로 볼 때 우리나라 뿐 아니라 이집트, 스키타이, 중국 등의 고대사회에서도 일반적으로 행하여졌으며 그 순장자의 수가 5,000명 이상이나 될 것이라고 한다.
   우리나라에서는 삼국지 위서 동이전 부여조에 순장에 대한 기록이 처음으로 보이는데, 부여에서는 많은 경우 순장당하는 사람이 100명 이상 되었다고 한다. 또 삼국사기 신라전 지증왕 3년조에 의하면 신라에서는 왕의 교시로 순장을 금하였다는 기록이 있어, 적어도 6세기 전반까지 우리나라에서도 순장이 유행하였음을 알 수 있다. 고분에서 강제적인 매장의 증거로는 부곽에 매장된 사람의 시신이 부장된 한쪽에 비틀려 있다던가, 순장곽에 매장된 두개골에 예리한 둔기들에 의한 구멍이 뚫려 있거나, 인골 유해에서 독약에 의해 살해된 증거가 나타나는 경우 등이 있다.
   옛날 가야에서 순장이 보편적으로 행하여지고 있었다는 사실이 가야고분에서 확인되는 대표적인 예는 김해 대성동고분 1호(5명), 8호(4명), 13호(3명), 부산 복정동고분 11호(4명), 22호(3명), 53호(3명) 함안 도항리고분 8호(6명), 34호(5명), 합천 옥전고분 m1호(3명), m3호(3명). 고령 지산리고분 44호(36명), 45호(12명), 30호(7명) 등이 대표적인 것이다.
4) 片鋌:: 철정(鐵鋌)을 가리킨다. 가야는 풍부한 철광석으로 철정(鐵

鋌)을 만들어 이것을 다른 나라에 팔고, 또한 이것이 화폐로서의 역할을 하였으니, 마치 오늘날의 지금(地金)과 같은 역할을 함으로써 가야는 철의 왕국으로 군림하여, 당시 세계 경제를 장악하고 있었다.

✔ 해제(解題)

김해 대성동 유적(金海大成洞遺跡)은 경상남도 김해시 대성동 434에 있다.

사적 제341호 문화재로 지정되었으며 금관가야시대 2~6세기의 여러 무덤 유적으로 밭을 갈다 유구(遺構)가 노출되어 발굴하였다. 1차에서 4세기~5세기 초 금관가야의 왕급 무덤 2기를, 2차에서는 다수의 왕후묘를 발굴하였다. 분묘는 덧널무덤, 널무덤 돌방무덤 독무덤 등 39기가 발굴되었다. 유물은 큰 동복(銅鍑) 기승용(騎乘用) 마구와 갑주, 쇠도끼, 장신구, 바람개비모양 동기, 편정(片鋌) 등이 출토되었다.

이 시는 칠언배율(七言排律)로 된 시이다. 율시는 한 수가 8구로 이루어져 있는데 배율시는 10구 이상의 찍수구로 된 율시이다. 이 시는 12구로 된 배율시이다.

중국 두보(杜甫)의 시에 배율시가 많고 또한 명작이 많다.

143. 大加耶主山城〔押韻灰〕

冬孟高靈景色灰
동 맹 고 령 경 색 회
耳山頂上主城恢
이 산 정 상 주 성 회

南東繞水圍垓固
남 동 요 수 위 해 고
西北連峰護堞傀
서 북 연 봉 호 첩 괴

家國安寧千里禦
가 국 안 녕 천 리 어
王宮危亂萬年晐
왕 궁 위 란 만 년 해

石墩內外重垣築
석 돈 내 외 중 원 축
偕樂與民淸興催
해 락 여 민 청 흥 최

주(註)

1) 耳山: 산 이름. 이산.

대가야 주산성

늦가을 고령에 경치는 잿빛인데
이산 정상에 주성은 크구나.

남동으로 낙동강물이 돌아 해자는 견고하고
서북에 봉우리 이어져 둘러싼 성이 위대하도다.

국가의 안녕을 위하여 천리 밖을 방어하고
왕궁의 위란을 만년토록 방어했도다.

석축 내외 성을 쌓았으니
백성과 더불어 즐거이 청홍을 재축하는도다.

▼ 해제(解題)

대가야 주산성(大加耶主山城)은 경상북도 고령군 대가야읍 중화리에 있다. 가야시대 산성으로 이산성(耳山城)이라고도 한다.
해발 311m. 주산(主山) 정상부와 능선에 쌓은 대가야의 토석혼축산성(土石混築山城)으로 내성과 외성으로 이루어져 있다. 내성의 성벽은 해발 270~290m의 9부 능선을 따라 긴 타원형으로 쌓았고, 외성은 내성의 남북 양끝 산 아래쪽 해발 160m정도의 6부 능선을 따라, 5각형에 가까운 모습으로 쌓았다. 정상에 주산성비(主山城碑)가 있다.

144. 高靈池山洞古墳群〔押韻眞〕

桂月靈川瑞氣眞
계 월 영 천 서 기 진
池山洞裡古墳珉
지 산 동 리 고 분 민

銅冠冠飾長壺艶
동 관 관 식 장 호 염
土器器臺馬具玟
토 기 기 대 마 구 민

石室骸男爲墓主
석 실 해 남 위 묘 주
木棺殉葬竟何人
목 관 순 장 경 하 인

加耶盛替世間事
가 야 성 체 세 간 사
花落花開秋又春
화 락 화 개 추 우 춘

▼ 주(註)

1) 桂月: 음력 8월의 별칭.

2) 靈川: 고령의 고호.

고령 지산동 고분군

8월 고령에 서기는 참인데
지산 동리에 고분이 아름답구나.

동관과 금동관 장식에 장경호가 고운데
토기와 토기대에 마구가 아름답구나.

석실에 남자 뼈는 과연 묘주의 것인듯
목관에 순장된 것은 필경 어느 사람일까?

대가야의 흥망도 인간세상 일이니
꽃이 지고 꽃이 피어 세월이 흘렀구나.

해제(解題)

고령 지산동 고분군(高靈池山洞古墳群)은 경상북도 고령군 대가야읍 지산리에 있다. 사적 제79호로 지산동 고분군에서는 대량의 토기와 함께 금동관, 갑옷 및 투구, 긴 칼, 꾸미개류가 출토되고 있어 4~6세기경에 축조된 대가야 지배계층의 무덤으로 추정되고 있다.
1976년 사적정화사업 때 외형이 확실하고, 비교적 큰 고분에 한해 일련번호를 매겨 현재 제72호분까지 정해져 있다.

145. 咸安末伊山古墳群〔押韻寒〕

冬晚咸安景色寒
동만함안경색한
探尋道項古墳玕
탐심도항고분간

金環耳飾長刀赫
금환이식장도혁
馬甲鐵銜土器爛
마갑철함토기란

奴隸主亡雖棄命
노예주망수기명
生身殉葬豈非嘆
생신순장기비탄

加耶失國人間事
가야실국인간사
碧海桑田忍淚看
벽해상전인루간

주(註)

1) 道項: 地名. 도항리.

함안 말이산 고분군

늦겨울 함안에 경색이 찬데
도항리 찾으니 고분이 곱구나.

금반지, 귀고리와 장도가 빛나고
마구, 재갈에 토기는 광채 나도다.

노예는 주인 죽음에 마땅히 목숨 버려야 하지만
산 몸 순장에 어찌 비탄치 않을까.

가야가 실국하는 것도 인간세상 일이지만
상전이 벽해 됨에 눈물을 참고 보는구나.

✔ 해제(解題)

함안 말이산 고분군(咸安末伊山古墳群)은 경상남도 함안군 가야읍 도항리에 있다.
도항리 유적은 아라가야의 고분군으로 사적 제84호로 지정되어있으며 이 고분군은 함안지역의 최고 지배자집단의 공동묘지로 비정된다. 함안의 높은 산줄기를 배경으로 하고 분지의 한가운데로 능선위에 대형 봉토분이 밀집되어있는 대표적인 가야지역 고분군이다.
출토유물은 와질(瓦質)의 쇠뿔손잡이항아리와 승석문항아리, 독모양 토기가 주종을 이루고 있다. 노비의 순장이 확인되었다.

146. 樂聖于勒讚頌〔押韻覃〕

雷若譽聲昌化覃
뢰 약 예 성 창 화 담
時方于勒彈琴甘
시 방 우 륵 탄 금 감

舞蛟紅首到龍座
무 교 홍 수 도 용 좌
嫠婦青衫沾涙啽
이 부 정 삼 첨 루 암

六二絃音千里響
육 이 현 음 천 리 향
四三美曲萬年馣
사 삼 미 곡 만 년 암

東邦樂聖斯名赫
동 방 악 성 사 명 혁
竹帛蒼蒼永世諵
죽 백 창 창 영 세 남

▽ 주(註)

1) 昌化: 충청북도 충주(忠州)의 고려시대 이름.

2) 嫠婦舞蛟: 소동파(蘇東坡)의 적벽부(赤壁賦)에 '무유확지잠고(舞幽壑之潛蛟) 읍고주지리부(泣孤舟之嫠婦)－'깊은 곳에 잠겨있는 교룡을 춤추게 하고 외로운 배에 탄 과부를 울린다.'라는 구절이 있다. 여기서는 우륵의 '가야금 소리가 듣는 자로 하여금 환희와 비창을 느끼게 할 수 있을 만큼 뛰어나다.'는 비유로 쓰였다.

악성 우륵 찬송

우뢰 같은 기리는 소리 들려 충주를 찾으니
때마침 우륵의 가야금 타는 소리 아름답구나.

춤추는 이무기의 붉은 머리 용좌에 이르렀고
과부의 푸른 소매는 감격의 눈물에 젖었네.

가야금 열두 줄의 아름다운 소리 천 리까지 울리고
우륵이 지은 십이 곡은 만년토록 향기롭도다.

동방 악성으로 그 이름 빛나니
청사에 길이길이 칭송하는 소리 끊이지 아니하리.

✔ 해제(解題)

악성 우륵 찬송(樂聖于勒讚頌) : 우륵은 대가야 가실왕의 명에 따라 가야국의 궁중 악사가 되어 예술을 통해, 혼란스러운 가야국의 정치적 통합을 꾀하고자 했던 악성(樂聖)이다. 그러나 조국이 멸망하자 신라로 투항하였고, 신라 진흥왕의 신임을 얻어 가야금곡을 궁중음악으로 삼아, 신라 음악의 발전을 이루어낸 인물이다. 우륵하면 가야금이 떠오른다. 우륵이 왕의 뜻을 받들어 12현금 즉 가야금을 만들었고, 악곡 12곡을 지었다고 삼국사기에 전한다. 또한 달천이 남한강에 합류하는 합수머리 안쪽에 솟은 곳에 우륵이 가야금을 타던 곳이라 하여 탄금대(彈琴臺)라 부르며 금휴포(琴休浦) 역시 그 고장이름이 우륵에게서 유래한 것이라고 한다.
가야금의 모양에서 위가 둥근 것은 하늘, 아래가 평평한 것은 땅을 상징하고, 가운데가 빈 것은 천지와 육합(六合)을 본받았고, 열두 개의 줄은 1년 12개월을 상징하였다.

147. 敬訪蘭溪朴堧先生墓〔押韻蕭〕

秋色蘭溪靈墓蕭
추 색 난 계 영 묘 소
高塘洞裡一封嶠
고 당 동 리 일 봉 교

音符調譜完全造
음 부 조 보 완 전 조
片磬亞箏創製璙
편 경 아 쟁 장 제 료

採錄古謠存保幸
채 록 고 요 존 보 행
整齊雅樂偉功姚
정 제 아 악 위 공 요

東邦律聖三雄卓
동 방 율 성 삼 웅 탁
文獻榮譽萬世翲
문 헌 영 예 만 세 표

주(註)

1) 蘭溪: 박연선생의 아호.
2) 高塘: 地名. 영동군 심천면 고당리.
3) 律聖三雄: 고구려의 왕산악(王山岳)선생과 신라의 우륵(于勒)선생, 조선조의 난계(蘭溪) 박연(朴堧)선생을 동방 세 악성으로 꼽는다.
4) 文獻: 난계선생의 시호.

경방 난계 박연선생 묘

난계 묘소 경방에 가을빛은 소슬한데
고당 동리에 한 무덤이 아름답구나.

악부와 악보를 완전하게 만들었고
편경과 아쟁을 새로 창제하였도다.

고가요를 채록 보존하니 다행한 일이요
아악을 정제하니 그 공이 아름답도다.

동방 세 분 악성으로 우뚝하시니
문헌공 그 영예가 만세토록 휘날리리로다.

✔ 해제(解題)

난계 박연선생묘(蘭溪朴堧先生墓) : 난계선생 묘는 충청북도 영동군 심천면 고당동에 있다. 박연선생(1378-1458)은 밀양인으로 자는 탄보(坦夫)요, 호는 난계(蘭溪), 시호는 문헌(文獻)이다. 영동(永同) 출생이다. 1405년 문과에 급제하여 집현전 교리를 거쳐 지평문학을 역임하다가 세종 즉위 후 악사(樂事)를 맡아보았다. 공은 고구려 왕산악(王山岳) 선생, 신라의 우륵(于勒) 선생과 더불어 동방 세 분의 악성(樂聖)의 한 분으로 꼽히는 분이다.

148. 仰慕梁文襄公 訥齋梁誠之〔押韻陽〕

歷仕六朝風敎良
역 사 육 조 풍 교 량
訥齋善治慕甘棠
눌 재 선 치 모 감 당

檀君崇祀始提議
단 군 숭 사 시 제 의
東史考修初主張
동 사 고 수 초 주 장

武廟開刱先奏請
무 묘 개 창 선 주 청
精兵養育特陳望
정 병 양 육 특 진 망

健陵設閣允公疏
건 릉 설 각 윤 공 소
御序親書遺集惶
어 서 친 서 유 집 황

▼ 주(註)

1) 六朝: 조선 세종조 부터 성종조까지의 6대 왕조를 이름.
2) 東史: 우리나라 역사.
3) 武廟: 무공이 높은 분의 사당. 문묘의대(對).
4) 健陵: 정조대왕을 이름. 정조 능호가 건릉이다.

앙모 양문양공 눌재 양성지

역대 여섯 왕조에 벼슬하여 풍교가 개량되니
눌재 치세에 백성은 공을 감당으로 사모하누나.

단군을 높이 받들 것을 처음으로 제의하였고
동국사를 연구할 것을 처음으로 주장하였네.

무묘 개창을 처음으로 주청하였고
정병 양성을 특히 진정하였다.

정조대왕은 600년 전의 공이 올린 상소를 가납(嘉納)하여
규장각을 만들었고
또한 정조대왕은 어서를 친서하여 유집을 간행케 하니 황공
하옵기 그 예가 없는 일이다.

✔ 해제(解題)

앙모 양문양공(仰慕梁文襄公) : 양성지(梁誠之, 1415(태종15)~1482(성종13)) 선생은 조선 전기의 학자, 문신. 자는 순부(純夫), 호는 눌재(訥齋) 또는 송파(松坡). 휘 성지, 남원인이다. 1441년(세종23) 을과로 급제하여 화직을 거쳐 집현전직제학 동지중추부사를 지내고 이조판서에 오르고 대사헌에 재직 중 오륜론을 지어 바쳤다. 세종조에서 부터 성종조까지 6조에 걸쳐 화직을 역임하는 동안 공로가 크고 후세의 거울이 되지 않음이 없으므로 세조는 양성지를 '해동의 제갈량'이라고 까지 칭찬하였다.
저서로 눌재집, 해동성씨록, 동국도경, 농잠서, 목축서, 유선서 등이 있다.
정조대왕은 600년 전에 올린 공의 상소에 따라 규장각을 만들었고, 공의 문집을 편제토록 명하여 그 서문을 친서하셨다. 묘하에 있는 대포(大浦)서원에 배향되었다.

149. 探訪與猶堂 茶山丁若鏞〔押韻眞〕

合水三江絶勝垠
합 수 삼 강 절 승 은
與猶堂裡爛漫春
여 유 당 리 란 만 춘

華城築造歎聲盡
화 성 축 조 탄 성 진
擧器良能驚駭眞
거 기 양 능 경 해 진

實學巨頭經世赫
실 학 거 두 경 세 혁
甘棠賢宰治州焞
감 당 현 재 치 주 돈

著書幾百牧書顯
저 서 기 백 목 서 현
西教收容天主臣
서 교 수 용 천 주 신

▽ 주(註)

1) 三江: 남한강, 북한강과 경안천을 이름.
2) 與猶堂: 정약용의 당호. 여유당이라 편액한 건물이 공의 거택에 있음.
3) 華城: 수원의 고호. 여기서는 수원성곽을 가리킴.
4) 擧器: 다산이 발명한 기중기를 이름.
5) 牧書: 목민심서를 이름.

탐방 여유당 다산 정약용

세 강물이 합류하는 절승 언덕에 있는
여유당 뜰에 봄빛이 찬란하도다.

화성 축조에 탄성 끝이 없고
거중기 두드러진 기능에 놀라움이 참되더라.

실학 거두로서 경세는 빛나고
어진 목민관으로 정치가 밝았도다.

수백 권 저서 중에 목민심서 두드러지고
서교를 수용하니 천주의 신하됨이로다.

▼ 해제(解題)

탐방 여유당(探訪與猶堂) : 여유당은 경기도 남양주시 조안면 능내리에 있으니, 다산 정약용선생의 거택이며 당호이기도 하다. 정약용선생은 1762(영조38)~ 1836(헌종2) 조선 후기의 실학자. 자는 미용(美鏞), 호는 다산(茶山) · 사암(俟菴)이다. 남인 가문출신이다. 서학을 신봉함을 이유로 장기간 유배생활을 하게 되고 그곳에서 학문을 연마하여 육경사서, 일표이서, 목민심서, 흠흠신서 등 모두 500여 권의 방대한 저술을 남겼고,. 이 저술을 통하여 조선 후기 실학사상을 집대성한 인물로 평가되고 있다.

150. 白帝城君臣別離〔押韻支〕

轎尋白帝碧霄時
교 심 백 제 벽 소 시
眺瞰瞿塘天下奇
조 감 구 당 천 하 기

危主龍顔歎萬仞
위 주 용 안 탄 만 인
武侯愁眼淚雙垂
무 후 수 안 누 쌍 수

相看執手俱怊悵
상 간 집 수 구 초 창
重託遺孤永別離
중 탁 유 고 영 별 리

可惜出師亡五丈
가 석 출 사 망 오 장
君臣泉裏斷腸詩
군 신 천 리 단 장 시

주(註)

1) 白帝: 백제성을 가리킴. 백제성은 중국 중경시 양자강 좌안에 있는 고성의 이름이다.
2) 瞿塘: 구당협. 백제성 하류 양자강의 절승지 협곡의 이름.
3) 武侯: 제갈량을 이름.
4) 五丈: 地名. 오장원(五丈原)을 이름. 이곳에서 제갈량이 촉군을 지휘하여 위군(魏軍)과 싸우다가 병사하였다.

백제성 군신별리

해돋는 새벽에 교자타고 백제성 찾으니
구당협의 천하 절경이 내려다보이네.

위독한 유비의 용안에 만 길 탄식이 보이고
제갈무후 근심스런 눈에 두 줄기 눈물 흐르는도다.

마주보며 손잡고 같이 슬퍼하니
어린 아들을 거듭 부탁하며 영 이별하는도다.

애석타 출사하였으나 오장원에서 죽으니
군신이 저승에서 장차 단장시를 읊으리로다.

▼ 해제(解題)

백제성 군신별리(白帝城君臣別離) : 백제성은 중국 충칭시에 있는 고성으로 전한(前漢) 말에 군웅의 한사람이던 공손 술(公孫述)이 이곳에 성을 쌓았는데 이때 성안의 우물에서 백룡이 나오는 것을 보고 한나라의 명운을 자신이 이어받게 되었다고, 자기를 백제(白帝)라 하고 그 성을 백제성이라 이름 붙였다고 한다. 양자강 중류에 있는 천하절승지인 동시에 교통, 군사적 요충지이다. 유비가 이 성에서 운명할 때 제갈량에게 그 아들을 맡아 한나라를 다시 이룩해 달라는 눈물겨운 장면이 있던 곳이다. 이곳에는 유비, 제갈량 등을 제사지낸 묘당이 있고, 이백, 두보도 백제성을 시제로 읊은 시를 지어 역사와 전설로 가득 찬 성으로서 유명하다.
2018년 4월 일, 시우 몇몇이 이곳을 찾았다.

151. 追慕尹瓘將軍〔押韻尤〕

探史坡州文肅謳
탐 사 파 주 문 숙 구
誠忠義烈思悠悠
성 충 의 열 사 유 유

三三城下尹師錄
삼 삼 성 하 윤 사 록
七百里隈疆界搜
칠 백 리 외 강 계 수

奪堞返還榮爵削
탈 첩 반 환 영 작 삭
將軍痛恨幾時休
장 군 통 한 기 시 휴

卿徵上柱侍中恍
경 징 상 주 시 중 황
睿廟享陪千世烋
예 묘 향 배 천 세 휴

▼ 주(註)

1) 文肅: 윤관장군의 시호.
2) 三三城: 9성(九城)을 이름. 두만강 연안의 함주, 영주, 웅주, 복주, 길주, 공험주, 숙녕, 동해, 진당의 아홉 성을 이른다.
3) 上柱: 벼슬 이름. 상주국.
4) 侍中: 벼슬 이름. 지금의 국무총리.
5) 睿廟: 종묘에 있는 예종임금의 사당.

윤관장군을 추모함

탐사차 파주에 가 문숙공 윤관장군을 기리니
윤관장군의 성충의열에 사모의 정이 간절하구나.

아홉 성 다시 찾아 그 성 아래에 윤장군 이름 새겨놓고
두만강변 칠백리의 옛 경계 찾았도다.

여진이 돌려달라매 빼앗은 성 반환하고 공의 영작 삭탈하니
장군 원통한 한은 어느 때에나 가실 것인가?

정승으로 불러 상주국에 시중 삼으시니 황공하옵고
예종 묘정에 배향되니 천세토록 아름다우리로다.

✔ 해제(解題)

추모 윤관장군(追慕尹瓘將軍) : 윤관장군(1019~1083)은 고려 문종 때 명신이요 명장인데, 본관이 파평으로 자 동현(同玄), 시호는 문숙(文肅)이다. 문종 때 문과에 급제하여 벼슬이 문하시중, 상서이부판서, 군국중시사가 되었다. 여진이 두만강변 9성을 침략하여 이를 물리치고 9성을 회복하였다. 그러나 여진이 9성의 환부를 요청하며 강화를 요청하자, 조정은 9성을 여진에게 돌려주었다. 정세가 바뀌자 억울하게도 여진정벌의 실패를 이유로 공의 벼슬을 빼앗고, 공신호마저 삭탈되었으나 예종의 비호로 1110년 병부판서, 상주국, 감수국사, 문하시중이 되었다. 그러나 참기 어려운 지난 일에 생긴 화병은 이미 기울어 그해 섣달 하세하였으니, 고려는 아까운 큰 재목을 잃고 말았다. 오호 통재라 문숙공이시여! 예종의 묘정에 배향되었다.

152. 吾生回顧〔押韻陽〕

向百生平風又霜
향 백 생 평 풍 우 상
回思過去感無量
회 사 과 거 감 무 량

幸還樂樂朔胡地
행 환 낙 락 삭 호 지
選拔僅僅翰墨場
선 발 근 근 한 묵 장

賢配獻身成戊屋
현 배 헌 신 성 무 옥
親閭滋愛滿池塘
친 려 자 애 만 지 당

五奴子女可爲福
오 노 자 녀 가 위 복
加一十孫孫勢揚
가 일 십 손 손 세 양

▼ 주(註)
1) 向百: 백세를 바라본다는 뜻.
2) 戊屋: 큰 집안.

오생 회고

백세 가까운 평생에 많은 풍상 겪었네.
옛 일을 회상하니 감개무량하구나.

요행히 호지에서 살아 돌아왔고
겨우겨우 한묵장에서 뽑히기도 하였지.

어진 아내 들어와 큰 집안 일궈주고
부모 양위분 자애는 지당에 넘치셨도다.

자녀 다섯 놈 두니 복 받았다할 것이요
열한 손자녀 두니 손세 올랐다 할 만하네.

▼ 해제(解題)

오생 회고(吾生回顧)는 2018년 3월 29일, 당년 97세 때 지었다.

153. 都城春望 〔押韻先〕

崇禮門頭春色憐
승 례 문 두 춘 색 연
漢陽城裡五更天
한 양 성 리 오 경 천

紅桃灼灼朝含露
홍 도 작 작 조 함 로
綠柳依依暮帶煙
녹 유 의 의 모 대 연

勸酒彈琴詩友會
권 주 탄 금 시 우 회
賞花詠韻曲流筵
상 화 영 운 곡 류 연

老騷覓句望題塞
노 소 멱 구 망 제 색
可訴少陵勳洞邊
가 소 소 릉 훈 동 변

▼ 주(註)

1) 覓: 찾을 멱.

2) 少陵: 소릉 야로(少陵野老). 두보(杜甫)는 그의 시 애강두(哀江頭)에서 스스로 이같이 자호(自號)하였다. 소릉은 두보의 아호이다.

3) 勳洞: 서울 종로구 관훈동의 옛 이름.

서울의 봄 경치

숭례문 근처에 봄빛이 아름다운데
한양 성안에 새날이 밝았구나.

홍도는 작작하여 아침이슬 머금었고
푸른 버들은 휘늘어져 저녁연기 띄었도다.

술 권하고 가야금을 타면서 벗과 회동하니
상화 영시에 유상곡수연 벌였도다.

노시인은 춘망시에서 싯구 찾다 막혔으니
훈동 언저리에서 두보(杜少陵)에게 호소할까보다.

▼ 해제(解題)
도성춘망(都城春望)은 2018년 3월 27일 한국한시학당에서 지었다.

154. 追慕謝臥亭全信忠節〔押韻尤〕

百五江都謝臥謳
백 오 강 도 사 와 구
雰雰花雪戀思悠
분 분 화 설 연 사 유

濤聲萬里頌忠艶
도 성 만 리 송 충 염
海鳥千年歌義休
해 조 천 년 가 의 휴

方效唐虞巢父節
방 효 당 우 소 부 절
歎稱文武伯夷儔
탄 칭 문 무 백 이 주

不湌李食慕王志
불 손 이 식 모 왕 지
青史英名長久烋
청 사 영 명 장 구 휴

주(註)

1) 江都: 강화의 별칭.
2) 唐虞: 요순(堯舜)을 이름.
3) 巢父: 요(堯)임금 때 소부와 허유(許由)가 임금의 자리를 물려받으라는 왕명을 마다하고 기산(箕山)에 숨어 나오지 아니하였다.
4) 文武: 주(周)나라 문왕과 무왕을 이름.
5) 伯夷: 은(殷)나라 고죽군(孤竹君)의 아들. 아우인 숙제(叔齊)와 나라를 양보하다가 은나라 주왕(紂王)을 치려고 하는 주무왕(周武王)을 간(諫)하여 벼슬을 마다하고 산에 들어가 고사리를 먹다가 굶어죽었다.

사와정 전신의 충절을 추모함

한식날 강화에서 사와공을 노래하니
분분한 꽃눈 속에서 멀리 공을 그리는구나.

파도소리 만 리에 공의 충성을 기려 곱고
해조는 천년토록 공의 절의를 노래하여 아름답도다.

대왕은 요순의 성덕을 본받으소서. 소신 소부의 절의를 지키겠나이다.
탄식하여 문무왕 때의 백이를 닮았다 칭찬하더라.

이조의 녹을 안 먹고 왕씨를 그리는 뜻이니
청사에 꽃다운 이름 길이 아름답게 기록되리로다.

✔ 해제(解題)

추모 사와정 충절(追慕謝臥亭忠節) : 사와정(謝臥亭) 전신(全信)의 사당과 묘는 인천광역시 강화군 양도면 인산리에 있다.

공은 성주인이며 사와정은 그의 호이다. 공은 학행이 뛰어나 화직에 발탁되었고 병부상서에 올랐다. 임신변역에 강화에 은거하였는데 방원이 왕위에 오른 후 공을 찾아와 벼슬을 주고자 하였으나 공은 "전하께서는 요순(堯舜)과 같은 임금이 되소서. 노신은 소부(巢父)의 절의를 지키겠나이다." 하니 태종이 가로되 "문왕(文王) 무왕(武王) 때 백이를 닮았구나."라고 하면서 돌아갔다 한다.

155. 仁守堂朴姒熙女史追慕詩〔押韻先〕

灼灼其華發百年
작 작 기 화 발 백 년

于歸張氏孝誠全
우 귀 장 씨 효 성 전

旗風讚頌侍君敬
기 풍 찬 송 시 군 경

洌籟彰歌色養虔
열 뢰 창 가 색 양 건

奉祭接賓宜合聖
봉 제 접 빈 의 합 성

守門敎子使隨賢
수 문 교 자 사 수 현

振振後裔是餘慶
진 진 후 예 시 여 경

赫赫英名千歲連
혁 혁 영 명 천 세 연

▿ 주(註)

1) 旗風: 旗峯에서 부는 바람. 居里 東北方에 있는 山 이름.

2) 洌籟: 漢江의 여울소리. 居里 西南方에 한강이 흐른다. 洌자는 한강의 異稱.

인수당 박사희 여사 추모시

빛나는 꽃처럼 인수당이 태어난 지 백년인데
장씨 집안으로 시집가서 효성을 다하였네.

기봉에서 부는 바람은 남편을 공경함을 찬송하고
한강 여울소리는 시부모 봉양을 정성껏 함을 기리로다.

봉제사 접빈객을 성현의 말씀 따라하고
수문교자를 성현의 가르침에 따라 하였도다.

훌륭한 후손이 많이 나옴은 적선의 여경이리니
빛나는 꽃다운 이름 천세토록 길이 이어지리로다.

✔ 해제(解題)

인수당 박사희 여사 추모시(仁守堂朴姒熙女史追慕詩)는 동시 발간위원회의 시 모집에 응모하여 지은 것이다.

156. 雪雲齋 藥峰徐渻〔押韻豪〕

冬晚江山意氣豪
동 만 강 산 의 기 호
抱川深谷一齋高
포 천 심 곡 일 재 고

文人石像首望固
문 인 석 상 수 망 고
神道碑銘神筆操
신 도 비 명 신 필 조

嚴父早傷庭訓缺
엄 부 조 상 정 훈 결
慈親賢哲愛孤褒
자 친 현 철 애 고 포

藥峯藥食由斯母
약 봉 약 식 유 사 모
忠肅英聲萬里嘷
충 숙 영 성 만 리 호

주(註)

1) 忠肅 : 서약봉선생의 시호.

설운재 약봉 서성

늦겨울 강산에 의기가 호걸찬데
포천 깊은 골에 한 재실은 높구나.

문인석상의 제일가는 문장 명망은 견고하고
신도비명의 신필은 재주를 자랑하는도다.

아버지는 일찍 돌아가서 정훈을 받지 못하였으나
어머니는 현철하여 어린 아들 사랑으로 길렀도다.

서울 만리재 고개가 약현으로 불리는 것과 약식, 약과라는
이름은 이 어미로 인하여 생긴 이름이니
충숙공의 명성은 만리의 부르짖음이로다.

✔ 해제(解題)

설운재(雪雲齋)는 경기도 포천시 포천읍 설운리에 있다. 서약봉(徐藥峯)공을 추모하는 곳이다. 공의 휘는 성(渻)이요 자는 현기(玄紀), 대구(大邱)인이다. 공이 탄생한 다음해에 부친이 23세로 별세하셨다. 공이 3살 때에 한양으로 옮겨 29세에 문과하여 좋은 직책을 거쳐 예조판서에 이르렀다. 인종 9년에 돌아가니 향년 74세였다. 대광보국숭록대부, 의정부 영의정을 증직 받았다. 시호는 충숙(忠肅)이다. 공의 어머니는 어려서 실명하여 공을 훌륭하게 훈육하였으며, 약자가 들어가는 음식을 탄생시켜 약식, 약과, 약주의 이름을 전해지게 하였고, 지명 또한 약현으로 전해지며 공의 호(號) 역시 약현이라는 지명에서 따온 것이다. 약봉의 어머니는 사임당 신씨와 더불어 조선시대의 어진 어머니〔賢母〕로 존경을 받고 있다.

157. 大鐘川〔押韻青〕

泰月月城天碧青
태 월 월 성 천 벽 청
吐含山下一河玲
토 함 산 하 일 하 영

鐘川鐘海往來魄
종 천 종 해 왕 래 백
護國護民堅拒靈
호 국 호 민 견 거 령

蒙奪黃鏞江絶走
몽 탈 황 용 강 절 주
倭藏感鏄震雷扃
왜 장 감 박 진 뇌 경

大王恩塔救危達
대 왕 은 탑 구 위 달
遠渡斯聲何處馨
원 도 사 성 하 처 형

▿ 주(註)

1) 泰月: 음력 정월의 별칭.
2) 月城: 경주의 고호.
3) 黃鏞: 황용사 종.
4) 感鏄: 감은사 종.
5) 大王: 문무대왕.
6) 恩塔: 감은사 탑.

대종천

정월 경주에 하늘은 푸르른 데
토함산 아래 한 시내 아름답구나.

종천과 종해를 오고가는 혼백이
호국 호민하여 굳게 항거한 신령이로다.

황용사 종을 탈취하려는 몽고병을 이 강이 끊어짐으로서 막았고
감은사 종을 숨긴 왜구의 배를 벼락이 때려 침몰시켰네.

문무대왕과 감은사 고탑이 위급을 구하였고
멀리 종소리 울리니 이 소리는 어디에서 울려오는 것일까?

✔ 해제(解題)

대종천(大鐘川)은 토함산의 물줄기와 함월산의 물줄기가 만나서 대왕암이 있는 동해로 흘러간다. 황룡사 대종이 지나갔다고 하여 대종천이라 부르게 되었다. 고려 고종 25년 몽고 난 때 문무왕 화신인 호국용은 몽고병들이 황용사 큰 종을 내가도록 두지 않았다. 임란에 왜구가 감은사종을 훔쳐가려고 배에 실은 다음 배가 대종천에 뜨자 갑자기 폭풍이 일어 배를 침몰시켜 종도 바다 밑에 가라앉았다. 지금도 이 근처에 멀리서 어디선지 종소리가 들리는데 그것이 대종천 또는 동해에 빠진 황용사와 감은사의 종소리라고 전해지고 있다.

158. 朴木月生家〔押韻覃〕

春爛月城栗洞覃
춘 란 월 성 율 동 담

石峯北麓古家甘
석 봉 북 록 고 가 감

嶺風颯颯頌金北
영 풍 삽 삽 송 김 북

灘籟潺潺歌朴南
탄 뢰 잔 잔 가 박 남

失意孤民嘉賦慰
실 의 고 민 가 부 위

落心百姓艶詩酖
낙 심 백 성 염 시 탐

東邦首稱美詞客
동 방 수 칭 미 사 객

青史斯名長久含
청 사 사 명 장 구 함

주(註)

1) 月城 : 경주의 고호.
2) 石峯 : 斷石山을 이름.
3) 金北 : 北의 金素月.
4) 朴南 : 南의 朴木月.

박목월 생가

봄빛이 찬란한 경주 율동에 이르니
단석산 북쪽 기슭에 박목월 생가가 아름답구나.

산에서 부는 바람 살랑거리며 북에는 김소월이 제일이라 하고
개울물은 졸졸 흘러서 남쪽에는 박목월이 제일이라고 노래하는구나.

실의에 빠진 외로운 백성은 아름다운 시로서 위로를 받고
낙심한 어린 백성은 꽃다운 시를 탐하는도다.

동방에 제일가는 고운 시를 짓는 박목월은
청사에 큰 이름을 오래도록 남기리로다.

✔ 해제(解題)

박목월 생가(朴木月生家)는 경상북도 경주시 건천읍 모량리 율동에 있다. 박목월은 1915년 출생하여 중학교 때 <신가정>지에 제비맞이 글이 실리면서 문학적 재질을 인정받았다. 목월의 호는 수주(樹州). 변영로의 호 중 樹에 포함된 목(木)과 김소월의 월(月)을 따서 지은 것이라 한다. 1963년 한양대 국문과교수, 한양대 문리대학장을 지냈으며, 국민훈장모란장을 수상하였다. 조지훈, 박두진과 함께 청록집을 냈다. <청노루>, <윤사월>, <나그네>, <그리움> 등 모두가 즐겨 읽는 아름다운 시로 이름난 국민시인이다. 1978년 영면, 용인 모란공원에 안장되었다.

159. 傳燈寺－敬次牧隱古韻〔押韻庚〕

綠蔭江都嵐氣清
녹 음 강 도 람 기 청
傳燈寺裏觀燈行
전 등 사 리 관 등 행

檐端遠岫蒼雲發
첨 단 원 수 창 운 발
檻外長天紫靄生
함 외 장 천 자 애 생

波浪萬尋檀祖塹
파 랑 만 심 단 조 참
海風千里諸郎城
해 풍 천 리 제 랑 성

胡侵保國大經造
호 침 보 국 대 경 조
麗史遙思傷客情
여 사 요 사 상 객 정

▼ 주(註)

1) 檀祖塹: 강화 마니산(摩尼山, 472m) 정상에 단군 왕검께서 참성단(塹城壇)을 쌓은 것으로 전한다.

2) 諸郎城: 정족산성(鼎足山城)을 이름. 단군의 세 아들이 쌓았다고 전한다.

3) 大經造: 강화에 피난 온 고려왕조가 몽고 난에 나라를 지켜줄 것을 빌어 팔만대장경(八萬大藏經, 국보 제32호, 해인사에 보존)을 조성하였다.

전등사 - 목은고운을 경차하다

녹음이 짙은 강화에 산기운이 맑은데
전등사 안 연등행렬이 볼만하도다.

처마 끝 먼 산엔 푸른 구름이 일고
난간 밖 높은 하늘엔 붉은 아지랑이 끼었네.

파도 만 길에 단군의 참성단 있고
해풍 천 리엔 삼랑의 성이로다.

호란에 호국하려 대장경을 만들었고
고려사를 생각하니 나그네 마음이 상하는구나.

▼ 해제(解題)

전등사(傳燈寺)는 인천광역시 강화군 길상면 길상산에 있다. 원나라 지원(至元) 19년(1282)에 충렬왕의 원비(元妃) 정화궁주(貞和宮主) 왕씨가 중인 인기(印奇)에게 부탁하여, 바다를 건너 송나라에 들어가 대장경을 인쇄해와 이 절에 보관했으며 옥등을 시주했다고 한다. (신증동국여지승람)
나는 2018년 5월 10일 한시학당 시우들과 이 절을 찾았다.

160. 威化島覽古〔押韻灰〕

威化回軍犯過恢
위 화 회 군 범 과 회
遼東收復大望隤
요 동 수 복 대 망 퇴

淚潸鴨綠失疆泣
누 산 압 록 실 강 읍
震怒白頭亡國哀
진 노 백 두 망 국 애

萬里舊邦天渺際
만 리 구 방 천 묘 제
千年故土地茫垓
천 년 고 토 지 망 해

先王馳馬廣邊境
선 왕 치 마 광 변 경
麗域遙瞭長久欸
여 역 요 료 장 구 애

▽ 주(註)

1) 威化: 위화도를 이름.
2) 遼東: 地名. 중국 동북 요령성, 길림성 일대 요하의 동쪽지방을 이름. 요동 오천리가 옛 고구려 고토이다.
3) 麗域: 고구려 강역.
4) 欸: 歎也, 탄식할 애.〔灰〕

위화도람고

위화도 회군의 잘못됨이 크다는 것은
요동 수복의 대망이 무너졌기 때문이다.

눈물 흘리는 압록강은 고구려 옛 땅의 망실을 통곡하는데
진노하는 백두산은 고구려 망국을 애통해 하는도다.

만 리 옛 나라는 아득한 하늘 끝까지이고
천 년 고토는 멀리 땅 끝까지로다.

선왕이 말 달려 변경을 넓혔으니
고구려 옛 땅을 바라보며 오랜 탄식에 잠겨있도다.

해제(解題)

위화도람고(威化島覽古) : 위화도는 평안북도 신의주시 상단리와 하단리에 걸쳐져 있으며 압록강 가운데에 있는 섬으로, 면적 11.2평방km, 길이 9km, 평균너비 1.4km로 해안선 길이 21km이다. 압록강이 운반한 토사의 퇴적으로 이루어진 섬으로 고려시대에는 대마도(大麻島)라 하여 국방상 요지였다. 1388년 요동정벌 때 우군통도사 이성계가 이곳에서 정벌군의 회군을 자행하여 조선을 여는 역사적 계기를 이룩한 곳이다.

지난해에 같은 제목의 시(오남한시 5집 진사람고 272면)를 퇴고(推敲)하다가 뜻에 차지 않아서 환운 개작(換韻改作) 하였다.

161. 光復七十周年所感〔押韻支〕

三紀失權光復時
삼 기 실 권 광 복 시
損軀先烈盡忠思
손 구 선 열 진 충 사

我天我地我文奪
아 천 아 지 아 문 탈
吾庶吾疆吾主知
오 서 오 강 오 주 지

四海平和前導震
사 해 평 화 전 도 진
兆民弘益播敷基
조 민 홍 익 파 부 기

統韓偉業幾乎達
통 한 위 업 기 호 달
南北歡呼萬世熙
남 북 환 호 만 세 희

▼ 주(註)

1) 紀: 실마리 기. 열두 해를 기(紀)라 한다. 삼기(三紀)는 36년간을 이른다.〔支〕

광복 70주년 소감

삼십육 년 잃었던 주권을 되찾은 그때
목숨 바친 선열의 붉은 충성 생각하였지.

내 하늘 내 땅에 내 한글을 되찾아서
우리 백성 우리 강토를 우리가 주인되어 다스릴 지로다.

사해평화를 동방 이 나라가 선도하여
억조창생에게 홍익인간을 널리 베푸는 도다.

통한위업을 기필코 이룩해서
남북이 환호하며 천만세토록 화목하오리.

✔ 해제(解題)
광복 70주년(光復七十周年)은 2015년 8월 15일 이날이다. 그간 순국선열이 목숨을 바쳤고, 우리 강토와 백성과 문화를 되찾았으나 남북이 까닭 없이 분단되었으니, 어느 날에나 통일이 될 것인고?!

162. 樹州作論介詩試譯〔押韻眞〕

凱宴晉城誓死辰
개 연 진 성 서 사 신
矗樓殉節懿貞眞
촉 루 순 절 의 정 진

江風萬里悲華貌
강 풍 만 리 비 화 모
山鳥千秋哭美人
산 조 천 추 곡 미 인

忠志紅於罌粟艶
충 지 홍 어 앵 속 염
義流碧也豆藍贇
의 류 벽 야 두 람 빈

英名竹帛煌煌錄
영 명 죽 백 황 황 록
日月爭光鮮血新
일 월 쟁 광 선 혈 신

▼ 주(註)
1) 樹州: 시인 변영로(卞榮魯)선생의 아호.
2) 晉城: 진주의 고호. 여기서는 진주성을 뜻하는 표현으로 쓰였다.
3) 矗樓: 촉석루를 이름.

수주 변영로선생 작 논개시를 한시로 고쳐보다

진주성 개선연에서 죽기로 맹서한 날
촉석루 순절에 그대의 정열(貞烈)이 빛나는 도다.

강풍은 만리에 고운 모습 슬퍼하고
산새는 천년토록 아름다운 여인을 곡하는구나.

양귀비 꽃보다도 붉은 충절은
강낭콩 꽃보다 푸른 강물에 흐르는구려.

꽃다운 그 이름 청사에 길이 빛나고
해와 달보다도 빛나는 그대의 붉은 피는 만년에 새로우리라.

✔ 해제(解題)

수주작 논개시(樹州作論介詩)는 다음과 같다.

1. 거룩한 분노는 / 종교 보다도 깊고 / 불붙는 정열은 / 사랑보다도 강하다. / 아, 강낭콩 꽃보다도 더 푸른 / 그 물결 위에 / 양귀비꽃보다도 더 붉은 / 그 마음 흘러라.
2. 아리땁던 그 아미 / 높게 흔들리우며 / 그 석류속 같은 입술 / 죽음을 입마추었네. / 아, 강낭콩 꽃보다도 더 푸른 / 그 물결 위에 / 양귀비꽃보다도 더 붉은 / 그 마음 흘러라.
3. 흐르는 강물은 / 길이길이 푸르리니 / 그대의 꽃다운 혼 / 어이 아니 붉으랴. / 아, 강낭콩 꽃보다도 더 푸른 / 그 물결 위에 / 양귀비꽃보다도 더 붉은 / 그 마음 흘러라.

163. 回婚七十二週年〔押韻先〕

八九周婚塵世聯
팔 구 주 혼 진 세 련
丹裝少婦耄皴憐
단 장 소 부 모 준 련

倭兵被集絶呼斷
왜 병 피 집 절 호 단
祖國解繩胡地還
조 국 해 승 호 지 환

祈斗井華辰影照
기 두 정 화 진 영 조
生歸登譽惠光天
생 귀 등 예 혜 광 천

二男三女十孫一
이 남 삼 녀 십 손 일
降福無窮偕老邊
강 복 무 궁 해 로 변

▼ 주(註)

1) 八九: 七十二年을 이름.
2) 皴: 주름 준.〔眞〕
3) 胡地: 중국을 이름.
4) 井華: 정화수(井華水)를 이름. 자정(子正, 밤 열두시 정각)에 길은 우물물. 기도할 때 씀.

회혼 72주년

결혼한 지 72년 풍진세상을 사느라
고왔던 그 얼굴에 구십 늙은 주름살 애처롭구나.

일군으로 징집되니 이별 역두에 절규가 끊어지고
조국이 해방되어 호지에서 돌아왔네.

정화수 올리고 북두칠성에 기원할 제 별 그림자 비치고
생환과 등과의 영광을 얻었도다.

이남삼녀 잘 길러 열한 손자녀 얻었고
강복이 무궁하사 해로하고 있도다.

▼ 해제(解題)

회혼 72주년(回婚七十二週年), 2015년 4월 20일이 나와 내 아내 연일정씨와의 결혼 72주년 기념일이다. 살구꽃이 곱게 핀 개울가를 가마에 타고 장가가서 새댁 얼굴을 초례청에서 처음으로 보았다. 풍진 세상을 살면서 두 사람 다 깊은 주름살이 얼굴에 박혔다. 그 고락의 하나하나를 어찌 낱낱이 헤아릴까 보냐. 그러나 내 아내는 어려운 일을 당할 때마다 하루도 빠짐없이 장독대에 정화수를 떠놓고 밤을 새워 비는 착하고 순진한 사람이다. 그 영험에서인가 어렵게 사지에서 살아 돌아왔고 소망하는 일을 해내기도 하였다. 그는 장독대에 무릎 꿇고 빌 때 자기와 대화하는 자기의 별이 있어 그 별이 모든 소망을 들어주었다고 말한다. 할머니가 손자에게 들려주던 옛날이야기 같은 내가 겪은 지금 세상이야기의 한 토막이다.

164. 慶祝開天節〔押韻先〕

啓闢悠悠半萬年
계 벽 유 유 반 만 년
率民神市始開天
솔 민 신 시 시 개 천

檀君下降靈峯上
단 군 하 강 영 봉 상
肇國韓人理化先
조 국 한 인 이 화 선

外患平難生達將
외 환 평 난 생 달 장
內虞靖亂出良賢
내 우 정 란 출 량 현

嗚呼白衣震邦晄
오 호 백 의 진 방 황
永世不忘歡喜傳
영 세 불 망 환 희 전

✔ 주(註)

1) 神市: 환웅천왕(桓雄天王)이 하느님의 뜻을 받들어 부하 3천명을 거느리시고 태백산 신단수(神檀樹) 아래 내려와서 베푼 도시의 이름. 우리나라 상고시대 신정사회(神政社會)에 이룩한 맨 처음의 도시이다.

경축 개천절

개벽하고 유유 반만년에
신시를 열고 백성을 이끌어 처음으로 개천하셨도다.

단군임금 백두산 영봉 위에 하강하시고
고조선이란 나라 세워 만민을 다스렸도다.

외환을 물리치는 훌륭한 장수가 나왔고
내우를 평정하는 어진 재상 이어졌도다.

오호라 동방에 백의민족 황홀하니
영세토록 잊지 말고 환희를 전하오리.

▼ 해제(解題)

개천절(開天節): 환웅(桓雄) 천왕은 환인(桓因)의 아들로서 부명(父命)을 좇아 태백산 단목아래 신시(神市)를 열고 개천하셨다. 그 후 1565년 환웅의 아들 단군이 같은 날 같은 장소에서 고조선 나라를 세우니 그날이 10월 3일이다. 다시 말해서 개천과 건국한 날과 장소가 모두 동일하다는 것이다. 흔히 개천절을 단군의 건국일로 착각하지만 개천은 고조선 건국보다 1565년 전의 일이다. 다시 부연하면 건국은 BC 2333년 10월 3일의 일이고, 개천은 BC 3898(2333+1565)년 같은 날의 일이다. 그런데 이날은 음력 8월 15일 추석날이다. 바꾸어 말하면 BC 3898년과 BC 2333년의 음력 추석날이 모두 양력으로 환산하여 같은 10월 3일이 된다는 것이다.
개천과 건국이 같은 추석날 같은 장소에서 이루어졌다. 우리 배달민족이 유난히 추석을 큰 명절로 여기는 것은 이와같은 역사적 근거가 있어서이다. 그러므로 나라에서 역법을 양력으로 시행하자면 추석은 개천절로 한가위를 삼아야 한다는 것이다.(卷宇 홍찬유선생 주장) 개천절 10월 3일이야말로 배달민족의 큰 경절(慶節)이다.

165. 回憶殉國烈士 〔押韻陽〕

救國挺軀家屬傷
구 국 정 구 가 속 상
晝宵專念爲民莊
주 소 전 념 위 민 장

海蔘威上三歎息
해 삼 위 상 삼 탄 식
朔滿寒風一激昂
삭 만 한 풍 일 격 앙

抗敵散華眞烈士
항 적 산 화 진 열 사
邊城埋骨是吾煌
변 성 매 골 시 오 황

烏啼栢籟墳前頌
오 제 백 뢰 분 전 송
靑史英名萬世彰
청 사 영 명 만 세 창

✓ 주(註)

1) 海蔘威: 러시아 동쪽 끝 도시 이름. 블라디보스톡을 가리킨다.

1) 朔滿: 만주를 이름.

회억 순국열사

나라 구하려고 목숨 바치니 가속은 상처를 입고
밤낮으로 오직 한마음 백성 위함이 장하도다.

해삼위상에 세 번 탄식하고
북만주 찬바람에 크게 격앙하였도다.

적과 싸우다가 전사함은 진실로 위대한 열사이시고
변경에 뼈를 묻으니 우리의 빛이시로다.

까마귀 울고 솔바람 불어 무덤 앞에 슬피 곡하니
청사에 꽃다운 이름 억만세토록 빛나리로다.

✔ 해제(解題)

회억 순국열사(回憶殉國烈士) : 해삼위는 블라디보스토크로 러시아 연해주 지방에 있는 항만도시이다. 러시아 극동의 중심지이며 프리모스키 지방의 행정중심지이다. 인구는 약 60만 명으로 중화인민공화국, 조선민주주의 인민공화국, 러시아 세 나라의 국경이 만나는 지점이기도 하다. 러시아 10월 혁명(1917) 때 시베리아에 출병한 일본군이 항일 세력을 분쇄하려는 작전으로 1920년 4월 해삼위에서 조선인을 무차별 학살한 슬픈 역사의 고장이기도 하다. 나는 2018년 4월 24일 해삼위를 여행하였다.

166. 王相諱山岳造玄琴彈 〔押韻支〕

王相句麗盛代時
왕 상 구 려 성 대 시
陳琴改制彈琴褘
진 금 개 제 탄 금 위

狂風怒海濤波息
광 풍 노 해 도 파 식
晦月夜陰天地离
회 월 야 음 전 지 리

玉軫金聲玄鶴舞
옥 진 금 성 현 학 무
巧音神韻瑞蛟馳
교 음 신 운 서 교 치

百余新曲造成譜
백 여 신 곡 조 성 보
樂聖東邦英譽垂
악 성 동 방 영 예 수

주(註)

1) 王相: 고구려 이상(二相, 지금의 부총리)으로 있는 왕산악(王山岳) 선생을 이름.

왕상 휘 산악 조현금탄

고구려 성대에 왕상공을 재임했는데
진(陳)나라의 칠현금을 개조하여 탄금하니 그 소리 아름답더라.

관풍노해에서도 거문고소리는 파도를 잠재우고
그믐달 어둔 밤에도 천지가 밝아지도다.

금성옥진에 현학이 내려와 춤추고
신비로운 음악소리에 서룡이 달려오는도다.

왕공이 새로 100여 곡을 편곡하니
동방악성으로 그 영예를 드리웠도다.

해제(解題)

왕상 휘 산악 조현금탄(王相諱山岳造玄琴彈) : 왕산악은 고구려의 음악가로 거문고를 제작하였으며, 또한 거문고 연주의 대가로 생몰연대 미상이나, 약 4세기경으로 추정될 뿐이다. 삼국사기(三國史記)의 신라고기(新羅古記)에 따르면 진(晉)나라 사람이 칠현금을 고구려에 보냈는데 고구려인들은 연주하는 법을 몰랐다고 한다. 제이상(第二相)이던 왕산악 선생이 칠현금을 개량하여 새로운 악기를 만들고, 그 악곡 100여 곡을 지어 이를 연주하였다. 이때에 현학이 날아와 춤을 추었으므로 현학금이라 하였고, 후에 현금(玄琴)이라 불렀으며, 이것이 현악기(絃樂器)의 보통명사로 쓰이게 되었다.
거년 같은 제목의 시를 지은 바 있으나(오남한시4집 『여라영사』 시제번호 35. 王山岳) 환운개작하였다.

167. 思慕爲堂鄭寅普先生〔押韻微〕

國學聞香國寶輝
국 학 문 향 국 보 휘
爲堂戀慕夢魂飛
위 당 연 모 몽 혼 비

覓風颯颯讚文絶
멱 풍 삽 삽 찬 문 절
洌籟滔滔揚節徽
열 뢰 도 도 양 절 휘

古語許多花綻灼
고 어 허 다 화 탄 작
良材無數育英巍
양 재 무 수 육 영 외

嗚呼被拉分南北
오 호 피 랍 분 남 북
可訴曉星戴月歸
가 소 효 성 대 월 귀

▿ 주(註)
1) 爲堂: 정인보 선생의 별호.
2) 覓: 목멱산(木覓山), 서울 남산의 별칭.〔錫〕
3) 洌: 서울 한강의 별칭.

사모 위당 정인보선생

국학 향기 날리어 국보로 빛나시니
위당 정인보 선생을 꿈속에서도 그리나이다.

남산 영풍은 살랑 불어 그의 절세문장을 찬송하고
한강 탄뢰는 끊임없이 그의 아름다운 절의를 기리는도다.

허다한 고어를 찾아 아름다운 꽃 피게 하였고
무수한 인재를 높이 길러냈도다.

오호라 피랍되어 남북으로 나뉘니
새벽별에게 달빛 이고 돌아오게 해달라 호소할까보다.

✔ 해제(解題)

사모 위당 정인보선생(思慕爲堂鄭寅普先生) : 위당 정인보(1893~1950)선생은 본관이 동래로 자(字)는 경업, 호(號) 담원 미소산인, 별칭이 위당으로, 독립운동가, 한학자, 역사학자, 양명학의 대가이며, 한민족이 주체가 되는 역사체계 수립에 노력한 역사학자로, 특히 얼, 누리, 가람같이 우리 조상이 쓰던 옛말을 우리생활의 일상용어로 만들어 주었다. 그리하여 위당의 정신을 받들어 연희대학에 국학연구소가 설립되었다.

저서로 『조선사연구』, 『양명학연론』이 있으며 국학대학의 초대총장을 지내셨다. 1950년 6.25전쟁 때 북한군에게 피랍되었다.

第七部

院祠頌讚

168. 松泉書院 享孝靖公李貞幹〔押韻庚〕

鴨脚三株山靄晴
압 각 삼 주 산 애 청
松泉書院囀倉庚
송 천 서 원 전 창 경

耋過子獻王祥鯉
질 과 자 헌 왕 상 리
百壽萱慈孟母情
백 수 훤 자 맹 모 정

忠孝家傳先震域
충 효 가 전 선 진 역
敬仁世守積光榮
경 인 세 수 적 광 영

聖君御筆輝然赫
성 군 어 필 휘 연 혁
將相箕裘慶賀聲
장 상 기 구 경 하 성

주(註)

1) 耋: 팔십 노인 질.〔屑〕

2) 王祥: 184-268. 중국 삼국시대 서진의 대신이자 이름난 효자, 왕희지의 종증조부. 효성이 지극하여 어머니를 위하여 얼음위에 누워있으니 얼음이 녹아서 잉어를 얻었다.〔臥氷求魚〕라는 고사의 주인공이다.

3) 先: ① 먼저 선. 최초로, 우선. ② 앞 선. 시간이나 장소가 後의 對, 첫째, 옛날, 위, 조상. ③ 앞설 선. 앞에 서서 인도함. ④ 성 선. 姓也.〔先〕

4) 箕裘: 부조(父祖)의 업을 이어나감.

송천서원 효정공 이정간을 배향하다

공께서 심으신 은행나무 세 그루에 아지랑이가 개였는데
송천서원에는 꾀꼬리가 우는구나.

80 넘은 아들은 효자 왕상을 본받아 얼음 속 잉어를 바치고
백수 어머니는 맹자 어머니의 애정으로 마주하셨도다.

충효를 집집마다 전하여 해동을 이끌고
대대로 인과 경을 지켜 광영이 쌓였도다.

성군 세종대왕의 어필이 찬연하게 빛나고
선업을 지켜 장상이 이어나니 경하의 소리 높이 울리는도다.

해제(解題)

송천서원은 충청북도 청주시 청원구 오창읍 양지리에 있다. 효정공 이정간(孝靖公 李貞幹; 고려 공민왕9년 1360~세종21년 1439) 선생을 제향한 서원이다. 공은 나의 19대조 할아버지이신데 출천성효로 강원도 관찰사로 계실 때 백세된 어머니에게 색동옷을 입고 춤을 추어 어머니를 즐겁게 해드리는 등 중국의 옛날 효자 왕상을 닮았다고 하여 그 소문이 세종대왕께 들려서 특별히 벼슬을 높여 중추원사에 봉하고 가전충효 세수인경의 팔자시를 친히 지어 어필을 하사하니 전무후무한 영광이다. 후손은 왕의 이 교훈을 지켜 이것을 전의이씨의 가훈으로 삼아 족보 첫 장에 올려 오늘날까지 충효를 이 집안의 가훈으로 삼고 빛나는 자손이 이어지고 있다. 우리나라 많은 성씨가 있지만 성군의 친필을 가훈으로 받드는 성씨는 오직 우리가문 뿐이다. 시호는 효정이시다. 송천서원에 배향되시었다. 서원 앞에 공이 심으신 은행나무 세 그루는 500년 노령에 노익장을 자랑하고 수확한 은행은 후손의 제향에 제공되어왔다.

169. 追遠閣 獨享栢谷李蕆〔押韻寒〕

才器過人將相繁
재 기 과 인 장 상 반
鉛銅活字籍書刊
연 동 활 자 적 서 간

天文曆象發明數
천 문 역 상 발 명 삭
火砲兵船初製完
화 포 병 선 초 제 완

西及東音邊境拓
서 급 동 음 변 경 척
南征北伐國家安
남 정 북 벌 국 가 안

世宗盛代光尤晄
세 종 성 대 광 우 황
栢谷英名日月爛
백 곡 영 명 일 월 란

주(註)

1) 數: 計也, 셈 수. 曆也, 운수 수.〔遇〕
細密, 빽빽할 촉.〔沃〕
頻屢, 자주 삭.〔覺〕

추원각 백곡 이천을 독향하다

재주와 기우가 과인하여 출장입상이 거듭되고
금속활자를 만들어 전적을 간행하였도다.

천문과 역상에 대한 여러 가지 기구를 발명하여 만들었고
화포 병선을 처음으로 온전하게 만들었도다.

훈민동음을 서쪽에 보급하여 변경을 개척하였고
왜구와 북쪽 오랑캐를 정벌하여 국가를 편안히 하였도다.

세종 성대의 휘황한 빛을 더욱 빛나게 하였으니
백곡의 꽃다운 이름은 일월처럼 찬란하게 빛나는도다.

✔ 해제(解題)

추원각은 충청북도 보은군 장안면 오창리에 있다. 백곡 이천(栢谷 李蕆 ; 고려 무왕 丙辰 1376~李朝 文宗 辛未 1451) 선생을 독향한 사당이다. 공은 예안이씨이고 백곡은 그 호이며 나의 방조이시다. 문무과에 급제하여 여러 화직을 거쳐 병조판서 도절제사를 역임하였으며, 보국 숭록대부에 승품되고 궤장을 하사받았으며, 동활자를 완성하였고, 해시계, 물시계를 부하인 장영실을 지휘하여 발명하였고, 왜구를 퇴치하고 김종서와 더불어 야인을 정벌하여 육진을 개척하였다. 화포를 발명하고 병선을 개량하였으며, 북변에 훈민정음을 보급하여 문화창달에 힘썼다. 이와 같은 공의 위업을 기리고자 육군사관학교에 공의 시호를 본받아 익양관을 건립하였으며, 공이 발명한 세계최초의 금속활자로 인쇄한 월인천강지곡 판본을 1991년 우리나라의 유엔가입을 기념하기 위하여 노태우 대통령이 유엔총회에 기증하여 이를 그 본관에 보존하고 있다. 시호는 익양이고 추원각에 독향되었다.

170. 豊巖書院 享懶拙齋李山斗〔押韻眞〕

春晚安東桃李春
춘 만 안 동 도 리 춘

豊巖書院濯纓塵
풍 암 서 원 탁 영 진

甘棠仰慕過廳拜
감 당 앙 모 과 청 배

食飮簞瓢清白貧
식 음 단 표 청 백 빈

王使畵工模老影
왕 사 화 공 모 노 영

與孫名宦記翁眞
여 손 명 환 기 옹 진

誰憑下問綾羅事
수 빙 하 문 능 라 사

卿去千年嫪戀新
경 거 천 년 노 련 신

▼ 주(註)

1) 綾羅: 안동의 고호.

풍암서원 난졸재 이산두를 배향하다

늦은 봄 안동에 이화 도화가 만발하였는데
풍암서원에서 갓끈의 먼지를 씻는구나.

백성들의 사모 간절하여 관아 지날 때 절을 하였고
소쿠리에 밥먹고 표주박에 물먹는 청빈한 생활을 하셨네.

왕이 불러도 오지 않으니 화공 불러 영정을 그리게 하고
왕은 원손과 같이 공의 관명과 이름을 사진에 기록하였도다.

누구와 더불어 안동의 일을 물을 것이냐
경이 간 지 천년인가!? 그리움이 나날이 새로워지는구나.

▼ 해제(解題)

풍암서원은 경상북도 안동시 풍산읍 하리에 있다. 난졸재 이산두(懶拙齋 李山斗; 肅宗 庚申 1680 ~壬辰 1772) 선생을 제향한 서원이다. 공은 전의이씨이고 난졸재는 그 호이다. 양정공 이화의 6대손이다. 사마시와 식년문과에 급제하여 여러 화직을 거쳐 남포현감으로 있다가 귀향하였는데, 남포읍민들이 공을 사모하여 관아 앞을 지날 때마다 땅에 엎드려 절을 하고 지났다고 한다. 청렴 결백하여 청빈 자적하는 선비의 상징이 되었다. 공이 향리로 물러와 있으면서 영조대왕이 불러도 올라가지 아니하여 친견의 뜻을 이루지 못하자 화공을 보내어 공의 화상을 그리게 하고 그 화상 옆에 「지충추 이산두」라는 여섯 자를 어필로 쓰고 원손을 불러 「90 세상」 네 글자를 쓰게 하였다 한다. 참으로 보기 드문 영광이 아니겠는가. 원손은 뒷날의 정조대왕이다. 고종은 공에게 청헌의 시호를 내리고 풍암서원에 제향되었다.

171. 迷源書院 主享靜庵趙光祖〔押韻寒〕

敬訪靜庵白露寒
경 방 정 암 백 로 한
迷源書院陟階看
미 원 서 원 척 계 간

士林領首興儒赫
사 림 영 수 흥 유 혁
道學祖宗改革玕
도 학 조 종 개 혁 간

削奪功臣寃恨極
삭 탈 공 신 원 한 극
至治教化落前灘
지 치 교 화 낙 전 탄

四賢推戴慕思戀
사 현 추 대 모 사 련
文廟享陪文正端
문 묘 향 배 문 정 단

주(註)

1) 四賢: 김굉필, 조광조, 정여창, 이언적 네 분을 선비정신의 사표로 동방 사현이라 한다.

미원서원 정암 조광조를 주벽으로 제향하다

정암선생을 찾아가니 백로는 찬데
미원서원 그 층계를 올라보는구나.

조정암 선생은 사림의 영수로서 유도를 일으켜 빛나고
도학의 조종으로서 정치개혁이 아름다웠도다.

중종반정 공신을 삭탈하니 원한이 극에 달하고
유교로서 교화의 근본을 삼았으나 기묘사화로 그 이상이 앞
여울에 빠져버렸네.

동방사현으로 추대되어 멀리 사랑받는 가운데
문묘에 배향되고 문정공 시호가 단정하도다.

▼ 해제(解題)

미원서원은 경기도 용인시 수지구 상현리에 있다. 정암 조광조(성종13년 1482~중종14년 1519) 선생을 배향한 서원이다. 선생은 한훤당 김굉필선생의 문하에서 공부하여 이 나라 사림의 영수로 문묘에 배향되었으며, 도학의 조종으로서 향악을 전국에 폈다. 급진개혁정치를 시도하여 인조반정 공신의 훈작을 삭탈한 까닭에 그들로부터 원통한 모함을 받아 전라도 화순으로 유배 되었다가 그곳에서 사사되었다. 선조 초에 신원되어 영의정에 추증되고 문묘에 배향되었으며, 공을 사모하는 사림에 의하여 전국 여러 곳 서원에 배향되었으며, 율곡선생은 한훤당 김굉필, 일두 정여창, 회재 이언적 등 여러 선생과 더불어 공을 동방사현으로 추대하셨다. 저서로 정암집이 있다.

172. 紫雲書院 主享栗谷李珥〔押韻齊〕

探史坡州青草齊
탐 사 파 주 청 초 제
紫雲書院晩烟低
자 운 서 원 만 연 저

九三科壯道心偉
구 삼 과 장 도 심 위
十萬養兵倭亂眡
십 만 양 병 왜 란 저

上黨淳風鄕約艶
상 당 순 풍 향 약 염
石潭講學育英媞
석 담 강 학 육 영 제

文成享廟文名絶
문 성 향 묘 문 명 절
日月爭光永世堤
일 월 쟁 광 영 세 제

주(註)

1) 上党: 청주의 고호.

2) 石潭: 해주의 동리 이름.

자운서원 율곡 이이를 주벽으로 제향하다

파주를 찾아가니 푸른 풀이 가지런한데
자운서원에 저녁연기가 드리웠구나.

대과 세 번 소과까지 아홉 번 장원하니 도심이 우뚝하고
십만 양병설에 왜란을 미리 예단하였도다.

청주의 풍속을 교화하기 위하여 제정한 향약은 아름답고
해주 석담에서 강학하여 육영함이 아름답도다.

시호는 문성이고 문묘에 배향되니 그 문명이 절세하며
일월과 빛을 다투니 그 이름 영세토록 빛나리로다.

✔ 해제(解題)

자운서원은 경기도 파주시 법원읍 동문리에 있으니 율곡 이이(중종31년 1536~선조17년 1584) 선생을 제향한 서원이다. 율곡선생은 조선중기 학자, 정치가로 덕수이씨이고, 율곡은 그 호이다. 아버지는 좌찬성 원수이고 어머니는 사임당신씨이다. 재주가 뛰어나 전후 아홉 차례의 과거에서 장원을 하였고, 그 중 대과에서 세 차례의 장원을 하였다. 십만 양병설을 주장하여 왜란이 일어날 것을 예견하였고, 청주목사로 재임 중 서원향약을 처음으로 만들었으며, 해주로 내려가 석담에 학숙을 열어 많은 영재를 길러냈다. 문묘에 배향되고 시호는 문성(文成)이다. 그 아름다운 이름이 일월과 빛을 다투는 도학의 영수로서 자운서원을 비롯한 황주 백록동서원 등 전국 20여 개의 서원에 제향되었다.

173. 臨漳書院 主享尤庵宋時烈〔押韻眞〕

敬訪尤庵桃李春
경 방 우 암 도 리 춘
臨漳書院值佳辰
임 장 서 원 치 가 신

祖宗道學衆儒導
조 종 도 학 중 유 도
領首老論流配頻
영 수 노 론 유 배 빈

賜藥當時能忍苦
사 약 당 시 능 인 고
挺軀萬古克成仁
정 구 만 고 극 성 인

爭光日月義名赫
쟁 광 일 월 의 명 혁
文正遺芳榮譽眞
문 정 유 방 영 예 진

임장서원 우암 송시열을 주벽으로 제향하다

우암선생을 경방하니 복숭아 오얏꽃이 핀 봄인데
임장서원에는 때마침 좋은 때가 되었구나.

도학의 조종으로서 여러 선비를 이끄시고
노론의 영수로서 여러 번 유배를 당하셨도다.

사약을 받을 때 능히 괴로움을 참은 것은
내 몸을 던져서 만고의 인을 성취하기 위함이로다.

해와 달과 빛을 겨루는 의로운 이름 빛나고
문정공의 끼치신 향기와 영예는 참되도다.

✔ 해제(解題)

임장서원은 경기도 연천군 연천읍 동막리에 있으니 우암 송시열 선생을 배향한 서원이다. 송시열(선조40년 1608~숙종15년 1689) 선생은 조선후기 문신학자로서 은진송씨이고 우암은 그 호이다. 1635년에는 봉림대군(후일 효종)의 사부로 1년간 재임하셨고, 1649년 효종이 즉위하자 세자시강원 진선 사헌부장령 이조판서가 되어 효종의 절대적인 신임을 받아 북벌계획의 중심인물로 활약하였다. 그 후 여러 차례 환국으로 벼슬을 물러났으나 사림의 원로로서 조정 대신들은 매사를 공에게 물어 결정하는 형편이었다. 세상이 자주 바뀌어 공은 여러 곳으로 귀양살이 하였고, 종당에는 반대파에 의하여 제주로 유배되었다가, 서울로 압송도중 정읍에서 사약을 받고 돌아가셨다. 그러나 1694년 갑술환국으로 서인이 집권하자 그의 억울한 죽음은 무죄로 인증되고 시호가 문정으로 내려졌다. 전국 70여 개의 서원에 제향되고, 그중 사액서원만도 37개에 이른다. 저서로 『주자어류』, 『주자대전차의』 등의 저술을 남겼다. 문묘와 효종묘정에 배향되었다. 시호는 문정이다.

174. 坡山書院 享牛溪成渾〔押韻眞〕

敬訪牛溪桃李春
경 방 우 계 도 리 춘
坡山書院不留塵
파 산 서 원 불 류 진

育英講學樂風正
육 영 강 학 악 풍 정
教化鄕黎憂道眞
교 화 향 려 우 도 진

百代遺芳三界聳
백 대 유 방 삼 계 용
千秋卓行一賢彬
천 추 탁 행 일 현 빈

享陪聖廟萬年赫
향 배 성 묘 만 년 혁
文簡譽名長世贇
문 간 예 명 장 세 빈

파산서원 우계 성혼을 배향하다

우계선생을 경방하니 때마침 만화방창한 봄인데
파산서원은 속세를 떠났구나.

강학하고 인재를 길러 풍속이 바로잡아지는 것을 즐기고
향민을 교화하여 도학이 참됨을 즐거워하셨도다.

백세 높은 학문은 과거 현재 미래에 불끈 솟았고
천추에 높은 행실은 첫째가는 어진 선비로 빛나는도다.

문묘에 배향되시니 만년토록 빛나고
문간공의 꽃다운 이름 장세토록 아름다우리로다.

해제(解題)

파산서원은 경기도 파주시 파평면 눌노리에 있다. 우계 성혼(牛溪 成渾; 중종30년 1535~선조31년 1598) 선생을 배향한 서원이다. 성혼선생은 조선중기 성리학자로 창녕성씨이고 우계는 그 호이다. 명종6년에 생원진사 양 장 초시에 합격하였으나 복시에는 응하지 않고 학문에만 전념하였다. 율곡 문하에서 공부하였고 퇴계를 만나 그 학설에 깊은 영향을 받았다. 학문을 가르쳐 많은 제자가 배출되었고 윤리사회가 이루어지는 것을 즐거워하였다. 깊고 높은 학문은 과거 현재 미래에 흔치 않은 뛰어난 학문이며 높은 행실은 당대에 제일가는 선비이시다. 『위학지방』, 『우계집』 등 많은 저서를 남기고 시호는 문간(文簡)이며 문묘에 배향되었다.

175. 玉山書院 享晦齋李彦迪〔押韻寒〕

敬訪晦齋神自安
경 방 회 재 신 자 안
玉山書院月星寒
옥 산 서 원 월 성 한

華峯主聳講堂肅
화 봉 주 용 강 당 숙
道德右峣天地寬
도 덕 우 앙 천 지 관

東國四賢聲譽赫
동 국 사 현 성 예 혁
朝鮮理學里標爛
조 선 이 학 리 표 란

文元灼灼千年頌
문 원 작 작 천 년 송
聖廟享陪萬世歡
성 묘 형 배 만 세 환

▼ 주(註)
1) 華峯, 道德: 山名. 화개산, 도덕산을 이름.
2) 東國四賢: 16. 미원서원 註 1) 참조.

옥산서원 회재 이언적을 배향하다

회재 이언적 선생을 찾아가니 마음이 저절로 편안해지는데
옥산서원에는 달과 별이 차구나.

화개산을 주산으로 하여 그 아래 강당이 엄숙하고
도덕산이 오른쪽에 솟아 천지 공간이 너그럽도다.

동국 사현으로 성예가 빛나고
조선 이학의 도표로 찬란하게 빛나는도다.

문원공은 빛나고 빛나 천년토록 찬송되고
문묘에 배향되니 만세의 기쁨이로다.

✓ 해제(解題)

옥산서원은 경상북도 경주시 안강읍 옥산리에 있다. 회재 이언적(晦齋 李彦迪; 성종22년 1491~명종8년 1553) 선생을 제향한 서원이다. 회재선생은 주자의 주이론적 입장을 성리학의 정통으로 밝힘으로서 조선시대 성리학의 방향과 성격을 정립하는데 선구적 역할을 한 인물이다. 동방4현의 한분으로 문묘에 제향되었으며 시호는 문원이다.

176. 筆巖書院 享河西金麟厚〔押韻支〕

敬訪河西百世師
경 방 하 서 백 세 사
筆巖書院寄遙思
필 암 서 원 기 요 사

湖南孔子誠心意
호 남 공 자 성 심 의
東國濂溪格致知
동 국 염 계 격 치 지

道學瓊章兼節義
도 학 경 장 겸 절 의
綱常重任一身移
강 상 중 임 일 신 이

享陪文廟謚文正
향 배 문 묘 시 문 정
灼灼英名青史曦
작 작 영 명 청 사 희

✔ 주(註)

1) 濂溪: 송나라 유학자 주돈이(周敦頤)를 가리킨다.

필암서원 하서 김인후를 배향하다

백세의 스승 하서선생을 찾아가서
필암서원에서 추모의 정을 보내는도다.

호남 공자로 심의를 정성껏 하고
동국 염계선생으로 지식을 온전히 하는도다.

도학 문장에 절의를 겸하였고
강상의 중임을 한 몸에 짊어졌도다.

문묘에 배향되고 시호는 문정공인데
작작한 꽃다운 이름이 청사에 길이 빛나리로다.

▼ 해제(解題)

필암서원은 전라남도 정읍시 칠보면 필암리에 있다. 하서 김인후(河西 金麟厚; 중종5년 1510~명종15년 1560) 선생을 제향한 서원이다. 하서선생은 기대승(奇大升)과 함께 당시 호남지방 선비를 대표하던 인물이고, 우암(尤庵) 선생이 지은 공의 신도비문에는 도학문장절의를 한 몸에 지녔으며, 만세강상의 무거움을 한 몸에 짊어졌다 하였다. 정조대왕은 공을 기려서 호남의 공자로 동국의 염계라 평하였으니 가히 공의 인품과 학행이 어떠하였는가를 짐작하고도 남음이 있다 할 것이다.

177. 臨川書院 享新庵李俊民〔押韻庚〕

春晚晉陽春興生
춘 만 진 양 춘 흥 생
臨川探訪落花賡
임 천 탐 방 낙 화 갱

五圻方伯弟兄慕
오 기 방 백 제 형 모
四府判書治績明
사 부 판 서 치 적 명

卿相物望王寵篤
경 상 물 망 왕 총 독
耆司特命聖恩庚
기 사 특 명 성 은 경

事親至孝兼廉白
사 친 지 효 겸 렴 백
青史長傳讚頌聲
청 사 장 전 찬 송 성

▼ 주(註)

1) 圻: ① 界也, 지경 기. 畿와 同.〔微〕② 岸也, 언덕 은. 垠과 同.〔文〕

2) 耆司: 기로사를 이름. 70이 되어야 들어갈 수 있는데, 신암공은 70이 아니 되었는데 왕의 특명으로 기로사에 들어갔다.

임천서원 신암 이준민을 배향하다

늦은 봄 진주에 봄날 흥이 생하고
임천서원을 찾으니 낙화가 이어지누나.

다섯 도의 방백을 지내며 백성들이 형제처럼 따르고
사부의 판서로서 치적이 밝도다.

경상 물망에 올라 왕의 총애가 돈독한데
기로사에 왕의 특명으로 들어가니 성은이 망극하도다.

어버이에게 효성이 지극하고 겸하여 청백리로 뽑히니
청사에 공을 찬송하는 소리 길이 전하리로다.

▼ 해제(解題)

임천서원은 경상남도 진주시에 있는데 신암 이준민(新庵 李俊民; 중종 甲申 1524~경인 1590) 선생을 제향한 서원이다. 공은 전의이씨이고 신암은 그 호이다. 공은 도절제사 휘 승간의 5대손이다. 문과를 거쳐 여러 화직을 지낸 뒤 특히 5도의 방백이 되고 사부의 판서를 지냈으며, 나이가 70에 미달하였지만 왕의 특명으로 기로사에 드는 등 특별히 인조대왕의 총애를 받았으며, 벼슬이 좌찬성에 이르렀다. 부모에 대한 효성이 지극하고 겸하여 청백절행이 있어서 청백리로 녹선되었다. 시호는 효익이고 진주 임천서원에 제향되었다.

178. 陶山書院 主享退溪李滉〔押韻先〕

敬訪退溪清渚鮮
경 방 퇴 계 청 저 선
陶山書院帶春烟
도 산 서 원 대 춘 연

茫茫碧水光華赫
망 망 벽 수 광 화 혁
疊疊蒼峰白日眠
첩 첩 창 봉 백 일 면

東國巨儒從祀艷
동 국 거 유 종 사 염
嶺南學派首威研
영 남 학 파 수 위 연

文純諡號錄青史
문 순 시 호 록 청 사
灼灼英名長世傳
작 작 영 명 장 세 전

주(註)

1) 文純: 퇴계선생의 시호.

도산서원 퇴계 이황을 주벽으로 배향하다

퇴계선생을 맑은 시냇가로 찾아가니
도산서원은 봄 연기를 띠고 있구나.

넓고 넓은 푸른 호수는 꽃다웁게 빛나고
첩첩한 푸른 봉우리는 한낮에 졸고 있도다.

동국 거유로 문묘에 종사되니 아름답고
영남학파의 수장으로서 빛나는도다.

문순 시호는 청사에 기록되니
빛나고 빛나는 꽃다운 이름 천세토록 전하리.

✔ 해제(解題)

도산서원은 경상북도 안동시 도산면 도계리에 있다. 퇴계 이황(연산7년 1501~선조3년 1570) 선생을 제향한 서원이다. 공은 풍기군수로 있으면서 소수서원을 사액 받게 하였으니, 조선시대 서원을 일으키게 한 것이 여기로부터 시작되었다. 동국오현으로 문묘에 종사되고 영남학파의 수장으로 칭송되어 조선유학의 진흥을 선도하였다. 그의 많은 제자가 영남지방의 학파를 형성하여 지금껏 그 영향력이 울울창창하다. 시호는 문순이다.

179. 月巖書院 享聾巖金澍〔押韻陽〕

敬訪聾巖春馥香
경 방 농 암 춘 복 향
月巖書院鳥鳴長
월 암 서 원 조 명 장

洛東灘籟頌貞曲
낙 동 탄 뢰 송 정 곡
文寺鐘聲歌節揚
문 사 종 성 가 절 양

嵩善三仁千代郁
숭 선 삼 인 천 대 욱
桓園十義萬年芳
환 원 십 의 만 년 방

二君不仕忠臣表
이 군 불 사 충 신 표
青史英名永世光
청 사 영 명 영 세 광

✔ 주(註)
1) 文寺: 문수사(文殊寺)를 이른다.
2) 嵩善: 선산(善山)의 고호(古號).
3) 桓園: 우리나라를 가리킨다.

월암서원 농암 김주를 배향하다

농암 김선생을 방문하니 봄 향기는 가득한데
월암서원에는 새소리가 아름답구나.

낙동강 여울물소리 공의 정충을 찬양하고
문수사 종소리는 공의 절의를 찬양하는도다.

선산의 세 어진이로 꼽히는 공은 천세의 아름다운 향기를 자랑하고
동방의 열 의인 중의 한분으로 꼽히는 공은 만년토록 꽃다웁도다.

두 임금을 섬기지 않는 것은 충신의 표본이니
청사에 아름다운 이름이 영세토록 빛나리로다.

해제(解題)

월암서원은 경상북도 구미시 도계면 월림리에 있다. 농암 김주(籠巖 金澍 ; 공민왕14년 1365~공양왕4년 1392) 선생을 배향한 서원이다. 고려 우왕 14년 예의판서 하절사로 명나라에 갔다가 돌아오는 길에 압록강에서 고려가 망하고 이조가 들어섰다는 소식을 듣고 신발과 옷을 벗어 하인에게 주면서 이것을 공의 부인에게 전하도록하되 오늘 즉 공양왕4년 12월 22일을 죽은 날로 삼을 것이며 부인이 죽거든 이 유물을 부인 묘에 합장하여 달라는 말을 남기고 다시 명나라로 떠났다. 이때에 부인에게 준 글에 가로대, 충신은 두 임금을 섬기지 않는다 하였으니 내가 조선으로 돌아간들 설자리가 없다하였다. 후에 공은 고려의 충신으로 찬양되어 월암서원에 제향되고 그 충절은 길이 현창되었다.

180. 鷺江書院 享正齋朴泰輔〔押韻庚〕

扶義千秋日月明
부 의 천 추 일 월 명
無妨杖毒虎牙横
무 방 장 독 호 아 횡

道峰嶺籟頌忠詠
도 봉 영 뢰 송 충 영
中浪川風歌節賡
승 랑 천 풍 가 절 갱

直諫曲聽王激怒
직 간 곡 청 왕 격 노
酷刑抗死世人驚
혹 형 항 사 세 인 경

夕陽佇立忘歸慽
석 양 저 립 망 귀 척
仰慕正齋潸淚情
앙 모 정 재 산 루 정

▼ 주(註)

1) 道峰: 山名, 도봉산.
2) 中浪: 川名, 중랑천.

노강서원 정재 박태보를 배향하다

천추에 일월처럼 밝은 의로움을 세우고
거침이 없는 매질은 호랑이처럼 사납구나.

도봉산 산바람은 공의 충성을 기려 노래 부르고
중랑천 강바람은 공의 절의를 찬양하여 이어 부르는도다.

직간을 곡해하여 왕은 스스로 격노하고
혹독한 형벌에 죽음으로 항거하니 세인이 놀라는도다.

석양에 돌아갈 줄 모르고 서성거리며 슬퍼하니
선생을 추모하는 정에 끝없이 눈물을 흘리는구나.

▼ 해제(解題)

노강서원은 경기도 의정부시 장암동에 있다. 정재 박태보(正齋 朴泰輔; 효종5년 1654~숙종15년 1689) 선생을 제향한 서원이다. 선생은 반남박씨이고 호는 정재이다. 조선후기 문신으로 이조좌랑, 호남암행어사 등을 역임하였다. 기사환국 때 공은 서인으로 인현왕후 폐위를 반대하다가 숙종의 노여움을 사서 심한 국문을 받은 후 진도로 유배도중 장독으로 노량진에서 하세하였다. 일찍이 두 차례 같은 제목의 시를 쓴 바가 있으나[5집 『진사람고』 88쪽과 6집 『가야풍운』 73쪽], 공에 대한 원죄를 원통히 여기고 또한 공의 높은 학덕과 절의를 숭모하여, 서원을 일괄 영출하면서 운을 바꾸어 세 번째로 여기에 다시 실었다. 시호는 문열이다.

181. 玉屛書院 享思庵朴淳〔押韻先〕

春晩玉屛春可憐
춘 만 옥 병 춘 가 련
抱州注院百花鮮
포 주 주 원 백 화 선

白雲山頂白雲掛
백 운 산 정 백 운 괘
靑鶴臺垠靑鶴眠
청 학 대 은 청 학 면

水月精神優渥頌
수 월 정 신 우 악 송
松筠節操旭光傳
송 균 절 조 욱 광 전

文忠卓譽遙遙赫
문 충 탁 예 요 요 혁
讚詠思庵老樹邊
찬 영 사 암 노 수 변

주(註)

1) 抱州: 포천의 고호.

2) 注院: 里名, 주원리.

옥병서원 사암 박순을 배향하다

늦은 봄에 옥병서원에 가니 봄경치가 아름다운데
포천 주원리에 백화가 곱게 피었구나.

백운산정에 백운이 걸려 있고
청학대 언덕에 청학이 졸고 있도다.

수월정신은 아름다운 찬송이요
송균절조를 빛나게 전하리로다.

문충공의 높은 영예 먼 훗날까지 빛나고
사암공을 찬양하는 노래소리 늙은 나무 가에서 들리는도
다.

✔ 해제(解題)

옥병서원은 경기도 포천군 창수면 주원리에 있다. 사암 박순(思庵 朴淳 ; 중종18년 1523~선조22년 1589)선생을 제향한 서원이다. 옥병서원은 백운산에서 흘러내리는 맑은 물이 청영담을 감돌아 머물렀다가 창옥병을 치고 동문 밖으로 나가게 되는데 그 밖에는 물도 혼탁하고 세상도 혼탁하다고 한다. 그 동천 안에 청학대가 있고 거기에 학이 논다고 하는 영평절경이다. 사암 박순선생은 영의정으로 있다가 윤원형의 미움을 받아 벼슬을 버리고 이곳에 은거하였다. 일찍이 서경덕에게서 학문을 배웠고 특히 성리학에 정통하였으며 문장이 뛰어나고 시에 더욱 능했고 글씨도 명필이다. 퇴계에 사사하였고 말년에 율곡, 우계와 더불어 세 사람은 용모는 달라도 마음은 하나라고까지 일컬어졌다고 한다. 저서에 『사암집』 7권이 있고, 포천의 옥병서원, 나주 월정서원, 광주 월봉서원에 제향되었고 시호는 문충이다.

182. 坡山書院 主享聽松成守琛〔押韻東〕

敬訪聽松旭日紅
경 방 청 송 욱 일 홍
坡山書院起春風
파 산 서 원 기 춘 풍

先師被禍慘刑逝
선 사 피 화 참 형 서
拒仕累徵捿隱中
거 사 누 징 서 은 중

講學勤勤材未盡
강 학 근 근 재 미 진
門人灼灼樂無窮
문 인 작 작 낙 무 궁

淸貧至極不能葬
청 빈 지 극 불 능 장
御賜米棺恩惠洪
어 사 미 관 은 혜 홍

▽ 주(註)

1) 先師: 정암 조광조 선생을 이른다.

2) 洪: 大也, 클 홍. 넓을 홍. 姓也, 성 홍. 〔東〕

3) 廢母: 광해군은 동10년(1618)에 인목대비를 폐하여 서궁(현 덕수궁)에 유폐하여 존호를 폐지하고 공량(供糧)을 끊고 군졸로 하여금 지키게 하였다. 이것이 광해군의 폐모사건이다. 이 사건이 인조반정의 도화선이 되었다.

파산서원 청송 성수침을 주벽으로 제향하다

청송선생을 찾아가니 아침 해가 붉은데
파산서원에는 봄바람이 이는구나.

정암선생이 화를 입어 참혹한 형벌을 받고 돌아가시자
여러 번 벼슬에 불렀으나 나가지 아니한 채 숨어 살았도다.

부지런히 학문을 강론하여 영재가 끊이지 아니하고
문인이 빛나고 빛나니 즐거움이 그침이 없도다.

청빈이 지극하여 장례를 못 치루어서
나라에서 쌀과 관곽을 하사하니 은혜가 크도다.

✔ 해제(解題)

파산서원은 경기 파주시 파평면 눌노리에 있다. 청송 성수침(聽松 成守琛 ; 성종24년 1493~명종19년 1564) 선생을 주벽으로 제향한 서원이다. 공은 창녕성씨이고 청송은 그 호이다. 조광조의 문인으로서 기묘사화로 조광조와 그를 추종하던 많은 사림이 처형 또는 유배당하자 여기저기로 피신, 은거하였다. 벼슬에 뜻이 없고 후진을 양성하니 그 문인 중에 훌륭한 인재가 많이 배출되었다. 집안이 가난하여 죽은 뒤 장례 치를 수가 없어서 사간원의 상소로 왕으로부터 관곽과 양식과 역부를 지급해주어 장례를 치루었다. 그 문하에서 아들 혼(渾)을 비롯한 많은 석학이 배출되었다. 파주의 파산서원, 물계의 세덕사에 제향되고, 저서로 『청송집』이 있고 시호는 문정(文貞)이다.

183. 梅山書院 享三憂堂文益漸〔押韻陽〕

探訪驪州屬艶陽
탐 방 여 주 속 염 양
梅山書院入清光
매 산 서 원 입 청 광

十丸棉實自元種
십 환 면 실 자 원 종
一介發芽傳震疆
일 개 발 아 전 진 강

暖衣生民恩后稷
난 의 생 민 은 후 직
服溫凍夜謝三皇
복 온 동 야 사 삼 황

四千里內寒黎盡
사 천 리 내 한 려 진
壯也忠宣萬世香
장 야 충 선 만 세 향

▼ 주(註)

1) 后稷: 중국 주(周)나라의 전설의 시조이고 농경신이다.

2) 三皇: 중국 고대 전설의 황제 복희씨, 신농씨, 여와씨를 말함인데 천황, 지황, 인황이라고도 한다.

매산서원 삼우당 문익점을 배향하다

여주에 찾아가니 때는 아름다운 춘삼월인데
매산서원에 맑은 빛이 비치는구나.

목화씨 열 개를 원나라로부터 숨겨다 심으니
한 개가 싹이 터서 동국에 전하였구나.

따뜻한 옷을 입은 생민은 공을 후직씨처럼 은혜로워 하고
겨울밤 따뜻한 옷을 입으니 삼황보다도 감사해 하는도다.

사천리 내 추위에 떠는 백성이 없으니
장하도다. 충선공은 만세에 향기로운지고.

⊽ 해제(解題)

매산서원은 경기도 여주군 능서면 번도리에 있다. 삼우당 문익점(三憂堂 文益漸; 고려 충숙왕16년 1320~조선 태조7년 1398) 선생을 제향한 서원이다. 공은 고려말의 문신이며 학자이고, 성관은 남평인데 호가 삼우당이다. 공이 원나라에 좌시중 이공수의 서장관으로 갔다가 돌아오려고 할 때에 길가의 목화나무를 보고 그 씨앗 십여 개를 숨겨가지고 와서 그중 반을 진주에 있는 장인 정천익에게 주어 심게 하였더니 다만 한 개가 싹이 터서 목화씨가 점점 번져나갔다. 이것이 이 나라에 널리 퍼지니 이 나라 백성이 모두 따뜻한 옷을 입고 겨울을 나게 되었다. 백성들은 삼우당을 농사의 신인 후직씨처럼 우러러 받들었고 삼황에 견줄 만한 감사를 바쳤다. 진주에 면화시배지가 사적 제108호로 지정되어있고 그 사적비가 서있다. 시호는 충선이고 여주 매산서원과 공의 고향인 단성 도천서원, 장흥의 월천사우에 제향 되어있다.

184. 花巖書院 主享土亭李之菡〔押韻支〕

書院花巖震域支
서 원 화 암 진 역 지
土亭卓士讚揚時
토 정 탁 사 찬 양 시

綱常化育正風念
강 상 화 육 정 풍 념
仁義養涵良俗司
인 의 양 함 양 속 사

廣濟博施吟頌艷
광 제 박 시 음 송 염
乞人廳建救憐嬉
걸 인 청 건 구 련 희

天文地理總通達
천 문 지 리 총 통 달
實學巨頭惜別離
실 학 거 두 석 별 리

주(註)

1) 乞人廳: 걸인과 노인을 구제하는 관청. 토정선생이 아산에 처음으로 설치하여 큰 성과를 거두었다. 단순한 구제가 아니라 일자리를 창출하여 걸인과 노인으로 하여금 직업을 갖고 자활할 수 있는 능력을 길러주었다.

화암서원 토정 이지함을 주벽으로 제향하다

화암서원은 이 나라가 의지할 바인데
토정 선생 찬양하는도다.

강상을 길러내어 정풍을 생각하고
인의를 함양하여 풍속을 교화할 것을 맡아서 하는도다.

널리 구제하고 널리 은혜를 베풀어 공을 찬송함이 아름답고
걸인청을 만들어 불쌍한 사람을 구제하니 더욱 아름답도다.

천문 지리를 모두 통달하였고
실학 거두가 돌아가니 이별하기가 슬프구나.

✓ 해제(解題)

화암서원은 충청남도 보령시 청라면 장산리에 있다. 충청남도문화재 제138호로 지정되었고, 토정 이지함(土亭 李之菡 ; 중종12년 1517~선조11년 1578) 선생을 주벽으로 제향한 서원인데 숙종12년(1686)에 사액 받았다. 호연지기를 체득하고 강상화육의 풍과 인의함양의 속을 몸으로 행하고 존경하도록 강학한 서원이다. 대원군 훼철령으로 훼철되었다가 1922년 재건되었다. 토정 선생은 한산이씨이고, 토정은 그 호이다. 토정비결로 널리 알려진 공은 조선중기 학자이고 기인이었는데, 서경덕의 문인으로 포천현감, 아산현감을 지냈으며, 아산에서는 걸인청을 만들어 노인과 걸인을 구제하였고 은혜를 널리 베풀어 찬송을 받았다. 해양개발과 소금산업, 국토이용 등을 주장한 실학자이다. 그의 국부론은 아마도 우리나라 최초의 학설일 것이다. 천문지리에 모두 통달하였다.

185. 萬籟祠 享櫟翁李英吉〔押韻眞〕

拜訪櫟翁桃李春
배 방 역 옹 도 리 춘
春芳萬籟値佳辰
춘 방 만 뢰 치 가 신

檐端遠岫經霜老
첨 단 원 수 경 상 로
檻外長江脫俗塵
함 외 장 강 탈 속 진

世世雲仍仁敬守
세 세 운 잉 인 경 수
家家令裔孝忠臣
가 가 영 예 효 충 신

斯文永代應無墜
사 문 영 대 응 무 추
竹帛英名千古新
죽 백 영 명 천 고 신

▼ 주(註)

1) 雲仍: 7대손〔잉손〕과 8대손〔운손〕을 이름. 여기서는 먼 후손을 가리킨다. 참고로 자(子), 손(孫), 증손(曾孫), 내손(來孫), 곤손(昆孫), 잉손(仍孫), 운손(雲孫)으로 이어진다.
2) 裔: ① 옷자락 예. ② 끝 예. ③ 후손 예. 后裔 ④ 남을 예. ⑤ 배울 예. 習也 ⑥ 성 예. 姓〔霽〕

만뢰사 역옹 이영길을 배향하다

역옹 할아버지를 꽃피는 봄에 찾아 뵈오니
꽃다운 봄에 만뢰사는 좋은 때를 맞이하였구나.

처마 끝 먼 산은 서리 맞아 늙었고
난간 밖 긴 강은 속세의 티끌을 털어냈도다.

대대로 먼 후손은 인과 경을 지키고
집집마다 착한 자손 나와 효성을 다하는 충신 되고지고.

공이 심으신 유학은 영세에 허물어지지 아니할 것이며
역사에 아름다운 이름은 천고에 새로우리로다.

해제(解題)

만뢰사는 충청북도 진천군 진천읍 연곡리에 있다. 역옹 이영길(櫟翁 李英吉 ; 명종 癸亥 1563~인조 甲申 1644) 선생을 배향한 사당이다. 공은 전의이씨이고 역옹은 그 호이며 나의 13대조이시다. 성균 진사가 되시었는데 광해조에 여러 번 벼슬에 불렀으나 나가지 아니하시고, 청주 북쪽 오근에 학숙을 열고 후진을 양성하니 그 제자가 누계 무려 삼백여 명에 이르렀다. 공은 이들 제자와 더불어 반환낙도하며 공맹을 찬양하니 세상 사람들이 이 마을을 가공촌(歌孔村)이라 부르더라. 지금의 동명 가곡리(佳谷里)가 여기에 연유한 것이다.

186. 西山書院 享秋江南孝溫〔押韻庚〕

探史西山懷古情
탐 사 서 산 회 고 정
咸安幽谷暮煙橫
함 안 유 곡 모 연 횡

五峰嶺籟頌忠直
오 봉 령 뢰 송 충 직
郡北野風歌節行
군 북 야 풍 가 절 행

復疏昭陵追戮慘
복 소 소 릉 추 륙 참
伸寃吏判贈官驚
신 원 이 판 증 관 경

六臣傳載秋江集
육 신 전 재 추 강 집
壯也文貞萬世英
장 야 문 정 만 세 영

∨ 주(註)

1) 五峰: 山名, 오봉산.
2) 郡北: 面名, 군북면.
3) 昭陵: 단종의 생모이며 문종의 비 현덕왕후를 가리킨다. 단종이 폐위된 후 생모도 능호를 삭탈 당하였다가 중종 8년에 복위되었다.
4) 六臣傳: 단종복위를 기도하다가 발각되어 세조에 의하여 장렬한 죽음을 당한 성삼문, 박팽년, 이개, 하위지, 유성원, 유응부의 사적을 기록한 전기를 이른다. 남효온이 지었는데 그의 저서 『추강집』에 실려 있다. 이로 인하여 세상에 위 여섯 분을 사육신이라 부르게 되었다.

서산서원 추강 남효온을 배향하다

서산서원을 공경스럽게 찾으니 회고의 정이 견딜 수 없는데
함안 깊은 골에 저녁연기 비꼈구나.

오봉산 바람은 추강공의 충직을 찬송하고
원북 들바람은 공의 절행을 노래하는도다.

소릉을 복위하자는 상소에 부관참시를 당하고
신원되어 이조판서에 증직되니 놀라운 일이로다.

육신전을 지어 추강집에 실으니
장하구나! 문정공이시여. 천추만세토록 꽃다우리로다.

해제(解題)

서산서원은 경상남도 함안군 군북면 원북리에 있다. 숙종32년 창건되어 숙종39년에 사액되고 서원철폐령으로 훼철되었다가 1984년 복원되었다. 공을 비롯한 김시습, 이맹전, 조려, 성담수, 원호 등 생육신을 제향한 서원이다. 추강 남효온(秋江 南孝溫; 단종2년 1492~성종23년 1492) 선생은 조선전기 문신으로 본관은 의령이요 추강은 그 호이다. 공은 벼슬에 뜻을 두지 아니하고 죽림거사를 자처하며 술과 시로써 마음의 울분을 달랬다. 정유정란의 사육신을 찬양하는 육신전을 저술하고 죽음을 두려워하지 않았다. 갑자사화 때 단종 생모소릉복위를 상소한 것이 난신의 예로 몰려서 부관참시를 당하였다. 중종8년에 소릉이 복원되고 공에 대한 신원이 이루어져 이조판서로 증직되고 세상에서 생육신으로 칭송되며 『추강집』, 『귀신론』 등의 저술을 남겼고 고양의 운봉서원, 영월의 창절사, 장흥 예양서원, 함안 서산서원, 의령 향사 등에 제향되고 시호가 문정이다.

187. 西山書院 享觀瀾元昊〔押韻支〕

築榭觀瀾深隱時
축 사 관 란 심 은 시
魚粮瓢送錦江陲
어 량 표 송 금 강 수

端宗崩御服三載
단 종 붕 어 복 삼 재
太上戀恩生限涯
태 상 연 은 생 한 애

坐定向東無一違
좌 정 향 동 무 일 위
寢床首枕亦如隨
침 상 수 침 역 여 수

忠臣旌表萬年赫
충 신 정 표 만 년 혁
貞簡榮名千世垂
정 간 영 명 천 세 수

주(註)

1) 陲: 邊也, 변방 수.〔支〕

서산서원 관란 원호를 배향하다

관란정을 짓고 깊이 숨었을 때
양식과 반찬을 표주박에 띄워서 영월 금강으로 보냈도다.

단종이 돌아가서 삼년동안 복을 입었고
태상왕을 그리면서 평생을 보냈도다.

자리를 앉을 때는 동쪽으로 향하여 한 번도 어김없었고
잘 때는 역시 동쪽으로 머리를 두었도다.

충신 정려는 만년토록 빛나고
정간공의 영화로운 이름이 천세에 드리우리로다.

✓ 해제(解題)

서산서원은 경상남도 함안군 군북면 원북리에 있다. 공을 비롯한 생육신 조려, 김시습, 이맹전, 성담수, 남효온의 학덕과 충절을 추모하기 위한 서원이다. 관란 원호(觀瀾 元昊 ; 정종6년 1397 세조8년 1463) 선생은 조선초기 문신으로 원주원씨이고 관란은 그 호이다. 공은 세종5년 27세에 문과에 오르고 벼슬이 직제학에 올랐을 때 단종손위의 난이 일어나고 단종이 영월로 쫓겨간 것을 보고 제천군 송학면 장곡리로 가서 관란정을 짓고 스스로 농사지은 양식과 채소를 강물에 띄워 단종에게 보내니 이곳이 바로 영월 청령포 상류인 것이다. 단종은 청령포에서 공이 보낸 양식을 잡수셨다고 한다. 단종이 돌아간 후 삼년간 복을 입고 공은 평생을 단종을 사모하며 살았다고 한다. 앉을 때는 꼭 단종이 계신 동쪽을 향하여 앉고 잘 때도 동쪽으로 머리를 두었으니 충신의 마음에서 우러나는 행동이다. 숙종25년(1699) 충신정려가 내려지고 함안의 서산서원, 원주의 칠봉서원에 배향되고 시호는 정간이다.

188. 彰節書院 主享梅竹軒成三問〔押韻支〕

遜位端宗圖復時
손 위 단 종 도 복 시
優先除去首陽諮
우 선 제 거 수 양 자

奸奴金礩情遑洩
간 노 김 질 정 황 설
妻父昌孫密告之
처 부 창 손 밀 고 지

大事中途無就慽
대 사 중 도 무 취 척
眞乎可惜不勝譆
진 호 가 석 불 승 희

嚴嚴氣勢鞠尋咢
엄 엄 기 세 국 심 악
凜凜威風堪斷肢
늠 름 위 풍 감 단 지

▼ 주(註)

1) 諮: 謀也, 모의할 자.〔支〕
2) 之: 至也. 이를 지.〔支〕
3) 咢: 驚也, 깜짝 놀랄 악.〔藥〕
4) 肢: 肢體, 팔다리 지.〔支〕

창절서원 매죽헌 성삼문을 주벽으로 제향하다

단종의 빼앗긴 왕위를 회복하려 할 때에
먼저 수양을 제거하기로 하였도다.

간신 김질은 모의 정황을 장인에게 누설하고
장인 정창손은 이 사실을 밀고하였도다.

대사가 중도에 이루지 못함은 슬픈 일인데
이는 진실로 애석함이며 소리쳐 견디지 못하였도다.

엄엄한 기세로 국문에 답하고
늠름한 위풍으로 손발을 끊는 아픔을 견디었도다.

✔ 해제(解題) 1

창절서원은 영월읍 영흥리에 있다. 매죽헌 성삼문(梅竹軒 成三問; 태종18년 1418~세조2년 1456) 선생 등 사육신을 제향한 서원이다. 공은 창녕성씨이고 매죽헌은 그 호이다. 세종20년(1438)에 식년문과에 급제하고 1447년 세종중시에 장원하여 집현전학사로 뽑혀 세종의 지극한 총애를 받으면서 세종의 훈민정음 28자를 만드는데 크게 기여하였다. 단종1년(1453) 좌사간으로 있을 때 수양대군이 계유정난을 일으켜 황보인, 김종서를 죽이고 스스로 정권과 병권을 잡으면서 그 추종자들과 함께 정난공신의 칭호를 내렸으나 공은 이를 사양하였다. 그해 세조가 어린 단종을 위협하여 선위를 강요할 때 공은 국새를 끌어안고 통곡하니 수양이 이를 노려보았다고 한다. 그는 그의 아버지의 지시에 따라 유응부, 유성원 등을 포섭하여 단종 복위운동을 계획하면서 거사의 기회를 엿보고 있었다. 세조2년(1456) 6월 1일에 세조가 상왕인 단종과 함께 창덕궁에서 명나라 사신을 위한 잔치를 열기로 하자

(⇨ 다음 장 창절서원 해제2로 이어진다.)

進賜米存猶未觸
진 사 미 존 유 미 촉
竹軒王俸尚殘支
죽 헌 왕 봉 상 잔 지

擧家沒殺頌貞哭
거 가 몰 살 송 정 곡
一族共藏揚烈洏
일 족 공 장 양 열 이

英廟龍顏倘幻顯
영 묘 용 안 상 환 현
顯陵御貌夢游罹
현 릉 어 모 몽 유 리

食君與食衣君衣
식 군 여 식 의 군 의
殉義殉忠歌節嬉
순 의 순 충 가 절 희

✓ 주(註)

1) 進賜: 나으리. 세조를 왕이라 부르지 않고 이같이 불렀음.
2) 洏: 漸流, 눈물 흘릴 이.〔支〕
3) 英廟: 세종대왕을 이름. 그 능호에 따라 그리 부른다.
4) 顯陵: 문종을 이름. 그 능호에 따라 그리 부른다.
5) 罹: 憂也, 근심할 리.〔支〕
6) 嬉: 美也, 아름다울 희.〔支〕
7) 竹軒: 梅竹軒, 성삼문의 아호.
8) 倘: 흐릿할 상.〔陽〕 倘, 儻이 모두 같은 자이다.

나리가 준 쌀은 그대로 쌓아두어 건드리지 아니하였고
매죽헌이 왕으로부터 받은 녹봉은 아직 남겨 견디고 있네.

온 집안이 몰살당하니 그 정충을 기려 곡하고
일족이 모두 죽어버리니 그 의열을 찬양하여 눈물 짓는도다.

세종대왕의 용안을 흐릿한 환상 중에 뵈옵고
문종의 어모는 꿈속에서도 근심하셨도다.

단종이 주신 밥을 먹었고 단종이 주신 옷을 입으니
의에 죽고 충에 죽어 그 아름다운 절의를 찬양하는도다.

✔ 해제(解題) 2 (앞 장 창절서원 해제1에서 이어지다.)
이날을 거사일로 정하였는데 갑자기 사정이 바뀌어 이를 변경하려 하였을 때 유응부는 변경에 반대하였으나 결국 뒷날로 미루어지고 말았다. 이때 거사에 참여하기로 되어있던 김질이 그의 장인 정찬손과 함께 세조에게 모의사실을 밀고하고 참여자 모두가 잡혔다. 공은 세조의 심문에 대하여 모든 사실을 순순히 말하고 다만 세조를 나으리라 칭하면서 나으리가 준 녹은 내 집에 쌓아두었으니 모두 가져가라 하였다. 공은 모진 고문을 당하여 심지어 사지를 끊어내는 아픔을 당하여서도 조금도 굴하지 아니하고 세조의 불의를 나무라고 안색하나 변하지 아니하였다. 결국 공은 그의 아버지와 더불어 이개, 하위지, 유응부, 박팽년과 함께 능지처사 당하였다. 그때 그의 동생, 아들, 갓난아이까지도 모두 죽음을 당하여 혈손이 끊기고 말았다. 그는 조선시대 대표적인 절신으로서 오늘날까지 만백성의 숭앙을 받고 있는 사육신 중 제일 첫째로 꼽히는 충신이다. 숙종17년(1691) 신원되어 그 후에 이조판서로 추증되었다. 장릉 충신단과 영월 창절서원에 배향되고, 노량진의 사절사에 제향되었다. 시호는 문충이다.

건원릉(健元陵)의 봉분(封墳) - 432쪽 참조 -

건원릉(健元陵) - 432쪽 참조 -

第八部

王陵詠韻

189. 健元陵 初代太祖陵〔押韻先〕

春晚楊州白日眠
춘 만 양 주 백 일 면
健元陵下艷陽天
건 원 릉 하 염 양 천

回軍威化黎民頌
회 군 위 화 여 민 송
建國朝鮮永世傳
건 국 조 선 영 세 전

堯舜江山歌樂土
요 순 강 산 가 락 토
羲農故地醉芳筵
희 농 고 지 취 방 연

嗚呼仰慕新王裡
오 호 앙 모 신 왕 리
青史英名灼灼姸
청 사 영 명 작 작 연

▽ 주(註)

1) 堯舜 : 성제(聖帝) 당요(唐堯)와 우순(虞舜)을 이른다. 轉하여 성군, 명군의 뜻으로 쓰인다.

2) 羲農 : 복희(伏羲)와 신농(神農)을 이른다. 황제(黃帝)와 더불어 삼황씨라고 한다. 중국 고대 상상의 황제이다. 복희씨는 백성에게 어렵과 목축을 가르쳤고, 신농씨는 백성에게 농사를 가르쳤다고 한다.

건원릉 초대 태조릉

늦봄 양주가 한낮에 졸고 있는데
건원릉에는 봄날이 화창하구나.

위화 회군에 만 백성이 기뻐하고
조선 건국을 영세토록 전하리로다.

요순 강산에 낙토를 즐겨 노래하고
복희 신농씨의 고토는 아름다운 잔치에 취하였구나.

오호라 새 왕을 앙모하는 가운데
청사에 꽃다운 이름이 아름답게 빛나고 빛나는도다.

✔ 해제(解題)

건원릉(健元陵)은 경기도 구리시 인창동 동구릉 안에 있다. 조선 초대 왕 태조 이성계의 능이다. 9개의 조선 왕릉(건원릉 · 현릉 · 목릉 · 휘릉 · 숭릉 · 혜릉 · 원릉 · 수릉 · 경릉)으로 이루어진 동구릉(東九陵 ; 사적 제193호) 경내에 있다.

전체적으로 공민왕릉을 본떠 만들었으나 고려시대에는 없는 곡장(曲墻)이 봉분 삼면을 두르고 있고, 석물은 남송 말기의 중국풍을 따르고 있다. 특이한 것은 봉분에 잔디가 아닌 억새풀을 심었는데 태종이 태조의 고향에서 흙과 억새를 가져다 덮었다는 일화가 전해진다.

190. 英陵 四代世宗·昭憲王后沈氏陵〔押韻支〕

探訪英陵春色遲
탐 방 영 릉 춘 색 지
驪州旺垈好風吹
여 주 왕 대 호 풍 취

正音火砲銅鉛字
정 음 화 포 동 연 자
玉漏晷儀創制之
옥 루 구 의 창 제 지

典籍刊行邊境備
전 적 간 행 변 경 비
國防强化樂書爲
국 방 강 화 악 서 위

大王讚頌如文武
대 왕 찬 송 여 문 무
靑史雄名日月曦
청 사 웅 명 일 월 희

▼ 주(註)

1) 旺垈 : 동리명. 왕대리.
2) 玉漏 : 물시계.
3) 晷儀 : 해시계.
4) 文武 : 문왕과 그 아들 무왕을 이른다. 중국 고대 성군. 문왕은 기원전 12세기 중국 주(周)나라를 창건, 태공망(太公望)을 모사(謀師)로 하여 선정을 베풀었다. 생몰년 미상. 무왕은 문왕의 뒤를 이어 여상(呂尙)을 태사(太師)로 삼아 아우 단(旦)과 협력하여 주(紂)왕을 토벌한 뒤 은왕조(殷王朝)를 타도한 후 주왕조(周王朝)를 크게 일으켰다.

영릉 4대 세종·소헌왕후 심씨릉

탐사 영릉에 봄빛이 더디고
여주 왕대리에 상쾌한 바람이 부는구나.

훈민정음 화포 동연 활자와
물시계 해시계 등을 창제하고

전적을 간행하며 변경 수비를 갖추고
국방을 강화하며 악보를 만들었도다.

세종대왕의 치세는 문왕 무왕의 성세(聖世)처럼 빛나고
청사에 씩씩한 이름이 햇빛 달빛처럼 빛나는도다.

✔ 해제(解題)

영릉(英陵)은 경기도 여주시 능서면 영릉로(왕대리)에 있다. 조선 제4대왕 세종과 소헌왕후 심씨의 합장릉으로 사적 제195호로 지정되었다.

세종대왕은 젊은 학자를 등용하여 이상적 유교정치를 구현하였고, 훈민정음을 창제하였으며 6진을 개척하여 국토를 확장하고, 쓰시마섬을 정벌하고 측우기 등 과학기구를 제작하는 등, 정치·경제·문화면에 훌륭한 치적을 쌓았다.

191. 莊陵 六代端宗陵〔押韻庚〕

探史莊陵懷古情
탐 사 장 릉 회 고 정
奈城深谷白雲生
내 성 심 곡 백 운 생

萊風萬里思王曲
내 풍 만 리 사 왕 곡
錦籟千年哭帝鳴
금 뢰 천 년 곡 제 명

叔號命求何處聞
숙 호 명 구 하 처 문
姪君泣去暮鍾聲
질 군 읍 거 모 종 성

魯山三月落花艶
노 산 삼 월 낙 화 염
可歎嗟歎天理傾
가 탄 차 탄 천 리 경

▼ 주(註)

1) 奈城 : 영월의 고호.
2) 萊風 : 봉래(蓬萊)산 바람.
3) 錦籟 : 금강(錦江)의 여울소리.
4) 魯山 : 영월의 고호.

장릉 6대 단종릉

탐사 장릉에 회고의 정이 일고
영월 깊은 골에 흰 구름이 생기는구나.

봉래산 바람 만리에 가신 님을 생각하여 노래 부르고
금강수 물소리는 천년토록 임금을 곡하여 우는구나.

수양 숙부를 부르며 살려달라는 소리 어디선가 들려오는 듯한데
저녁 종소리에 울며 가는 어린 조카의 울음소리로 착각하는구나.

영월 삼월에 낙화가 아름다운데
하늘의 이치가 기울음을 탄식하고 슬퍼하는도다.

해제(解題)

장릉(莊陵)은 강원도 영월군 영월읍 단종로 190(영흥리)에 있다. 조선 제6대 왕 단종의 능으로 사적 제196호로 지정되었다. 세조에게 왕위를 빼앗기고 노산군으로 감봉되어 영월에서 억울한 죽음을 당한 후 동강에 버려진 단종의 시신은 영월의 호장(戶長) 엄흥도(嚴興道)가 몰래 수습하여 동을지산 자락에 암장하였다. 오랫동안 위치를 알 수 없다가 1541년 당시 영월군수 박충원이 묘를 찾아 묘역을 정비하였고, 1580년 선조 때에 상석, 표석, 장명등, 망주석을 세웠다. 숙종7년에 노산대군으로 추봉되고, 숙종24년에 단종으로 추복되었으며 능호가 장릉으로 정해졌다. 단종을 향한 충절을 죽어가면서도 지킨 사육신과 세조에게 등을 돌린 채 평생을 단종을 추모하며 산 생육신이 있다. 단종비의 묘는 사릉에 있어 죽어서도 떨어져 있어 안타깝다. 단종은 1457년 6월 22일 서울을 떠나〔離京〕 1457년 10월 24일 돌아갔다〔亡〕.

192. 思陵 六代端宗妃定順王后宋氏陵〔押韻元〕

淨業院邊千古寃
정 업 원 변 천 고 원
崎嶇八十鎖柴門
기 구 팔 십 쇄 시 문

魯山告別興仁雨
노 산 고 별 흥 인 우
宋氏離君永渡霔
송 씨 이 군 영 도 돈

世祖給糧宣拒絶
세 조 급 량 선 거 절
女人市衆供蔬餐
여 인 시 중 공 소 손

夢中來往莊思樂
몽 중 래 왕 장 사 락
戀慕依依豈可言
연 모 의 의 기 가 언

주(註)

1) 永渡 : 다리 이름〔橋〕. 서울 동대문 밖 청계천에 놓인 다리이다.

2) 霔 : 大雨. 큰비 돈. 〔元〕

3) 餐 : 먹을 손, 餔也. 〔元〕 안주 찬, 飮饌. 〔寒〕

4) 依依 : 간절하게 사모하는 모습.

사릉 6대 단종비 정순왕후 송씨릉

정업원변에 천고의 원한이 서리고
기구한 팔십 평생에 낮에도 문을 닫고 살았구나.

노산군은 비오는 흥인문을 작별하고
송씨는 장맛비에 영도교에서 임을 보냈도다.

세조가 양식 주겠다는 것을 단호히 거절하고
여인시 사람들이 먹거리를 바쳤도다.

꿈속에 장릉과 사릉을 내왕하며 즐거워하니
간절한 연모의 정을 어찌 말로 형언하겠는가.

해제(解題)

사릉(思陵)은 경기도 남양주시 진건읍 사릉리에 있다. 사적 제209호로 1970년 5월 26일에 문화재로 지정되었다.

조선 제6대 단종의 비 정순왕후 송씨의 능으로, 수양대군이 왕위를 찬탈한 뒤 상왕으로 모시면서 의덕대비가 되었으나, 단종이 노산군으로 강봉되면서, 역시 부인으로 강봉되었다. 세조2년(1457) 6월 22일 노산군은 영월로 쫓겨 가고, 송씨부인은 노산군을 비 내리는 영도교(永渡橋, 동대문 밖 청계천에 놓여있는 다리)에서 전송하였으니, 이것이 마지막 작별이 되었다. 평생을 서민으로 보내다 돌아가신 뒤 단종의 누이 경혜공주 묘역에 묻혔다가, 단종 복위와 함께 정순왕후로 추봉되고 묘를 높여 사릉이라고 하였다.

193. 溫陵 十一代中宗元妃端敬王后愼氏陵〔押韻侵〕

探訪溫陵花影深
탐 방 온 릉 화 영 심
楊州日迎淚沾襟
양 주 일 영 누 점 금

裳岩展布霄嵐帶
상 암 전 포 소 람 대
慶會樓邊曉暮尋
경 회 루 변 효 보 심

慕婦中宗朝夕望
모 부 중 종 조 석 망
凄然愼氏早晨臨
처 연 신 씨 조 신 임

夫君登極瞬間裂
부 군 등 극 순 간 열
怨祚嗟歎尤苦吟
원 조 차 탄 우 고 음

온릉 11대 중종원비 단경왕후 신씨릉

탐방 온릉에 꽃그림자 깊고
양주 일영에서 옷깃을 적시는구나.

치마바위에 치마를 펴니 새벽 남기 어리었고
경회루변을 새벽과 저녁에 찾는도다.

아내를 그리는 중종은 조석으로 바라보는데
슬픈 신씨는 이른 새벽부터 그곳에 가는도다.

남편이 왕이 되자 순식간에 부부사이를 갈라놓으니
왕위를 원망하고 더욱 탄식 신음하는도다.

∨ 해제(解題)

온릉(溫陵)은 경기도 양주시 장흥면 일영리에 있다. 조선 제11대 중종의 원비 단경왕후 신씨의 능이다. 1970년 5월 26일 사적 제210호로 지정되었다. 단경왕후는 중종반정으로 왕비에 책봉 되었으나 아버지 신수근이 연산군의 측근이었다는 이유로 왕비가 된지 7일 만에 폐위되었다. 자식 없이 세상을 떠나 친정의 묘역에 묻혔으며, 1739년(영조 15)에 복위되어 온릉이라는 능호를 받았다. 중종은 신씨가 인왕산 아래 사직골로 쫓겨나자 잊을 수가 없어 경회루에 올라 인왕산 기슭을 애절하게 바라보았다. 신씨가 이 소문을 듣고 붉은 치마를 바위에 펼쳐놓아 간절한 뜻을 보였다. 이 일로 사람들이 이 바위를 치마바위라 불렀다.

194. 泰陵 十一代中宗三妃文定王后尹氏陵〔押韻庚〕

探訪泰陵山靄晴
탐 방 태 릉 산 애 청
遙思文定囀倉庚
요 사 문 정 전 창 경

佛岩嶺籟歌詞艶
불 암 영 뢰 가 사 염
中浪江風頌烈貞
숭 랑 강 풍 송 열 정

國事叅觀終弄斷
국 사 참 관 종 롱 단
垂簾聽政遂專橫
수 렴 청 정 수 전 횡

評論諸說錄青史
평 론 제 설 녹 청 사
傑出女人懷古情
걸 출 여 인 회 고 정

태릉 11대 중종삼비 문정왕후 윤씨릉

탐방 태릉에 맑은 아지랑이 끼었고
문정왕후를 생각하니 꾀꼬리가 우는도다.

불암산 바람은 그녀 문장 아름다움을 노래하고
중랑천 강풍은 그녀의 정열을 기리는도다.

국사에 관여하다가 종당에는 농단에 이르고
소생인 명종의 수렴청정 하다가 드디어 전횡하였구나.

여러 가지로 평론하여 역사에 올랐지만
걸출 여인으로 회고하는 정이로다.

✓ 해제(解題)

태릉(泰陵)은 서울특별시 노원구 공릉동에 있다. 조선 제11대 중종의 제2계비 문정왕후 윤씨의 능이다.
문정왕후는 본관이 파평으로 파산부원군 윤지임의 딸이며, 장경왕후가 승하하자 2년 후에 왕비로 책봉되었다. 소생 경원대군이 인종의 대통을 이어 왕위에 오른 명종을 뒤에서 8년간 수렴청정 하였으며, 그는 불심이 깊어 유생들의 반대를 무릅쓰고 승과를 두었고, 선교 양종을 부활시키는 등 불교 진흥에 힘썼다. 섭정을 하며 지나칠 정도로 국정 농단을 하여 원성을 사기도 하였다.

195. 兎野農歌頌〔押韻庚〕

嚴嚴鶩嶺北峸城
엄 엄 목 령 북 앙 성
鵲渡彈琴和篆聲
작 도 탄 금 화 전 성

文酒風流吟一席
문 주 풍 류 음 일 석
詩章學士達三卿
시 장 학 사 달 삼 경

茫洋沃畓謠仙境
망 양 옥 답 요 선 경
廣漠肥田闢玉京
광 막 비 전 벽 옥 경

兎野農歌歌孔舞
토 야 농 가 가 공 무
禹湯聖世囀倉庚
우 탕 성 세 전 창 경

✓ 주(註)

1) 鶩嶺 : 山名. 목령산.

2) 鵲渡 : 地名. 까치내 나루.

토야 농가송

엄엄한 목령은 북에 솟아 성을 이루었고
까치내 강바람은 거문고를 타는 듯 글소리에 맞추는구나.

문주 풍류가 큰 자리를 읊어대고
시를 공부하는 학사들은 삼경에 이르리로다.

아득한 옥답은 선경을 노래하고
넓고 비옥한 밭은 신선궁을 열었구나.

토야 농가에 유학(儒學)을 찬송하며 춤을 추고
우탕 성세에 꾀꼬리가 우는구나.

✓ 해제(解題)

토야 농가송(兎野農歌頌) : 토야는 충청북도 청주시 오창읍 가곡리에 있는 들의 이름이다.
금강 지류인 미호천 가의 넓은 평야로서, 청주에서 진천으로 가는 17번국도의 좌우에 전개되는 비옥한 논으로써 옛날부터 가곡보(洑)의 몽리구역에 속하여 수한경식(水旱經植)하는 양답이다. 주위에 요부한 농가가 많으며 높은 학문을 가진 인재가 배출되었다. 나의 고향 들이다. 나도 이 쌀을 먹고 잔뼈가 굵었다.

196. 造德莊〔押韻寒〕

凜凜西龍迎水歡
늠 름 서 룡 영 수 환
茅莊造德坐汀安
모 장 조 덕 좌 정 안

淸風盡旦室歌鳳
청 풍 진 단 실 가 봉
明月終宵廳舞鸞
명 월 종 소 청 무 란

遠岫近山吹奏列
원 수 근 산 취 주 열
主翁傍聽響筵闌
주 옹 방 청 향 연 란

杜鵑切切長啼曉
두 견 절 절 장 제 효
幻興江嵐白玉盤
환 흥 강 람 백 옥 반

▿ 주(註)
1) 旦 : 曉也. 새벽 단.
朝也. 아침 단.
旦也. 일찍 단.〔翰〕

조덕장

늠름한 서룡은 물을 맞아 기쁜데
띠집 조덕장은 물가에 편안히 앉았네.

청풍은 날이 새도록 방안에서 봉황처럼 노래하며
명월도 한밤 내 마루에서 난새처럼 춤추네.

멀고 가까운 산은 취주악 불며 늘어서있고
주옹은 난만한 교향악을 방청하고 있구나.

두견이 간절하게 새벽까지 울어대니
강의 남기는 명월과 더불어 꿈결 같은 유흥에 젖었구나.

➤ 해제(解題)

조덕장(造德莊) : 내가 1960년경에 홍천 두촌면에 약 90만평의 임야를 장만하고, 조림을 한지 50년이 넘었다. 맑은 샘 위에 띠집을 얽고 이름하여 노두산방(老斗山房)이라 하였다. 권우(卷宇) 홍찬유 선생을 한번 모시고 그곳에 갔더니 이 띠집에 조덕장(造德莊)이라는 이름을 주셨다. 동리 이름인 조덕골에서 나온 것이다. 선생의 친필로 편액한 것이 소중하게 걸려 있다. 지난날 나는 이 띠집에 가서 며칠을 소요하면서, 서울 오기가 싫어지면 마누라의 귀가 독촉을 받은 적이 한두 번이 아니다.

197. 長城春色〔押韻東〕

八達樓邊異國老
팔 달 루 변 이 국 로
爛漫勝景醉顔濛
난 만 승 경 취 안 몽

萬花方暢萬芳馥
만 화 방 창 만 방 복
千杏輸香千里風
천 행 수 향 천 리 풍

薊北連峯雲霧碧
계 북 연 봉 운 무 벽
燕南遠岫彩霞紅
연 남 원 수 채 하 홍

爭姸桃李滿山郁
쟁 연 도 리 만 산 욱
不到長城非好翁
부 도 장 성 비 호 옹

✔ 주(註)

1) 八達樓 : 북경 서북 만리장성에 있는 팔달영 문루.

2) 薊 : ① 엉겅퀴 계. ② 나라이름 계. ③ 성(姓) 계.〔霽〕

3) 燕 : ① 제비 연. ② 잔치 연. ③ 편안할 연. ④ 나라이름 연. 周의 제후국, 지금의 하북성에 있던 나라. 북경지방의 이칭.⑤ 성(姓) 연.〔先〕

장성 춘색

팔달루변의 외국 늙은이가
난만한 승경에 취안이 몽롱하구나.

만화방창 만년토록 향기롭고
천 그루 살구꽃은 향기를 천리 풍에 보내는구나.

계북 연봉에 운무가 푸르고
연남 원수에 채하가 붉구나.

도리가 고움을 다투어 만산에 향기 가득한데
장성에 와보지 않고서야 멋진 늙은이라 하지 못하겠구나.

✔ 해제(解題)

장성춘색(長城春色) : 장성은 중국 만리장성을 가리킨다. 저자가 1995년 4월 이곳을 찾았을 때에 감회를 적은 것이다.

198. 探訪谷水營址〔押韻庚〕

谷水營墟懷古情
곡 수 영 허 회 고 정
洛城郊外菜花明
낙 성 교 외 채 화 명

曾屯日卒留斯洞
증 둔 일 졸 유 사 동
慣面閭頭舊臭盈
관 면 여 두 구 취 영

震客入門摩柱慽
진 객 입 문 마 주 척
老姑歡待笑相迎
노 고 환 대 소 상 영

夕陽恍惚浮生歎
석 양 황 홀 부 생 탄
東赴遙望把酒傾
동 부 요 망 파 주 경

주(註)
1) 洛城 : 낙양의 고호.
2) 把 : 握也, 잡을 파.〔馬〕

탐방 곡수영지

곡수진 옛 군영을 찾으니 회고의 정이 이는데
낙양 교외에는 유채꽃이 밝구나.

일찍이 일병으로 이 동리에 유했더니
낯익은 집 대문에 옛 냄새가 넘치는도다.

동국의 나그네는 문에 들어서 기둥을 더듬으며 감회에 젖었는데
늙은 할미는 나를 환대하여 웃음으로 맞이하는구나.

석양이 황홀한데 허망한 인생을 탄식하면서
멀리 동으로 흐르는 황하를 바라보고 술잔을 비웠네.

✔ 해제(解題)

탐방 곡수영지(探訪谷水營址) : 곡수진은 중국 낙양 서쪽에 있는 마을 이름으로, 저자가 1943년경 이곳에 일군으로 징병되어 모진 훈련을 받던 곳이다. 1995년 4월 15일 낙양을 방문하였을 때 옛날에 병영으로 쓰던 중국인 주택을 찾아가, 그 집주인 석봉성(石逢成)씨 모자를 만나고 동리사람의 환영을 받았다.

199. 桃花谷送暮春〔押韻微〕

四月南風柳絮飛
사 월 남 풍 유 서 비
桃花谷岸茜霞暉
도 화 곡 안 천 하 휘

黃河遠上游雲緲
황 하 원 상 유 운 묘
中史流傳夢幻微
중 사 유 전 몽 환 미

治亂興亡浮水去
치 란 흥 망 부 수 거
英雄豪傑未痕歸
영 웅 호 걸 미 흔 귀

夕陽恍惚三杯酒
석 양 황 홀 삼 배 주
東老醉顔獨恨唏
동 로 취 안 독 한 희

✔ 주(註)

1) 唏 : 歎也, 탄식할 희.〔微〕슬퍼 느낄 희.〔尾〕슬픈 소리 희, 哀聲.〔未〕

도화곡에서 모춘을 보내다

4월 남풍에 버들 꽃이 날리는데
도화곡 언덕에는 꼭두서니노을 비치는구나.

황하는 멀리 구름 위로 아득하고
중국의 역사는 흐르고 흘러서 꿈속에 희미해졌구나.

치란 흥망은 물에 떠서 내려갔고
영웅호걸은 흔적도 없이 가버렸구나.

황홀한 석양에 술 서너 잔 마시고
동국 늙은이가 취한 얼굴로 홀로 탄식하고 있구나.

해제(解題)
도화곡 송모춘(桃花谷送暮春) : 도화곡은 황하 중류에 위치하여 정주와 개봉의 중간쯤인데 여기서부터 황하는 동쪽으로 흘러서 매년 범람하여 하류(河流)가 좌우로 여러 번 바뀌면서 광막한 옥야를 조성한다. 옛날에는 멀리 북쪽 천진지방에서 황해로 유입하기도 하였고, 또한 남쪽으로 흘러 양자강과 하구에서 만나기도 하였으나, 현재는 산동반도 북쪽에서 황해에 유입하고 있다. 저자는 1995년 4월경 이곳을 찾아 황하 하심에 서서 황하 상류를 요망한 적이 있다.

200. 西湖煙雨醉東老〔押韻陽〕

上有天堂下有杭
상 유 천 당 하 유 항
煙霞三月訪錢溏
연 하 삼 월 방 전 당

朝嵐白架柳絲艶
조 람 백 가 유 사 염
春曉蘇堤桃蕾粧
춘 효 소 제 도 뢰 장

佳色西施眠玉闕
가 색 서 시 면 옥 궐
詩翁東坡造湖光
시 옹 동 파 조 호 광

老騷絶景醉仙境
노 소 절 경 취 선 경
靈隱鐘聲還夢鄉
영 은 종 성 환 몽 향

주(註)

1) 杭 : 항주(항州)를 이른다.
2) 錢溏 : 전당호의 약칭. 서호(湖)라는 별칭이 있다. 항주에 있는 경치 좋은 호수.
3) 白架 : 시인 백거이(白居易)가 항주자사 재임 중 서호에 놓은 다리 이름.
4) 蘇堤 : 시인 소동파가 항주자사 재임 시 서호에 설치한 제방의 이름.
5) 西施 : 중국 역사상 가장 아름다운 미인의 이름. 월왕 구천(句踐)이 오왕 합려(闔閭)에게 바쳐 오왕이 서시에게 빠지게 하였다 한다.
6) 東坡 : 소동파(蘇東坡)를 이른다. 중국 당(唐)대 시인.

서호연우에 동로는 취하다

위에는 천당이 있고 아래에는 항주가 있다는데
안개 낀 삼월에 전당호를 찾았구나.

아침 안개 낀 백교에 늘어진 버들이 곱고
봄 새벽 소제에는 복사꽃봉우리가 아름답도다.

절세가인 서시는 옥궐에서 졸고 있고
시옹 동파는 서호의 경관을 만들었도다.

늙은 나그네는 절경에서 선경에 취하였는데
영은사 종소리가 꿈에서 나를 깨우는도다.

---

7) 靈隱寺 : 서호 북쪽 가까이 있는 절 이름.

✔ 해제(解題)

서호연우 취동로(西湖煙雨醉東老) : 서호는 중국 항주에 있는 천하경승지이다. 시인 소동파가 이곳 주목으로 재임하면서 서호에 제방을 쌓아 소제(蘇堤)라 이름 짓고, 버들과 도리를 심어 이를 산책하는 사람으로 하여금 천당을 연상케 하였다. 서호는 일명 '전당호'라고도 하며 소주와 더불어 상유천당하고, 하유항소라고 할 만큼 경치 좋은 곳이고, 또한 소주, 항주가 모두 세계적으로 미인의 산지라고 한다. 저자는 1975년과 1979년 두 차례 이곳을 찾아 선유한 적이 있다.

201. 西安洛陽車中吟〔押韻先〕

黃土高臺沃野連
황 토 고 대 옥 야 연
菜香馥郁百花鮮
채 향 복 욱 백 화 선

潼關驛裡暮春睡
동 관 역 리 모 춘 수
三峽坫頭行馬眠
삼 협 점 두 행 마 면

列國討平項羽去
열 국 토 평 항 우 거
中原統合秦皇顚
중 원 통 합 진 황 전

如流歲月震騷歎
여 류 세 월 진 소 탄
白髮老妻垂淚漣
백 발 노 처 수 루 연

▼ 주(註)

1) 潼關 : 중국 섬서성에 있는 관소(關所) 이름.
2) 三峽 : 삼문협의 약칭. 중국 하남성의 지명.
3) 項羽 : 중국 초(楚)나라 영웅의 이름.
4) 秦皇 : 진시황의 약칭. 중국을 통일한 황제 이름.

서안에서 낙양 가는 기차에서 읊다

황토 고원에 기름진 들이 이어지고
유채 향기 복욱한데 백화가 아름답구나.

동관 기차역에서 모춘은 깜빡 잠들고
삼문협 정거장에서 행마는 졸고 있구나.

열국을 토평한 항우는 갔고
중원을 통합한 진시황은 거꾸러졌구나.

흐르는 세월을 동국 나그네가 탄식하니
백발의 내 아내는 눈물을 흘리는구나.

▼ 해제(解題)

서안(西安)에서 낙양(洛陽) 가는 기차에서 읊다 : 1979년 4월 저자가 서안에서 낙양으로 가는 기차 안에서 주위 풍경을 본 감회를 회상하여 지은 것이다.

202. 虎丘塔〔押韻東〕

吳主闔閭墳墓崇
오 주 합 려 분 묘 숭
虎丘塔上曙霞紅
호 구 탑 상 서 하 홍

聳天忽起微斜態
용 천 홀 기 미 사 태
仙女羽裳颯惠風
선 녀 우 상 삽 혜 풍

遊客滔滔盈碧苑
유 객 도 도 영 벽 원
落花片片舞蒼空
낙 화 편 편 무 창 공

蘇州觀覽騷翁醉
소 주 관 람 소 옹 취
遠渡鐘聲淡靄中
원 도 종 성 담 애 중

▼ 주(註)

1) 吳主闔閭 : 기원전 496년 월(越)나라와의 싸움에 전사한 오왕의 이름이 합려이고 그의 아들은 부차(夫差)이다.
2) 虎丘塔 : 오왕 합려의 무덤 위에 10만명을 동원하여 쌓았다는 탑의 이름. 소주시 서북 4.5㎞ 지점에 있다.

호구탑

오왕 합려의 무덤이 높은데
호구탑 위에 새벽안개가 붉구나.

하늘을 찔러 솟아올라 조금 기울은 모양새는
선녀의 치맛자락이 혜풍에 살랑거리는 것 같구나.

유객은 도도히 푸른 동산에 넘치고
낙화는 편편히 푸른 하늘에서 춤추네.

소주 관광하는 시옹이 취했는데
멀리서 종소리가 맑은 아지랑이 속에 들려오는도다.

✔ 해제(解題)

호구탑(虎丘塔) : 호구탑은 중국 소주 북쪽에 있는 전탑인데 오왕 합려의 무덤에 세운 탑이라고 전한다. 이 탑은 8각 7층 전탑으로 하늘높이 쌓아 올라가다가 조금 우측(동쪽)으로 기울자 이를 수정하기 위하여 서쪽으로 바로잡아 마무리 하였는데, 동양의 피사의 사탑이라고 하지만 피사탑보다 한층 아름답다. 그 기울은 탑의 모양이 어쩌면 그렇게 아름답고 멋이 있는지 저자는 중국에 갈 때마다 이곳을 찾아 그 탑 아래에서 오랫동안 바라보며 감탄한 적이 있다. 인류가 창조한 예술 가운데 극치라고 나는 평하고 싶다. 소주를 찾는 일이 있거든 꼭 한번 호구탑을 찾아 감상하시라.
저자가 1975년 봄과 1979년 봄에 이곳을 찾았을 때의 감회를 적은 것이다.

203. 老騷探訪寒山寺〔押韻先〕

探訪姑都春晩天
탐 방 고 도 춘 만 천

觀光詩迹興悠然
관 광 시 적 흥 유 연

南風爽渡蘇城外
남 풍 상 도 소 성 외

東老醉顔寒寺前
동 로 취 안 한 사 전

渺望旅程遙越地
묘 망 여 정 요 월 지

暮煙細雨過吳田
모 연 세 우 과 오 전

興亡盛替累經客
흥 망 성 체 누 경 객

白髮霜髭孤自憐
백 발 상 자 고 자 련

▿ 주(註)

1) 姑都 : 고소성. 소주의 이칭.

2) 蘇城 : 소주성의 약칭.

3) 寒寺 : 寒山寺를 이른다. 소주 남방 25㎞ 지점에 있는 절의 이름.

노시인이 한산사를 찾다

탐방 소주 늦은 봄 하늘에
시인의 발자취 관광에 흥이 유연하구나.

남풍은 상쾌히 불어 고소성에 이르렀고
동국 늙은이는 한산사 앞에서 취하였구나.

멀리 여행길을 바라보니 월나라 땅이 아득하고
모연 가랑비에 오나라 밭 사이를 지나왔구나.

홍망 성체를 고루 겪은 나그네가
백발 상자에 스스로 슬퍼하는도다.

✓ 해제(解題)

노소탐방 한산사(老騷探訪寒山寺) : 한산사는 유명한 장계의 풍교야박시의 주제가 된 절이다. 소주의 경승에 역사적 의미를 더하여 아름다움을 한층 빛나게 하는 절이다. 저자가 1979년 봄에 이곳을 찾아 느낀 감회를 적은 시이다.

204. 姑蘇臺覽古〔押韻先〕

勝戰闔閭氣自乾
승 전 합 려 기 자 건
姑蘇臺上造園嫣
고 소 대 상 조 원 언

羽觴曲水夜來宴
우 상 곡 수 야 래 연
花爛芳城終日筵
화 란 방 성 종 일 연

嬌態西施歌帝裡
교 태 서 시 가 제 리
春宵殿閣舞王前
춘 소 전 각 무 왕 전

陷沈酒色忘吾任
함 침 주 색 망 오 임
敵襲國亡翔爲仙
적 습 국 망 상 위 선

주(註)

1) 姑蘇臺 : 춘추시대 오왕 합려(闔閭)가 고소산 위에 쌓은 돈대 이름. 합려와 그 아들 부차(夫差)가 그 위에 화려한 이궁을 짓고 또한 확장하였다. 소주 서쪽 40리에 있다.
2) 西施 : 오(吳)와의 싸움에서 진 월 왕(越王) 구천(句踐)이 미녀 서시를 오왕 합려에게 바쳐 오왕이 서시의 미색에 빠져 국정을 문란하게 하는 사이 와신상담(臥薪嘗膽) 국력을 길러 12년 후 오나라를 쳐서 왕을 자살케 하여 전승을 거둔다.
3) 春宵殿 : 오왕 합려와 그 아들 부차가 고소대 정상에 지은 화려한 궁전

고소대람고

싸움에 이긴 합려는 스스로 기가 씩씩해져서
고소대 상에 아름다운 정원을 지었구나.

우상곡수연을 밤새껏 벌리고
화란방성에 종일토록 잔치를 하는도다.

아리따운 서시는 임금의 품안에서 노래 부르는가 하면
춘소궁전에서 왕 앞에 춤을 추는도다.

주색에 빠져서 내 임무 잊으니
적이 쳐들어와 나라는 망하고 신선되어 날아갔구나.

의 이름.

✔ 해제(解題)

고소대람고(姑蘇臺覽古) : 오왕 합려와 그 아들 부차가 월왕 구천과 싸워 승전한 후 고소대에 높은 궁전을 짓고 그 궁전에서 월왕 구천이 바친 미비 서시와 주색에 빠져 국정을 팽개친 사이 월왕 구천은 와신상담하여 국력을 길러 오왕 부자를 멸망시켰는데, 고소대는 오왕 부자가 새로이 지은 화려한 궁궐이었던 돈대이름이다. 장강하류에 있다. 저자가 1979년 4월경 이곳을 찾았다.

205. 兵馬俑坑〔押韻先〕

兵馬俑群長肅然
병 마 용 군 장 숙 연
悠悠坑裡護陵虔
유 유 갱 리 호 릉 건

不嘗不飮不三食
불 상 불 음 불 삼 식
無臥無休無寸眠
무 와 무 휴 무 촌 면

列國興亡非我事
열 국 흥 망 비 아 사
英雄生滅豈吾連
영 웅 생 멸 기 오 련

光明世界乍開晄
광 명 세 계 사 개 황
爽渡南風聽杜鵑
상 도 남 풍 청 두 견

∀ 주(註)

1) 兵馬俑 : 1974년 서안 교외 진시황릉이라 전하는 무덤 동쪽 1.5㎞의 과수원에서 우물을 파던 농민이 등인대 토제인형을 발견하였다. 중국 정부가 발굴한 결과 이 유적은 진시황릉의 외부 시설의 하나로서 능을 지키기 위하여 실물대의 병마용을 대량으로 거대한 갱 중에 배납한 사실임이 확인되었다. 육천 체의 인형과 수십 대의 목제 전차, 수백 필의 마형과 지휘 장군용이 발견되어 세계를 놀라게 하였다.

병마용갱

병마용군이 오랫동안 숙연하여
장장 세월을 구덩이 안에서 공경스럽게 능을 지키고 있구나.

맛보지 않고 마시지 않고 세 끼니를 먹지도 않고
눕지 않고 쉬지 않고 잠시도 자지 않았네.

열국의 흥망은 우리의 일이 아니요
영웅의 생사가 어찌 우리와 관련되었겠는가.

광명 세계가 홀연히 열려 황홀하고
상쾌한 남풍이 불어 숨을 크게 쉬면서 두견이 소리를 듣는구나.

✓ 해제(解題)

병마용갱(兵馬俑坑) : 병마용갱은 중국 서안에 있다. 저자가 1979년 4월경 서안에 갔을 때 이곳을 찾았다. 중국정부가 발굴한 결과 이 유적은 진시황릉의 외부시설의 하나로서, 능을 지키기 위하여 실물대의 병마용을 대량으로 거대한 갱 중에 배납한 사실이 확인되었다. 육천 체의 인형과 수십 대의 목제 전차, 수백 필의 마형과 지휘 장군용이 발견되어 세계를 놀라게 하였다.

206. 虞美人草花發〔押韻支〕

四面楚歌頻到時
사 면 초 가 빈 도 시
絶望項羽宴謠悲
절 망 항 우 연 요 비

慨歎覇將天亡怨
개 탄 패 장 천 망 원
自刎愁妃告別離
자 문 수 비 고 별 리

紅血化萌虞美草
홍 혈 화 맹 우 미 초
嫪思未盡寄花枝
노 사 미 진 기 화 지

情人方渡三途水
정 인 방 도 삼 도 수
堅執裳端籍後追
견 집 상 단 적 후 추

▼ 주(註)

1) 籍 : 書冊. 서책 적. 戶口圖一. 호적 적. 項羽의 이름. 〔陌〕

우미인초에 꽃이 피다

사면에 초가가 시끄럽게 들려올 때
절망한 항우는 마지막 잔치 노래 슬프구나.

개탄 패장은 하늘이 자기를 망하게 했다 원망하고
근심에 쌓인 우비는 스스로 목 찔러 이별을 고하는도다.

붉은 피는 우미인초가 되어 싹트고
애달픈 사랑은 끊지 못하여 꽃가지에 깃들었도다.

정인이 마침내 삼도천을 건너가려 할 때
치맛자락 잡고 항우는 뒤쫓아 가는구나.

✓ 해제(解題)
우미인초 화발(虞美人草花發) : 항우가 곤경에 빠져 우비와 최후의 술자리를 벌였을 때의 심정이 과연 어떠했을까? 우야우야내약하(虞耶虞耶奈若何) 낸들 너를 어찌하랴 우비는 비운을 깨닫고 스스로 목 찔러 죽고 그 자리에 우미인초가 나서 양귀비꽃을 피웠다는 전설이다. 꽃마저 아름다워 가련한 천하일색이다.

207. 楚霸王項羽歎〔押韻東〕

力拔山兮蓋世風
역 발 산 혜 개 세 풍
霸王項羽是豪雄
패 왕 항 우 시 호 웅

范離垓下楚歌渡
범 리 해 하 초 가 도
虞送烏江逃路窮
우 송 오 강 도 로 궁

回顧天亡非戰罪
회 고 천 망 비 전 죄
失心自刎夭顏紅
실 심 자 문 요 안 홍

興衰盛替人間事
흥 쇠 성 체 인 간 사
悲運莫歎籍數中
비 운 막 탄 적 수 중

✔ 주(註)

1) 范 : 范增을 이른다. 중국 전국시대 항우의 모신(謀臣), 진(秦)나라 사람. 홍문연(鴻門宴)에서 한 고조를 죽이려 하다가 실패하고, 뒷날 항우와 불화하며 팽성(彭城)에서 죽다.

2) 虞 : 虞妃를 이른다. 항우 애첩.

3) 籍 : 書冊. 서책 적. 戶口圖一. 호적 적. 項羽의 이름. 〔陌〕

초패왕 항우탄

역발산혜여 개세의 풍도하니
패왕 항우는 이야말로 호웅이로다.

범증을 잃고 해하에서 초가를 들었으며
우비를 보내고 오강에서 도망갈 길이 없도다.

평생을 회고하니 하늘이 자기를 망하게 했고 싸움을 잘 못한 죄는 아니며
실심한 항우는 스스로 목 베어 죽으니 요절한 얼굴이 붉도다.

흥망 성체는 인간사인데
비운을 탄식하지 말라 항우여 그대 운수 속에 있느니라.

✔ 해제(解題)

초패왕 항우탄(楚霸王項羽歎) : 초패왕 항우가 인생 마지막을 고할 때의 탄식이다. 천지망야비전지죄(天之亡也非戰之罪) 하늘이 나를 망하게 한 것이고 내가 싸움 잘못한 죄는 아니라고 그는 말하고 하늘이 나를 망하라고 했으니 살 수가 있겠는가? 천명을 따르겠다는 뜻이다. 스스로 목 찔러 죽으니 저승길에서 우미인을 기다리고 있다가 그 치마 자락을 잡고 천당이건 지옥이건 그대와 같이 가자고 애원하는 장면이다.

208. 華清池〔押韻支〕

貴妃賜浴華清池
귀 비 사 욕 화 청 지
泉滑溫泉洗凝脂
천 활 온 천 세 응 지

桃李春風花發夜
도 리 춘 풍 화 발 야
羽觴曲水樂筵時
우 상 곡 수 낙 연 시

在天望作比翼鳥
재 천 망 작 비 익 조
於地願生連理枝
어 지 원 생 연 리 지

夢幻無醒無可奈
몽 환 무 성 무 가 내
神明呼訴必成期
신 명 호 소 필 성 기

주(註)

1) 華清池 : 당나라 서울 장안의 동쪽 25㎞에 있던 현종황제의 별궁 하청궁에 있는 온천장의 이름. 현종은 양귀비의 환심을 사기 위하여 호화 별궁을 짓고, 그 안에 화려한 온천욕장을 만들어 같이 즐겼다.
2) 比翼鳥 : 이 시의 해제 참조.
3) 連理枝 : 이 시의 해제 참조.

화청지

양귀비가 화청지에서 목욕을 즐기는데
샘물은 미끄럽고 따뜻한 온천에서 지분을 씻는구나.

도리 춘풍에 꽃이 만발한 밤에
우상 곡수연이 벌어졌도다.

하늘에서는 비익조가 되기를 원하고
땅에서는 연리지가 되기를 소망하는도다.

이 꿈이 깨지 않기를 바라지만 그게 되지 않는다고 하니 어찌할 것인가.
신명에게 호소하여 꼭 이루어지기를 기약하는도다.

해제(解題)

화청지(華淸池) : 당 현종이 양귀비와 놀던 별궁에 있던 온천장의 이름이다. 이 황홀한 꿈이 영원히 깨지 말았으면 좋겠다고 하지만 그렇게는 안 되는 것인가 보다. 재천원작비익조(在天願作比翼鳥) 재지원생연리지(在地願生連理枝)라. '하늘에서 암수가 서로 몸통이 연결되고 같은 날개로 나는 새 비익조(比翼鳥)가 되고 땅에서는 두 나무가 붙어서 양분의 통로를 같이 하는 나무〔連理枝〕가 되기를 원한다.'라고 장한가(長恨歌)에서 백거이(白居易)의 시에 나오는 얘기다.
저자가 1995년 4월 이곳을 찾았을 때의 감회를 회상하여 지은 것이다.

209. 登老姑壇〔押韻支〕

依杖老姑恭拜時
의 장 노 고 공 배 시

群臣侍立好風吹
군 신 시 립 호 풍 취

天王龍座問花事
천 왕 용 좌 문 화 사

般若上呈梅一枝
반 야 상 정 매 일 지

近岫嚴嚴桃已發
근 수 엄 엄 도 이 발

遠江渺渺柳如糸
원 강 묘 묘 유 여 사

太平聖世頌歌裡
태 평 성 세 송 가 리

方丈宮中春日遲
방 장 궁 중 춘 일 지

주(註)

1) 天王 : 지리산 주봉 천왕봉을 이른다.

2) 般若 : 지리산 북쪽에 솟은 반야봉을 이른다.

3) 方丈 : 지리산의 이칭.

등 노고단

지팡이 짚은 늙은 할미가 공손히 절을 할 때에
군신을 시립하여 상쾌한 바람이 부는구나.

천왕은 용좌에 앉아 꽃의 일을 물으니
반야는 앞에 나와 매화 한 가지를 올리는도다.

가까운 여러 봉우리는 엄엄하게 복사꽃이 이미 피었다 말씀드리고
먼 강은 아득하게 버들이 실처럼 늘어져 있다 아뢰는도다.

태평 성세를 찬양하는 가운데
방장 궁중에 봄날이 더디구나.

✔ 해제(解題)

등 노고단(登老姑壇) : 2020년 3월 19일 광양 매화마을에 가는 도중 지리산 노고단에 들렀다. 젊을 때 새벽에 구례구 기차역에서 내려 미리 예약한 짐꾼과 만나 택시를 타고 화엄사까지 왔었다. 화엄사에서 여기까지 올라오는데 꼬박 하루를 걸어서, 늦은 시간에 노고단에서 천막을 치고 하루 밤을 지냈다. 그때 밤하늘에서 본 별이 어찌 그렇게 찬란하고 많던지 도시하늘에서는 보지 못하였던 풍경이다. 깜짝 놀랐던 기억이 아직도 생생하다. 서둘러 행마를 재촉, 하산하여 목적지인 광양 매화마을로 향한다.

210. 景福宮〔押韻東〕

創建斯宮景福宮
창 건 사 궁 경 복 궁
壬辰全燒複元功
임 진 전 소 복 원 공

案山南聳龍山北
안 산 남 용 용 산 북
外水西流內水東
외 수 서 류 내 수 동

弑害明星憎日極
시 해 명 성 증 일 극
毁宸總府惡倭同
훼 신 총 부 오 왜 동

興亡盛替累經闕
흥 망 성 체 누 경 궐
國運大通王運通
국 운 대 통 왕 운 통

주(註)

1) 明星 : 명성황후의 약칭.

2) 總府 : 총독부의 약칭.

경복궁

이궁을 창건하여 경복궁이라 명명하니
임진왜란에 전소하여 한말에 복원하였도다.

안산은 남에 솟고 내룡산이 북에 앉았으니
외수는 서쪽으로 흐르고 내수는 동으로 가누나.

명성왕후를 시해하니 일본을 미워함이 극에 달하고
대궐을 헐고서 총독부를 세우니 온 나라가 함께 일본을 미워하였도다.

흥망 성체를 여러 번 겪은 궁궐인데
국운 대통하고 왕의 운수 대통 하소서.

✔ 해제(解題)

경복궁(景福宮) : 경복궁은 조선조가 한양에 도읍을 정한 후 최초로 지은 왕궁이다.

임진왜란에 전소하여 오랫동안 비어 있다가, 대원군이 국력을 기울여서 이 궁을 복원하였다. 안산은 남에 솟고 주산은 북에 있으며, 외수는 서쪽으로 흐르고 내수는 동으로 흐른다. 풍수학설상으로 기가 막히게 좋은 자리다. 하지만 이 궁에서 이루어진 이조 500년의 역사가 별로 보잘 것이 없음은 무슨 까닭일까?

211. 東大門〔押韻東〕

都奠漢陽門設東
도 전 한 양 문 설 동
興仁閭裡吹薰風
흥 인 려 리 취 훈 풍

高歌擊壤祈年稔
고 가 격 양 기 년 임
勤勉耕耘禱歲豊
근 면 경 운 도 세 풍

洌水彈琴芳宴爛
열 수 탄 금 방 연 란
覓山送籟醉顏紅
멱 산 송 뢰 취 안 홍

太平聖世黎民頌
태 평 성 세 여 민 송
春播秋收樂不窮
춘 파 추 수 낙 불 궁

▼ 주(註)

1) 稔 : 穀熟. 풍년들 임, 곡식 익을 임.
年也. 해 임.
積久. 오랠 임. 〔寢〕

동대문

한양에 도읍 정하고 동쪽에 문 세우니
흥인문 안으로 훈풍이 불어오네.

격양가 높이 불러 풍년들기 염원하고
근면 경운에 풍년들기 비는도다.

한강물은 탄금하여 방연이 난만한데
남산 피리 소리에 취안이 붉구나.

태평성세를 어린 백성은 찬송하는데
봄에 씨 뿌리고 가을에 거두니 그 즐거움 끝이 없도다.

▼ 해제(解題)

동대문(東大門) : 내가 동대문만큼 가까이 지낸 서울 성문이 없다. 젊을 때 동대문 앞에서 청량리 가는 전차를 기다려서 긴 줄을 매일 아침에 섰고, 무슨 인연인지 서울살이를 하면서 동대문 밖에서 가장 오랜 기간을 살게 되어 조석으로 이문을 바라보며 다녔다. 이 문의 특징은 문밖에 곡성이 있는 것이라고 한다. 동대문 밖이 허허들판이어서 오는 그 허술한 기운을 막기 위하여 문밖에 곡성을 쌓았다고 한다.

212. 北漢山城 〔押韻刪〕

北漢山城北鎭關
북 한 산 성 북 진 관
首都護衛濟墩刪
수 도 호 위 제 돈 산

侵攻東寇暫時避
침 공 동 구 잠 시 피
來襲西軍防禦欄
내 습 서 군 방 어 환

垣堞逶迤門闥壯
원 첩 위 이 문 달 장
行宮遺構礎墻班
행 궁 유 구 초 장 반

肅宗補築又今補
숙 종 보 축 우 금 보
增彩景光增舊顔
증 채 경 광 증 구 안

주(註)

1) 濟墩 : 백제 때에 쌓은 성.

2) 行宮 : 숙종24년에 북한산성을 보수하면서 성안에 행궁(行宮)을 지었다. 지금 주초석이 남아있다.

북한산성

북한산성은 북방을 진압하는 관문인데
수도를 호위하던 백제시대 석성은 허물어졌구나.

동쪽에서 침공해오는 오랑캐를 잠시 피하고
서쪽에서 내습하는 군을 방어하는 관문이로다.

석성은 구불구불 성문과 궁문이 모두 장한데
행궁 유구와 담장 초석이 늘어져 있도다.

숙종 연간에 보수를 하였고 요사이도 다시 보수하니
경광을 증채하고 옛 모습에 아름다움을 더하였도다.

∀ 해제(解題)

북한산성(北漢山城) : 내가 사는 동리 북쪽에 있는 산이 북한산이다. 그 산 밑에 약수터를 가끔 날 좋을 때면 오른다. 내가 평생에 가장 가까이하는 또한 가장 사랑하는 산이다. 이 산에 백제 때의 옛 성을 북한산성이라 부른다.

213. 南漢山城 〔押韻刪〕

南漢山城南鎭關
남 한 산 성 남 진 관
統羅成堡改修還
통 라 성 보 개 수 환

愛新來襲震邦戮
애 신 래 습 진 방 륙
仁祖投降田渡潸
인 조 투 항 전 도 산

受辱八年王子虜
수 욕 팔 년 왕 자 로
斥和三位示梟檈
척 화 삼 위 시 효 환

期圖北伐孝宗堋
기 도 북 벌 효 종 붕
痛恨痛冤何代删
통 한 통 원 하 대 산

▼ 주(註)

1) 愛新 : 愛新覺羅라는 성명을 가진 청 태조의 성이다.
2) 田渡 : 三田渡를 말한다. 한강 가의 나루터 이름.

남한산성

남한산성은 수도방위의 남쪽 관문이고
통일신라 때 창설하여 여러 번 개수하였도다.

청 태종은 내습하여 동국을 도륙하였고
인조는 투항하여 삼전도에서 눈물짓는도다.

수욕 팔년에 왕자들은 포로로 잡혀갔고
척화 삼위는 서문 밖에 효수 당하였도다.

북벌을 기도하신 효종은 돌아가시고
통한 통원은 어느 날에나 풀린단 말인고.

▼ 해제(解題)

남한산성(南漢山城) : 남한산성하면 병자호란이 떠오른다. 효종은 끝내 북벌을 이루지 못하고 돌아가시니, 통한통원하대산(痛恨痛寃何代刪)고. '원통한 한(恨)을 언제나 풀 것인가.'라고 나는 탄식한다.

214. 登洗劍亭〔押韻尤〕

丁字亭登俯瞰流
정 자 정 등 부 감 류
清川日夜逝無休
청 천 일 야 서 무 휴

海君逐出龍床奪
해 군 축 출 용 상 탈
仁祖擁爲反正謀
인 조 옹 위 반 정 모

擧事嚴佯磨征斧
거 사 엄 양 마 정 부
功臣洗劍血痕溝
공 신 세 검 혈 흔 구

連呼萬歲動天地
연 호 만 세 동 천 지
青史偉名千世謳
청 사 위 명 천 세 구

▽ 주(註)

1) 海君 : 광해군(光海君)의 약칭.

등 세검정

정자 모양의 세검정에 올라 흐르는 물을 굽어보니
맑은 개울이 밤낮으로 쉬지 않고 가고 있구나.

광해군을 축출하여 용상을 빼앗고
인조를 옹위하여 반정을 꾀하였도다.

거사를 엄히 숨긴 채 도끼를 갈던 곳에서
반정 성공한 공신은 피 묻은 칼을 씻는도다.

만세를 연호하니 천지가 진동하고
청사에 우뚝한 이름이 천년토록 노래하리이다.

✓ 해제(解題)

등 세검정(登洗劍亭) : 세검정은 서울특별시 종로구 신영동 168 홍제천 오른쪽 언덕에 있다. 인조반정군이 이곳에 모여 광해군을 몰아낼 것을 모의하였고, 이귀(李貴) 김유(金瑬) 등 인조반정군이 승리를 거둔 뒤 피 묻은 칼을 씻은 곳이다. 후일 영조23년 서기 1747년 정자를 짓고 이 고사에 연유하여 세검정이라 하였다. 1941년 소실, 1977년 옛 모습대로 다시 지었다. 서울시 기념물 제4호이다.

215. 吾生二毛作〔押韻支〕

馬耋當年初習詩
마 모 당 년 초 습 시
吾生偶作二毛時
오 생 우 작 이 모 시

王麗節義甘棠艶
왕 려 절 의 감 당 염
高句遺芳詠史嬉
고 구 유 방 영 사 희

百濟興亡長歎息
백 제 흥 망 장 탄 식
新羅盛替斷腸詞
신 라 성 체 단 장 사

遷齡漸速前途遠
천 령 점 속 전 도 원
日暮西山學尙遲
일 모 서 산 학 상 지

▼ 주(註)

1) 馬耋 : 자기 나이를 남에게 겸손하게 칭하여 馬字를 붙임.
2) 耋 : 구십 늙은이 모.〔號〕
3) 王麗 : 王氏 시조인 고려.
4) 高句 : 高氏 시조인 고구려.

오생 이모작

천한 나이 구십에 한시를 배우기 시작하니
내 평생에 우연히 이모작 농사를 짓는구나.

고려의 절의에 백성의 감당 사모는 아름답고
고구려 아름다운 문화에 읊는 역사가 기쁘도다.

백제 흥망에 길게 탄식하고
신라의 성체에 단장의 시를 읊는구나.

늙은 나이는 점점 빨리 먹는데 전도는 멀고
일모 서산에 배움은 오히려 지지부진 하도다.

✔ 해제(解題)

오생이모작(吾生二毛作) : 내 나이 구십에 한시공부를 시작하여 어언 10년이 가까이 된다. 한시공부를 해보니 내 평생 이제까지 지내온 것이 모두 헛된 일을 한 것 같다. 그것은 그만큼 이 시 짓는 나날이 뜻이 있다는 얘기이다. 그러나 해는 져서 서산인데 아직도 시를 제대로 못 지으니 탄식할 뿐이다.

216. 淨業院 端宗妃宋氏〔押韻鹽〕

泣訴首陽生我瞻
읍 소 수 양 생 아 첨
天聾尙未聞哀讘
천 롱 상 미 문 애 섭

魯山告別漢陽雨
노 산 고 별 한 양 우
宋氏離君淨業霵
송 씨 이 군 정 업 섭

虛院長霄寃淚落
허 원 장 소 원 루 락
空房獨守御衣沾
공 방 독 수 어 의 점

崎嶇八十東望盡
기 구 팔 십 동 망 진
莊思陵階白髮添
장 사 릉 계 백 발 첨

주(註)

1) 讘 : 病人自語. 헛소리할 섭. 〔塩〕

2) 霵 : 微雨霵一. 비 부슬부슬 올 섭. 〔塩〕

정업원 단종비 송씨

수양 숙부 나를 살려달라고 읍소하며 쳐다보니
아마도 하늘이 귀가 먹어 이 슬픈 호소를 듣지 못하였나 보다.

노산군은 비오는 한양에 고별을 하며 떠나고
송씨 부인은 가랑비 오는 정업원 언덕에서 님을 보내네.

빈집 기나긴 밤에 원통한 눈물 흘리고
독수공방에서 왕이 주신 옷을 적시는구나.

기구한 팔십 평생을 동쪽만 바라보다 돌아가시니
장릉과 사릉의 섬돌에 백발이 더하였도다.

✓ 해제(解題)

정업원(淨業院) : 정업원은 서울 동대문구 숭인동에 있다. 단종비 송씨 부인이 이곳에 사시다가 돌아가셨다. "수양 숙부 날 살려줘요." 호소를 하는데 하늘이 귀가 먹었는지 끝내 이 호소를 못 들었나보다. 세조2년 6월 22일 노산군은 비 오는 한양에 작별을 고하고, 송씨는 정업원에서 임을 보내네. 기구한 팔자 팔십평생을 오로지 동쪽의 임을 바라보다 돌아가시니 사릉과 장릉을 오가면서, 어느새 백발이 되셨구나.

217. 平倉洞頌歌〔押韻眞〕

春晚春城桃李春
춘 만 춘 성 도 리 춘
花開花落老風塵
화 개 화 락 노 풍 진

檐端遠岫碧雲起
첨 단 원 수 벽 운 기
檻上長天蒼霧煙
함 상 장 천 창 무 연

弘智閭中嘉宴爛
홍 지 여 중 가 연 란
紫霞門外頌歌新
자 하 문 외 송 가 신

平倉洞府仙鄉髴
평 창 동 부 선 향 불
洗劍亭空月半輪
세 검 정 공 월 반 륜

평창동 송가

늦은 봄 춘성에 복숭아 오얏꽃이 만발한 봄에
꽃 피고 꽃 지니 풍진 세상에 늙는구나.

처마 끝 먼 산에 푸른 구름이 일고
난간 위 먼 하늘에 푸른 안개가 어리었구나.

홍지문 중에 아름다운 잔치가 한창인데
자하문 밖에 찬송하는 노래는 새로 일어나는구나.

평창동부가 선경을 방불케 하는데
세검정 하늘에는 반달이 걸려있네.

▼ 해제(解題)

평창동 송가(平倉洞頌歌) : 내가 사는 평창동의 주위 경관을 읊은 것이다.

218. 縣監申公忠殉碑〔押韻寒〕

聞慶臘天雰雪寒
문경납천분설한
嶺南關外古碑玕
영남관외고비간

梨花凜凜頌忠卓
이화늠름송충탁
主屹嚴嚴歌節歎
주흘엄엄가절탄

縣監抗倭肢斷殉
현감항왜지단순
陞官贈職享祠安
승관증직향사안

三綱行實錄中記
삼강행실록중기
青史英名長久冠
청사영명장구관

주(註)

1) 梨花 : 山名. 이화령.
2) 主屹 : 山名. 주흘산.
3) 三綱行實錄 : 조선 세종13년(1431)에 집현전부제학 설순(偰循) 등이 어명을 받아 삼강의 모범이 된 충신(忠臣), 열녀(烈女)를 각 35명씩 뽑아 그 덕행을 찬양한 책. 3권 1책이다.

현감 신공 충순비

선달 문경에 날리는 눈은 차가운데
영남 관문 밖에 옛 비가 아름답구나.

이화령은 늠름하여 높은 충성을 찬송하고
주흘산은 엄엄하게 절개를 탄미하여 노래 부른다.

현감이 왜적과 싸워 사지 끊어져 순절하고
승지로 증직 받고 사당에 편안하게 모셔졌도다.

공의 사적이 삼강행실록에 기록 되니
청사에 꽃다운 이름 길이 우뚝하리로다.

✓ 해제(解題)

현감신공충렬비(縣監申公忠殉碑) : 문경새재 영남관 밖에 이 비가 있다. 문경현감 신길원의 충렬을 기념하여 세운 비이다. 왜구침입에 문경현감이 일본군과 싸우다 잡혔는데, 일본군이 공의 사지를 칼로 끊어도 끝내 항복하지 않고 순절한 사실을 기리는 비이다. 공의 이 사실은 삼강행실록에 등재되어 있으니 장부의 꽃다운 이름이 천세만세 전하여질 것이다.

219. 長江三峽船旅〔押韻庚〕

船旅長江船上驚
선려장강선상경
東西遊覽動詩情
동서유람동시정

瞿塘勝景形容絶
구당승경형용절
神女溪汀聽雨聲
신녀계정청우성

白帝廟頭哀蜀主
백제묘두애촉주
巫山灘裡桂樽傾
무산탄리계준경

嗚呼三峽堤觀壯
오호삼협제관장
開闢乾坤萬感生
개벽건곤만감생

장강 삼협 선려

장강 크루즈 선상에서 놀라고
동서 유람함에 시정이 동하는구나.

구당 승경은 형용을 못하겠고
신녀계변에서 빗소리를 듣는도다.

백제 사당 언저리에서 촉주 유비를 조상하고
무산 여울 가에서 술잔을 기울이도다.

오호라 삼협댐의 장관이여
천지개벽을 한 듯 만감이 생하는구나.

✓ 해제(解題)

장강 삼협 선려(長江三峽船旅) : 나는 2018년 4월 21일부터 25일까지 장강 삼협 크루즈여행을 하였다. 백제성도 보고 신녀계도 보았으며 삼협댐의 장관도 보았다. 이 여행에서 재미있는 시를 여러 수 지었다.

220. 春思故宅〔押韻尤〕

駘蕩春風春色謳
태 탕 춘 풍 춘 색 구
雪花三月下青州
설 화 삼 월 하 청 주

江邊細柳綠烟睡
강 변 세 류 녹 연 수
墻裡古梅紅影烋
장 리 고 매 홍 영 휴

垢面門牌嗟歎泣
구 면 문 패 차 탄 읍
慣顔灘籟自歡流
관 안 탄 뢰 자 환 류

離鄕七十人情變
이 향 칠 십 인 정 변
依舊山川迎主幽
의 구 산 천 영 주 유

∀ 주(註)
1) 青州 : 충청북도 청주의 고호.

춘사고택

따뜻한 봄바람에 춘색을 노래하는데
낙화 삼월에 청주에 내려갔도다.

강가의 버들가지는 푸른 연기 속에 잠자고
담장 안 옛 매화는 붉은 그림자 아름답도다.

때 먼지에 덮인 문패는 슬피 탄식하며 울고
낯익은 시냇물은 스스로 기뻐 노래하며 흐르는도다.

고향 떠나 70년에 인정은 변했는데
산천은 의구하여 옛 주인 맞아 그윽하구나.

✔ 해제(解題)
춘사고택(春思故宅) : 70년 만에 고향집을 찾으니 서럽기만 하구나. 초면의 촌동은 누구를 찾아왔느냐고 묻는데 의구산천은 옛 주인을 반기는구나.

221. 三一獨立萬歲唱〔押韻東〕

己未年三月一日
기 미 년 삼 월 일 일
四千里內聳民熢
사 천 리 내 용 민 봉

自由獨立告宣赫
자 유 독 립 고 선 혁
世界列邦驚歎東
세 계 열 방 경 탄 동

谷谷女男連唱颶
곡 곡 여 남 연 창 율
坊坊老少起颱風
방 방 노 소 기 태 풍

六洲諸國頌歌裡
육 주 제 국 송 가 리
萬歲示威評奏功
만 세 시 위 평 주 공

▼ 주(註)

1) 颶 : 大風. 큰바람 율.〔物〕

삼일독립만세창

기미년 3월 1일에
이 나라 사천리에 백성들의 횃불이 불끈 솟았네.

자유 독립 선고가 혁혁하니
세계 열방이 동쪽나라 한국을 놀라며 바라보네.

고을고을마다 남녀의 이어지는 만세소리 강풍 일으키고
방방곡곡에 노소의 시위는 태풍을 일으키누나.

육대주 여러 나라가 삼일만세를 칭송하는 가운데
삼일 만세 시위는 크게 성공했다고 평하고 있도다.

✔ 해제(解題)

삼일독립만세창(三一獨立萬歲唱) : 기미년 3월 1일 4,000리 동방강토에서 백성의 횃불이 솟아오르니 일제는 간담이 서늘해졌던 것이다. 세계열방이 우리민족의 높은 기개에 감명하였다.

222. 安重根義士彰義〔押韻蒸〕

獲罪於天無所禱
획 죄 어 천 무 소 도
爲君下訓銘伊藤
위 군 하 훈 명 이 등

善民蹂躪宜從斬
선 민 유 린 의 종 참
甘受神誅反省承
감 수 신 주 반 성 승

攪亂東洋嚴電罰
교 란 동 양 엄 전 벌
使令世界震雷凝
사 령 세 계 진 뢰 응

安公凜凜丈夫態
안 공 늠 름 장 부 태
義士飛仙呼不應
의 사 비 선 호 불 응

안중근 의사 창의

하늘에 죄를 지으면 빌 곳이 없다는 성현의 말씀은
그대를 위하여 내려진 가르침이니 이등아 가슴에 잘 새겨라.

착한 백성을 유린하는 것은 마땅히 참형을 받아야 할지니
신이 내린 칼을 달게 받고 깊이 반성할 지어다.

동양을 교란하는 것은 벼락으로 벌받아야할 일이며
세계만방이 벼락을 시켜 내려치도록 하였느니라.

안중근 선생은 늠름한 장부의 자태를 가지셨고
안 의사는 신선이 되어 날아가셨으니 불러도 대답이 없구나.

ᗑ 해제(解題)

안중근 의사 창의(安重根義士彰義) : 획죄어천이면 무소도야(獲罪於天無所禱也)니라. 중용(中庸)에 있는 자사(子思)의 말씀이다. 이등(伊藤)아 너에게 내리는 성현의 가르침이니 잘 들어라. 당당 늠름한 대장부의 태도를 가진 안중근의사는 신선이 되어 날아가셨으니 불러도 대답이 없구나.

223. 曾祖學東公追慕〔押韻先〕

學東巡里炊無煙
학 동 순 리 취 무 연
萬石使令斗米傳
만 석 사 령 두 미 전

妻急灶中焚鼎下
처 급 조 중 분 정 하
夫從箒奉掃庭前
부 종 추 봉 소 정 전

兒歡匙執床頭集
아 환 시 집 상 두 집
親泣飯盛次例遷
친 읍 반 성 차 례 천

耋壽告終喪葬日
질 수 고 종 상 장 일
衆人願服挽朱絃
중 인 원 복 만 주 현

증조 학동공 추모

학동 할아버지 동리를 도시니 취연이 없으니
만석이 시켜서 말쌀을 보냈네.

아내는 황급히 부엌에 들어가 가마솥에 불을 지피고
남편은 이에 따라 비를 들고 마당 쓸었지.

아이들은 숟갈 잡고 밥상머리에 모이고
어배는 울면서 밥을 담아 차례로 돌린다.

학동 할아버지 여든이 넘어 돌아가신 장례 날
뭇사람이 복을 입기를 원하여 붉은 상여 줄을 당겼네.

✓ 해제(解題)

학동공은 나의 증조부이신데 공의 諱 근형(根亨), 字 군삼(君三)이며 號 학동(學東)이시다. 1861년에 나시고 1940년 12월 17에 돌아가셨다. 配는 문화 유씨로 1859년에 나시고 1943년에 돌아가셨다. 자손이 없어서 양자를 들였으며, 묘소는 진천면 연곡(蓮谷)에 합장하였고 상석과 묘갈이 있다.

224. 讚頌博士公〔押韻先〕

博士慈仁邃學全
박 사 자 인 수 학 전
卓兮醇德避塵緣
탁 혜 순 덕 피 진 연

當難困苦施矜恤
당 난 곤 고 시 긍 휼
誠孝兩親志更堅
성 효 양 친 지 갱 견

孔孟頌歌閑世上
공 맹 송 가 한 세 상
吟風詠月意悠然
음 풍 영 월 의 유 연

起家致産導鄕黨
기 가 치 산 도 향 당
享壽令孫詩酒筵
향 수 영 손 시 주 연

찬송 박사송

박사 할아버지께서는 어질고도 깊은 학문 온전하시고
아름다운 덕이 높아 속세의 인연 피하셨네.

곤고하고 어려운 이에게 긍휼하시고
양친에게 성효하사 그 뜻이 더욱 굳건하셨지.

공맹을 송가하여 한가한 세상 보내시고
음풍영월에 그 뜻이 고매하셨지.

기가 치산하여 향당을 이끄시고
수를 누리시어 여러 손자 사랑하셔 시주잔치 베푸셨네.

✔ 해제(解題)
박사공은 나의 할아버지이시며 諱는 등로(登魯), 字 경관(敬觀), 號 경재(敬齋) 또는 화계(花溪)이시다. 1885년 12월 22일에 나셨으며 1962년 1월 21일에 돌아가셨다. 配 潘南 朴氏로 1882년 5월 24일 나셨고 1945년 6월 1일에 돌아가셨다. 아들 한 분과 따님 여섯 분을 두셨으며, 손자가 셋이며 증손 넷을 두셨다. 묘소는 진천면 연곡리에 합장하였으며 상석과 묘갈을 갖추었다.

225. 追慕石村公〔押韻庚〕

石村慈惠近村評
석촌자혜근촌평
動亂被徵高姓更
동란피징고성갱

家族挽留單語拒
가족만류단어거
隣人再考不矜庚
인인재고불긍경

至愚若聖衆論議
지우약성중론의
專念行賢淸露生
전념행현청로생

忠孝敬仁傳世守
충효경인전세수
滿庭福綠百花明
만정복록백화명

추모 석촌공

석촌공 인자하심은 근린의 평인데
동란 중 달머슴 고서방을 대신하여 징집 가시려할 때

가족의 만류를 한마디로 거부하시고
이웃이 재고하라는 말 굳게 물리치셨네.

지극히 어리석음은 성인과 같다고 뭇사람은 평하고
일념으로 성현의 길 가니 맑은 이슬 생기네.

충효경인을 전하며 대대로 지키고
뜰에 가득한 복록 백화처럼 만발하였도다.

∀ 해제(解題)

석촌공은 나의 선고(先考)이시다. 공의 諱 정세(禎世), 字 대용(大用), 號 석촌(石村)이며 1905년에 나시고 1997년에 돌아가셨다. 配는 안동 권씨로 1902년 4월 24일 나시고 1962년 10월 12일에 돌아가셨다. 성균전학(成均典學)을 지내셨고 문집이 남아있다. 삼남 사녀를 두셨으며 손자 넷을 두셨다. 묘소는 진천면 연곡에 합장하였으며 상석과 묘갈이 갖추어져있다.

226. 鳥致院站頭幼婦歎〔押韻庚〕

新婚幼婦別夫征
신 혼 유 부 별 부 정
霄站哀哀汽笛鳴
소 참 애 애 기 적 명

執腕隋從莫離拒
집 완 수 종 막 리 거
走車加速哭啼聲
주 거 가 속 곡 제 성

兩姿漸隔兩胸裂
양 자 점 격 양 흉 렬
悲族被牽悲壯丁
비 족 피 견 비 장 정

猶獸所馳驅死地
유 수 소 치 구 사 지
嗟歎仰歎怨天傾
차 탄 앙 탄 원 천 경

조치원참두 유부탄

갓 혼인한 새 새댁이 출정하는 신랑과 작별하는데
새벽정거장에서 기차는 떠나려고 서럽고 서럽게 기적을 울리네.

신랑 팔을 꼭 잡고 따라가며 못 놓겠다고 떼를 쓰다가
기차가 속도를 더하자 호곡성을 지르는구나.

두 사람 점차 떨어지니 두 가슴은 찢어지고
슬픈 겨레 끌려가니 이 젊은이는 애처롭구나.

짐승처럼 끌려가서 사지로 내몰리니
슬피 탄식하며 하늘의 이치가 기울었음을 원망하는도다.

✔ 해제(解題)

나는 1944년 9월 24일 오전 3시 조치원역 출발 군용 화물차에 실려 일본의 조선인 징병으로 끌려갔다. 이보다 앞서 내 祖父께서는 씨는 받아놓아야 한다시며 나를 장가들여야 한다시기에 그 말씀을 따르기로 하여 그해 4월에 초례청에서 처음 본 연일 정씨에게 장가들었다. 장가든지 5달 만에 징집영장을 받고 앞에 적은 군용열차에 실려 짐승처럼 끌려갔던 것이다. 이 시는 2000년 9월경 징병에 끌려갈 당시를 회상하여 지어두었던 시조의 글 끝에 적힌 날짜를 보고 조치원 새벽정거장을 회고하면서 2021년 3월에 지은 것이다. 그 당시 나는 불언(不言), 불소(不笑), 불식(不食), 불면(不眠)하며 밤낮으로 이불을 뒤집어쓰고 괴로워할 때 나의 어머니께서는 나를 흔들어 깨우시고 '아무개야 너는 사주(四柱)에 시천수(時天壽)를 띄었으니 사지(死地)에서도 살아남는다.'라고 하신다. 어머니 말씀대로 요행으로 중국에서 살아 돌아왔다. 끌려가는 새벽정거장에서 내 아내는 나의 팔뚝을 굳게 잡고 못 간다 떼를 썼다. 그런다고 기차를 세울 수 없으니 아내는 통곡을 하며 정신 나간 사람처럼 기차를 따라 뛰어온다. 이 과정을 보는 내 가슴도 뛰는 사람 가슴도 갈기갈기 찢어진다. 그만 써야겠다. 또 눈물이 날려고 한다.

227. 百歲生朝自吟 〔押韻先〕

弧辰花發遇春天
호 신 화 발 우 춘 천
天惠峨峨生百年
천 혜 아 아 생 백 년

疊疊風霜望詠士
첩 첩 풍 상 망 영 사
滔滔辛苦夢遊仙
도 도 신 고 몽 유 선

單希我世敬仁守
단 희 아 세 경 인 수
只願吾家忠孝傳
지 원 오 가 충 효 전

隔駟光陰將告別
격 사 광 음 장 고 별
孤床獨坐有誰憐
고 상 독 좌 유 수 련

주(註)

1) 隔駟 : 네 말이 이끄는 마차가 틈새를 지나는 시간 즉 빠른 시간을 뜻한다.

백세 생일 아침에 자작한 글

꽃피는 봄날에 생일날 되니
하늘의 은혜 높고 높아 백년토록 살았네.

계속하여 쌓이는 풍상 겪은 뒤 시인되기 바랬고
끊임없이 밀려오는 신고 겪으니 신선되기 꿈꾸는구나.

단 하나 바라기는 내 대에서 인경을 지키는 일이요
다만 원하기는 내 집에 충효를 전하는 일이로다.

빠르고 빠른 세월 머지않아 나도 가야할 텐데
외로운 침상에 홀로 앉았으니 누가 있어 가련타 할까보냐.

▼ 해제(解題)
이 시는 2021년 3월 10일 나의 100세 생일에 지었다.

228. 關東朝鮮人大虐殺 〔押韻先〕

文明憲法統治國
문 명 헌 법 통 치 국

國表凶蠻宣布全
국 표 흉 만 선 포 전

地震關東非戰變
지 진 관 동 비 전 변

戒嚴下令未知緣
계 엄 하 령 미 지 연

殺人防火奔浪藉
살 인 방 화 분 낭 자

入毒强姦暴動鮮
입 독 강 간 폭 동 선

水野內相流語造
수 야 내 상 유 어 조

赤池正力蜚言延
적 지 정 력 비 언 연

▿ 주(註)

1) 戒嚴下令 : 당시 일본법에서 계엄령은 전시 또는 사변이 있어야 발령하도록 되어있는데 내무대신 수야(水野)와 동경경시총감 적지(赤池), 경시청 관방주사 정력(正力)의 세 사람이 조선인이 살인, 방화, 입독을 하고 폭동을 일으켰다는 유언비어를 퍼트려 계엄령을 발령하도록 하였다.

관동 조선인 대학살

문명헌법으로 통치하는 나라라는 일본이
일본 스스로 흉포한 야만국임을 온전히 선포하였구나.

관동지방에 지진이 났을 뿐이고 전시도 아니고 사변도 아닌데
계엄이 발령되었으니 그 연유를 알 수 없구나.

조선인들은 살인 방화 하는 등 못된 짓을 하고는 도망가고
우물에 독을 뿌리고 강간하는 등으로 폭동을 일으켰다는 허위사실로

수야연태랑(水野練太郎) 내무대신은 허언을 만들어내고
경시총감 적지농(赤池濃), 관방주사 정역송태랑(正力松太郎)은 유언(流言)을 퍼뜨렸더라.

228. 關東朝鮮人大虐殺〔押韻先〕

四三肢擧灼生體
사 삼 지 거 작 생 체

兩漢母婗投共淵
양 한 모 예 투 공 연

結縛女男穿眼膣
결 박 여 남 천 안 질

騎牽老少走山川
기 견 노 소 주 산 천

使黎繼引腿含鋸
사 려 계 인 퇴 함 거

令衆鐵棒頭面搷
영 중 철 봉 두 면 전

長幼臥橋車轢盡
장 유 와 교 거 력 진

未詳確死再更竣
미 상 확 사 재 갱 준

▼ 주(註)

1) 婗 : 初生兒, 갓난아이 예.〔齊〕

관동 조선인 대학살

세넷 사람이 조선인의 사지를 들고 산사람을 불에 구웠으며
두 놈이 갓난아이 업은 어미를 애와 함께 연못 속에 던졌구나.

결박한 조선인 남녀의 눈과 여자의 음부를 꼬챙이로 쑤시고
조선인 늙은이와 젊은이를 말에 매달고 산천을 달렸도다.

지나는 사람으로 하여금 조선인 허벅지에 박혀있는 톱을 차례로 당기게 하고
여러 사람에게 철봉으로 조선인의 머리나 얼굴을 타격하게 하였다.

조선인 어른 아이를 다리 위에 눕혀놓고 화물자동차로 치어 죽인 뒤
확실하게 죽었는지 미심쩍다며 다시 한 번 화물차로 짓이겼구나.

228. 關東朝鮮人大虐殺〔押韻先〕

柱繩姙婦刀誅腹
주 승 임 부 도 주 복
臍帶泣兒槍刺捐
제 대 읍 아 창 자 연

在此韓僑臣下否
재 차 한 교 신 하 부
民權保障律從焉
민 권 보 장 율 종 언

宜當裁判罰科決
의 당 재 판 벌 과 결
拔劍狼徒任意專
발 검 낭 도 임 의 전

隱匿犯痕屍燒却
은 닉 범 흔 시 소 각
東京顯出六餘仟
동 경 현 출 육 여 천

주(註)

1) 제5연(聯)부터 제9연(聯)까지의 10개 시례가 조선인 학살 방법의 예시이다.

관동 조선인 대학살

전주에 아이 밴 조선인 여자를 묶어놓고 일본도로 배를 가
른 후
탯줄에 감겨 우는 태아를 창으로 찔러 내버렸도다.

이곳에 있는 조선인 교포도 너의 천황의 신하가 아니더냐!
당연히 민권이 있어서 법에 의하여 보장되었을 것이 아니겠
는가?

의당 정당한 재판에 의하여 형벌이 결정되어야할 것이거늘
칼을 빼들은 이리떼 같은 자경단 놈들이 그 형벌을 마음대
로 오로지 하였구나.

범죄 흔적을 은익하기 위하여 조선인 시체를 소각하였지만
동경에서 현출된 시체만도 6,661구라고 조사되었다.

228. 關東朝鮮人大虐殺〔押韻先〕

夫河量數橫浜限
부 하 량 수 횡 빈 한
合計死亡二萬千
합 계 사 망 이 만 천

駐日德邦資料室
주 일 덕 방 자 료 실
所關文件保存詮
소 관 문 건 보 존 전

要求謝過依臨政
요 구 사 과 의 림 정
半句一言對答剸
반 구 일 언 대 답 단

得罪于神無處禱
득 죄 우 신 무 처 도
暴狂倭賊永年傳
포 광 왜 적 영 년 전

▼ 주(註)

1) 夫河 : 독일인 부르크하르트(Burkhardt)박사를 이른다. 횡빈(橫浜)에서 조선인 시체를 조사하여 21,000여 명을 확인하였다고 독립신문 기자에게 증언하였고, 그의 조사결과가 주일 독일대사관 자료실에 보존되어 있다고 한다.

2) 德邦 : 독일 나라를 이른다.

관동 조선인 대학살

독일인 〈부르크하르트〉 조사에 따르면 횡빈에서만 조선인 학살이 21,000명으로
동경에서의 약 6,600여 명을 보태면 합계 27,600여 명이 된다.

주일 독일대사관 자료실에
소관 문건이 완전히 보존되어있네.

상해 임시정부에 의하여 일본에 대하여 사과를 요구하였지만
지금껏 일언반구의 대답도 없었느니라.

하느님에게 죄를 지으면 빌 곳이 없다고 성현은 말씀하셨다.
일본 사람들의 광포를 만년에 전하리로다.

228. 關東朝鮮人大虐殺〔押韻先〕

那厄沒殺瓦斯室
나 치 몰 살 와 사 실
猶太輸車銃射嫣
유 태 수 차 총 사 언

狗豚卑于禽獸列
구 돈 비 우 금 수 열
馬牛尙劣毒蛇肩
마 우 상 열 독 사 견

共推人席日奴衆
공 추 인 석 일 노 중
同類畜生倭醜員
동 류 축 생 왜 추 원

韓族萬邦宣布擴
한 족 만 방 선 포 확
終憐須獲罪於天
종 련 수 획 죄 어 천

주(註)

1) 那厄 : 1933년경에 일어난 독일 사회주의노동당(Nazis)을 이른다. 히틀러 총통의 영도 하에 제2차 세계대전을 일으켰고, 유태인을 학살·추방하였다. 1945년 패전 후 해산되었다.

2) 猶太 : 유태인(猶太人)의 약칭.

관동 조선인 대학살

나치가 가스실에서 유태인 몰살한 일이나
유태인 차에 싣고 가서 한 집단 총살은 도리어 아름답구나.

개 돼지 만도 못하여 짐승과 같은 줄에 설 것이며
말 소 만도 못하니 독사와 견주리라.

일본사람들은 사람의 자리에서 쫓겨나야하며
더러운 일본인 그들은 축생과 동류인 것이다.

한민족이 만방에 널리 선포하노니
종당에는 그들이 하늘에 죄지었음을 불쌍히 여김이로다.

✔ 해제(解題) 관동조선인대학살(關東朝鮮人大虐殺)

1) 1923년 9월 1일 11시 58분 일본 동경(東京) 횡빈(橫浜)지방에 진도 7.9도의 강진이 왔다. 당시 목조건물이 대부분인 두 도시건물이 무너지고 시간대가 점심 취사시간이어서 도괴된 목조건물에 화재가 발생하고, 때마침 초속 10m~15m의 강풍이 불어 시속 800m의 속도로 화류(火流)가 전 도시를 휩쓸었다. 이때 조선인이 방화(放火), 투독(投毒), 강간(强姦), 약탈(掠奪)을 자행하며 폭동을 일으켰다는 유언비어가 돌았는데 그 진실(眞實) 여부를 규명하지 아니한 채 계엄령이 발령되고 계엄령 하에서 군인, 경찰이 조선인을 색출하여 총으로, 일본도로 무참히 살해하고 경찰이 자경단에게 총칼을 내주고 조선인을 색출하여 불문곡직하고 죽여도 좋다고 하달하였다.

2) 유언비어의 날조 유포와 그 이유
이때 유언비어는 당시 내무대신 수야연태랑(水野練太郎)과 동경 경시총감 적지농(赤池濃)과 경시청 관방주사 정력송태랑(正力松太郎)의 세 사람이 주동하여 이루어졌다. 수야(水野)는 4년전인 3.1운동 당시 조선총독부 정무총감이었고 적지(赤池)는 그 부하로서 경무국장이었다. 이 두 사람은 3.1운동 당시 혼쭐이 났고 공교롭게 두 사람이 관동대지진 당시 그 지방의 치안 총수임을 기화로 하여 3.1운동 당시의 보복으로 조선인을 학살하여야 하겠다는 악의에서 정력송태랑(正力松太郎)을 주구(走狗)로 부려서 유언비어를 날조, 유포시키고 이것을 이유로 조선인이 폭동을 일으켰다고 허위사실을 유포시킴으로서 계엄령을 발령케 하였다. 그뿐 아니라 그들이 그 방법으로 쓴 우물에 투독, 생선, 설탕에 독 뿌리기 등은 그들이 3.1운동 당시 한국에서 자행하였던 방법인 것이다. 이제는 그와 같은 방법으로 조선인이 악행폭동을 하였다라고 날조 유포한 것이다. 어찌 이다지도 간교 사악하단 말인가!

3) 조선인 살해방법
본시에서 그 살해방법에서 10가지 유형만을 예시하였다. 짐승을 죽일 때도 이렇게까지 잔인하지 못하겠거늘 어찌 사람의 탈을 쓰고 사람을 죽이는 방법(方法)이 이다지 잔인(殘忍)하단 말인가. 일본인의 잔인성과 야만성을 세계 만민에게 여실히 공표한 사례라 할 것이다. 나는 이 글을 쓰면서 손이 떨려서 글쓰기를 여러 번 멈추어야만 했다.

4) 당시 상해임시정부는 사실인증과 사과를 엄중 요청하였지만 지금껏 일언반구의 회답도 없다. 건국 후 어느 정권도 일본에게 사과를 요청한 바가 없다. 그 피해 숫자가 당시 상해임시정부의 기관지 독립신문(獨立新聞) 사장 김승학(金承學)씨가 그 동지 10여 명과 더불어 목숨을 걸고 현지 조사한 결과는 동경지방에서만 초기에 6,661명이 죽었고, 독일인 <불크할트>가 조사결과를 횡빈(橫浜)지방에서만 23,000명이 죽었다고 당시 독립신문 기자에게 증언한바 있다는 기록이 남아있으며, 일본주재 독일대사관 자료실에 <불크할트>의 조사결과가 보존되어 있다고 한다. 국가의 책임은 그 첫째가 자국민의 보호라고 할진대 국가는 그 첫째이고 가장 중요한 의무를 태만히 한 채 이행치 않고 있는 것이다.

내가 이 제목의 시를 이 책의 말미에 올린 이유는, 이 시가 잘되었건 잘못되었건 간에 유표(有表)하게 관동대지진 당시 이 고장에서 일어난 조선인을 대학살한 이 사실을 세상에 노출시킴으로서, 한 사람이라도 더 많은 우리국민이 잊혀져가는 우리의 혈서채권(血書債權)을 기억하게 하자는 것이 그 목적이다.

외로우면서 처절한 민족(民族)의 절규(絶叫), 세기(世紀)의 선언(宣言)을 청사(靑史)에 남기고자는 것이 또한 그 목적(目的)이다.

끝으로 이 글을 읽으시는 분에게 저자가 2016년 겨울호 <열린문학>(통권 제55호) 잡지에 투고한 글 별첨의 '잊혀진 역사를 찾아서' -「망각; 관동대학살(忘却; 關東大虐殺)」을 꼭 한번 읽어주시기를 간절히 부탁드립니다.

망각(忘却)-關東大虐殺[1)]

李鍾寬

〈목 차〉

제1. 서언(序言)

내 나이 90을 넘었는데 내 나이를 잊어먹지 않고 있는 것도 대견하다는 생각이 들 때가 있다. 이제 모두 잊으리라 망각(忘却)이 미덕이라 하지 않았던가.

나의 보통학교 1년 선배인 신대균씨의 아버지는 관동 대지진 당시 일본 명치(明治)대학에 재학 중이었는데 그때에 참변(慘變)을 당하시고 신형은 유복자이다. 시신도 못 찾고 의건장(衣巾葬)을 모셨다고 한

1) <열린문학>(통권 제55호) 잡지에 투고한 글 전재.

다. 내가 처음 서울에 올라와 잠시 신형 댁에 기식하고 있으면서 우리 두 사람은 가끔 종로 피맛골 열차집에서 빈대떡을 사이에 놓고 서정하는 자리를 가졌었다. 술이 거나해지면 관동 대지진에서 조선인 학살을 주모한 자의 이름을 외치면서 눈물을 흘렸던 그는 주일 대사관(駐日大使館) 문교부파견장학관 자리를 지망하여 갔고, 자기는 관동 대지진과 조선인 학살을 연구하겠다고 하더니 수년 후 본부 발령을 받고 귀국하였으나, 그 후 얼마 안 되어 환갑도 못살고 가고 말았다. 그 후 30년이 지났으나 가끔 정이 많은 신형이 생각날 때면 그 자, 학살주모자가 연상이 되다가도 답답한 채 그 이름은 생각나지 않았다.

2011년 3월 일본 동북지방 지진 때 조선일보 기사에서 그 자의 이름을 보았다. 이 이름을 기억해두지고 디짐히면서 읽었지만 또 잊고 말았다. 나는 하는 수없이 어느 날 조선일보 독자서비스센터를 찾아갔다. 용건을 말하니 나이 지긋한 당무자는 다행스럽게도 그 기사를 기억하고 있었던지 선뜻 해당 기사를 복사하여 내게 건네준다. 그렇다. 정력송태랑(正力松太郎)이다. 신형이 이를 갈던 그 자의 이름이다.

관동 대지진은 1923년 9월 1일 일본 동경(東京), 횡빈(横濱)지방에 내습(來襲)한 진도 7.9의 대지진을 말한다. 이 지진으로 일본에서 가장 큰 두 도시가 대부분 파양(破壞)되고 또한 화재로 소진(燒盡)되었다. 특히 재일동포(在日同胞) 약 27,000여 명이 백주(白晝)대로에서 아무런 이유 없이 단지 조선인이라는 이유만으로 억울하게 참살당하는 인류 역사상 가장 잔인한 참극(慘劇)이 벌어졌기 때문에 우리는 이 사건을 결코 잊을 수가 없는 것이다.

관동 대지진의 조선인 학살사건은 중국 남경 대학살(南京大虐殺) 사건과 더불어 일본인이 저지른 양대 학살사건으로 일본의 부끄러운 역사로 기록되고 있으며 피해자(被害者)인 우리 민족으로서는 영원히 기억해야 할 수난의 기록이요 고난(苦難)의 역사인 것이다. 우리가 이 고

난의 역사를 잊어서는 안 되는 이유는 두 번 다시 이런 일을 당하지 않겠다는 결의와 반성을 위해 필요한 혈채(血債)의 채권증서(債權證書)요 보증증서(保證證書)가 되기 때문이다.

그러나 나를 비롯한 우리 민족은 너무나 망각지수가 높은데 놀라지 않을 수 없다. 이 글을 쓰기 위하여 몇 개의 사전을 찾아보았으나 남경 학살사건은 실려 있었으나 관동 대지진 조선인 학살사건은 항목마저도 찾아볼 수 없었으며 심지어 국사대사전에도 실려 있지 않았다. 어렵게 구독한 강덕상씨가 쓴 관동 대지진이란 귀중한 책을 읽고 인류역사상 유례을 찾을 수 없을 만큼 잔인한 일본인의 범죄를 접하여 알게 되어 조선민족이 한사람이라도 더 많이 이 사실을 기억해줄 것을 염원하는 심정에서 이 글을 쓴다.

일본은 9월 1일을 관동 진재(震災)를 잊지 않기 위하여 방재일(防災日)로 정하면서도 이때의 조선인 학살의 역사는 애써 은폐하려는 것은 남경 학살사건과 더불어 그들의 부끄러운 유산을 어물쩍 넘기자는 심보이고, 이것은 아직도 식민지배 이후의 일본사회구조가 기본적으로 극복되지 아니한 채 존속(存續)하고 있기 때문이며 일본의 침략주의, 배외주의(排外主義)가 뿌리 깊게 남아있어서 조선민족에 관한 편견(偏見)과 차별이 언젠가 다시 뛰쳐나올 가능성과 연계(連繫)되는 것이다. 이 사건은 피해자, 가해자 쌍방의 역사에 영원히 기억하여 결코 망각하여서는 아니될 중대한 범죄사실이다. 우리 민족의 비통한 경험은 세대에서 세대로 확실히 기록 전승(傳承)되어야 하고 그러기위하여 사실을 규명해두는 것이 꼭 필요한 것이라 하여 강덕상(姜德相)씨는 해방후 30년인 1975년에 이 기록을 시작하였다고 기술하고 있다. (中公新書 414 關東大地震, 姜德相 著, 中央公論社, 東京 昭和50年)

제2. 관동대지진과 조선인 학살

진재(震災)의 경과를 살펴보면 앞에 적은 바와 같이 1923년 9월 1일 오전 11시 58분에 동경(東京), 횡빈(橫濱) 지방에 진도(震度) 7.9의 강진(强震)이 왔다. 당시 목조건물이 대부분인 두 도시건물이 도양(倒壤)되었다. 시간대가 점심 취사를 준비하고 있는 시점이어서 도양(倒壤)된 목재에 불이 붙어 화재가 발생되었고, 때마침 초속 10~15m 강풍을 타고 시속 800m의 속도로 대 화류가 전 도시를 석권하여 생명재산의 위기에 직면한 시민은 지진의 피해가 얼마나 되느냐, 화재는 어디까지 확대되는 것이냐, 어디로 가야 살 수 있을 것이냐 등등 정보에 대한 기근감(飢饉感)에 빠져있을 때 돌연히 「조선인이 방화했다. 우물에 독약을 넣었다.」라는 유언비어가 퍼짐으로써 시민들은 '비겁한 놈들, 조선인 밉다'라고 외치게 되고 이로써 조선인 학살의 비극이 시작되게 되었다. 단순하게 생각하면 혼란한 가운데 유언이 있었고 인심이 동요(動搖)하여 학살이 일어났으니 희생자에겐 안 된 일이지만 당시 사정상 부득이 한 일이었다고 할런지 모르겠다. 그러나 이 사건에서 가장 중요한 것은 조선인 방화(放火), 투독(投毒), 폭행(暴行), 약탈(掠奪) 등 범죄를 자행하였다는 유언(流言)이 돌았었는데 그 유언의 진실여부와 유언이 어디에서 나왔느냐를 규명하지 아니한 채 계엄령(戒嚴令)이 발령되고 그 계엄령 하에서 백주 공공연하게 대량 학살이 자행되었다는데 있다. 계엄령은 국가 권력이 최대한의 강권(强權)을 집중하여 치안유지를 위한 최고의 비상 경비를 할 것을 내용으로 하는 조치이다. 당시 계엄령하의 경계상황을 구체적으로 살피면 최고 6만4천의 육군병력, 전국에서 소집한 강력한 경찰력, 기함(旗艦) 장문(長門) 이하 150척의 연합함대를 동경만 일대 수역에 집결시키고 있는 해군력 등등 일본제국이 총력을 기울여 군사경계를 실시하고 있고 상공에는 군용항공기가 선회하고 지상에는 완전무장한 병사가 보초를 서고 있으며 기병은 사진(沙塵)을 올리며 질구(疾驅)하고 있다. 헌병이 붉은 완장을 달고 뛰어다니고 경찰관은 발도(拔刀)하고 눈을 부라리고 왕래하고 있으며 자경단원이 게시물을 부치고 다니고 인쇄물을 돌리며 다니고 있다. 요컨대 모든 권력기관이 총동원되어 온 시가의 구석구석에 배치되어 만전의 경계태세(警戒態勢)를 완전히 갖추고 있는 계엄령하의 도시라는 상황인 것이다. 상식적으로 생각할 때 치안을 교란하고자 하는 노력, 양민에게 위해를 가하려는 일본인들의 이른바 "부령선인(不逞鮮人)"이 있었다 할지라도 추호(秋毫)의 준동(蠢動)도 허용되지 아니하는 상태라 할 것이다.

비상경계(非常警戒)가 경계조치에 만전을 기했더라면 돌연히 일어난 유언의 화를 미연에 방지할 수는 없었다 할지라도 학살사건만은 최소한으로 막을 수 있었어야 할 것이 아니겠는가? 그러나 전언(前言)한 바와 같이 철통같은 경비태세 하에서 그 경비를 무시하고 대대적이고 조직적인 폭동의 유언이 확대되고 잔인한 대학살이 백주대로에서 공공연하게 자행되는 일이 계속하여 일어났던 것이다.

당시 주일본 미국대사(美國大使)는 「이처럼 가공할 (조선인) 대학살이 백주에 공공연하게 이루어지고 있는 일본이란 나라는 결단코 문명국(文明國)으로 인정할 수 없다. 더구나 대학살을 태연하게 보고 있으면서도 제지하려고 하지 않는 일본정부는 온 세계에서 제일가는 야만(野蠻)한 정부이다.」(『人物往來』 1967년 1월호)라고 말하고 있다. 미국대사는 학살의 하수인을 밝히지는 아니한 채 민중의 학살행위와 이를 방관방치하고 있는 일본정부의 책임을 규탄하는 데 그침으로서 한 발짝 물러선 발언에 그치고 있는 것은 아마도 외교상 신중(愼重)을 고려한 수사적(修辭的) 발언인 듯하다. 각설하고 계엄령은 치안을 유지하기 위한 비상군사조치라고 한다면 비록 이민족인 조선인(朝鮮人)일지라도 일본 헌법에 의하여 생명권이 보장된 일본 국민인 이상 적법한 사법절차를 거치지 아니한 학살은 이를 계엄군경이 방지진압(防止鎮壓) 했어야 할 것이 아니겠는가. 이것은 방지(防止)도 진압(鎮壓)도 하지 아니한 것은 무슨 까닭인가. 전술한 바와 같은 군경이 총동원된 계엄군경의 힘으로도 민중의 광기(狂氣)에 대항하기에는 역부족이었다고 변명할지도 모른다. 그러나 그 반대로 계엄체제하의 관헌이 학살을 주도하고 민중의 행동에도 가담한 것이 아닌가 하는 상정(想定)도 가능하고 적극적 역할을 수행하였다고 보는 것이 자연스럽다는 설도 성립될 수 있는 것이다. 저지하였으나 역부족하여 방관하였는가, 불가항력이었는가, 적극적 주도인가는 큰 차이가 있다. 하여튼 유언, 계엄령, 학살의 상호관계는 밀접(密接) 불리(不離)한 것이다. 여기서 잠시 흥분을 가라앉히고 「일본문명국(日本文明國)」을 살펴보기로 하자. 실인즉 일본이 성문헌법을 갖게 된 것은 그 당시로부터 약 35년 전의 일이고 그보다 멀지 않은 옛날까지는 살인무기인 일본도를 차고 다니면서 백주대로에서 그 칼로 생사람을 내리쳐도 법의 저촉을 받지 않는 나라이었다. 그러기 때문에 남의 나라 궁중에 건달패가 쳐들어와 국모를 칼로 시해하고도 그 범인을 처벌조차 하지 아니하는 뻔뻔스러움을 온 세계에 드러내지 않았던가. 자기보다 약하다고 생각되면 인정,체면 가리지 않고 야수가 되는 것이 그들의 본성이다. 이와 같은 본성은 그들의 이웃나라 사람들에게 숨김없이 보여준 역사적 사실이 엄존한다. 본건 관동대학살 말고도 앞에 잠깐 거론한 남경대학살사건, 그리고 잔인하기로 인류역사상 최상급으로 평론되는 일본군에 의한 중국에서의 「731(七三一)」부대 사건, 이 사건을 깊이 언급할 지면도 시간도 없지만, 거리에서 무고한 만삭 임산부를 잡아다가 살아있는 태아와 그 어미를 생체해부하고 혹은 탯줄에 매달려 울고 있는 태아를 살해했으며, 각 그 생존시간 등을 측정하였고, 각종 전염병균을 투여하여 그로인하여 현출되는 현상과 생존율을 여러 민족별로 조사하였다는 기록을 읽어보면 인간의 본성을 상실한 가위 미친 인비인(人非人)들의 소행으로밖에 볼 수 없다.

여기에 비하면 가스실 잡단살해는 너무나 인간다운 방법이라고 보아야 할 것이 아니겠는가.

하여튼 일본이 성문헌법을 가졌다하나 그것은 단순한 겉치레요, 허울에 불과한 것이고, 그들의 정신심층에 내재한 야수근성(野獸根性)은 그리 쉽게 치유되지 않는가보다.

제3. 계엄령의 발령

다음에 계엄령 발령의 경과와 유언의 출처(出處)에 관하여 간단하게 살펴보기로 하자.

당시 관동지방 치안의 총책은 내무상(內務相) 수야연태랑(水野鍊太郞), 동경 경시총감(東京警視總監) 적지농(赤池濃)이다. 수야(水野)는 재등실(齋藤實) 조선총독(朝鮮總督) 밑에서 정무총감(政務總監)으로 있다가 내무상(內務相)이 되었고 적지(赤池)는 같은 시기에 조선총독부 경무국장(警務局長)으로 재임하면서 두 사람은 3.1운동을 겪은 전력을 가진 자들이다. 적지(赤池) 경시총감은 내무성 경보국장(警保局長) 후등문부(後藤文夫)와 더불어 계엄령 발령을 수야(水野) 내무상에게 건의하고 수야 내무상은 총리에게 구신(具申)하여 계엄발령이 일단 각의(閣議)를 통과하였으나 일부 강력한 반대에 부딪쳐서 계엄령은 일단 부결되었다. 일본헌법 제14조와 계엄령에서 정한 요건인 「전시(戰時)」도 아니고 「사변(事變)」도 아니라는 것이다. 여기에서 조선총독 통지와 그 후 9년 뒤에 일어난 1919년의 3.1운동과 그 후 4년 뒤인 1923년의 관동대진재의 상호관련성을 잠시 살펴보기로 하자.

1910년 조선총독부가 생기고 초대총독으로 재등실(齋藤實) 육군대장이 조선총독으로 왔다. 총독은 현역육군대장이 아니면 자격이 없었다. 왜 그런가. 군사적으로 대응하지 아니하면 통치할 수 없다 하여 그랬던 것이다. 그것이 헌병정치이고 이것이 조선식민지정권이다. 이천만 조선인이 원차(怨嗟)의 눈초리에 둘러싸인 중무장정권인 것이니 그러려면 조선총독은 현역 육군대장이어야 하였던 것이다. 현병이 지배하는 통치밖에는 할 수 없었던 것이다. 헌병의 권한은 3개월이하의 징역형과 벌금 100만원이하의 범죄에 대하여는 검사와 판사의 권한을 아울러 한손에 장악하고 있었고 또한 헌병은 범죄즉결령(犯罪卽決令)에 의거하여 현장에서 처형할 수 있었다. 마치 전시점령군(戰時占領軍)에 의한 무한군정과 하나도 다를 바 없다. 그러기에 초등학교 선생님까지 칼을 차고 수업을 하였다. 이런 군정하(軍政下)에서 조선을 지배하는 가운데 이른바 세부측량(稅賦測量)으로 불리는 토지조사(土地調査)가 이루어졌고 철도(鐵道)와 신작로(新作路)가 만들어졌다. 토지조사를 한답시고 조선사람 토지를 수탈하여 동양척식주식회사(東洋拓殖株式會社)를 만들어서 조선인 농민을 그 소작인으로 만들고 조선사람으로부터 가혹한 소작료를 징수하였다. 또한 당시의 새로 만들어지는 도로(道路)를 「연필도(鉛筆道)」라고 부른다. 이 도시에서 저 도시로 도로를 내기로 정하면 그곳 농민의 전지(田地)를 무상몰수하고 노동력을 징발하여 일일일식(一日一食)도 어려운 농민들을 징발하여 제밥 싸가지고 와서 종일 무상노역을 시켰으니 이것을 「부역(賦役)질」이라고 한다. 잠을 재워주는 것도 아니다. 들잠〔露宿〕을 자가면서 부역질을 하다가 도망가면 헌병이 총을 쏜다. 경인선, 경부선이 건설되고 여러 곳에 도로가 개설된다. 모두 우리 백성의 원한의 피에 물든 철길이요 신작로이다.

그러기 때문에 정감록에서 이른바 노불거(路不居)란 비결이 맞는다면서 철도나 도로의 개설을 기피하였다.

이와 같은 깊은 사연으로 옛날 남행대로(南行大路)인 공주 길이나 청주 길로 경부선이 지나는 것을 그 지방 유력자(有力者)들이 기피하였기 때문에 허허벌판인 대전으로 경부선이 지나갔다는 옛날이야기도 있다. 내가 어릴 때 어린아이가 울면 어머니가 「저기 순사 온다」 하면 놀라서 울음을 그쳤다. 순사보다 열곱 무서운 것이 빨건 완장을 왼쪽 팔에 찬 헌병이다. 권력의 횡포가 가혹하면 거기에 정비례하여 적의

(敵意)도 강하여지고 반동이 강력해지는 것이다. 삼일운동은 이와 같은 9년간의 일제의 무단(武斷)통치에 대한 강렬한 반동(反動)이다.

조선사람을 자기네 백성으로는 생각지 아니하고 적으로 보고 두려워하였다. 삼일운동에 대한 일본인의 대처는 완전하고 철저한 적군에 대한 무력행사이었다. 현대사료(現代史料) 25, 26권이란 책은 삼일운동 자료집이고, 모두 일본군부의 자료집이다. 일본현지 육군이 토벌한 삼일운동당시 조선인과 대결한 매일매일의 전과를 육군성에 보고한 「일차보고(日次報告)」를 모은 자료이다.

여기에 나오는 숫자만으로도 천명이 넘는 사자를 기록하고 있다. 한 예를 보자. 「3월 10일 평남(平南) 맹산(孟山)에서 재차 천도교도 100명이 헌병분견소에 돌입하기에 보병과 협력하여 격퇴하다. 헌병 1명 즉사, 보조원 1명 중상, 폭민 약 51명 사상, 폭도의 사상은… 총탄명중한 자 51명, 부상자 13명, 부상자는 도주하다.」라고 되었으나 실인즉 총계 67명이 사망하였고 100명의 데모군중에게 76발의 총탄을 쏘아서 67명을 사살하였으니 한발의 총탄도 위협사격을 한 것이 없이 모두 백발백중의 조준사격을 했다는 결론이다. 삼일운동에 대한 재판결과 사형자가 한명도 없었던데 대하여 일본의 「쓰꾸루회」 회원은 세계 제일의 관용판결이라고 불만했지만 재판이전에 앞에 적은 천명이상의 무수한 즉결사형이 있었다. 일본군 자신(自身) 충청남도에서 「폭민사형(暴民死刑) 14, 상불명(傷不明)」이라고 보고(報告)하고 있다.

수원(水原) 제암리(提岩里)에서는 수일 전에 근처 발안(發安) 장날에 장꾼이 만세를 부른데 대한 보복으로 제암리 동민 28명을 교회에 강제 연행하여 가두고 문을 잠근 뒤 방화(放火) 살해하고 동리 민가를 불태웠다. 이 작전은 일본군 유전준부(有田俊夫) 중위(中尉)와 11명의 군인 2명의 일인경찰이 한 만행이다. 유전(有田)은 '조선인은 모두가 적이다.'라고 외쳤다고 한다.

조선독립운동의 혈사(血史)를 쓰신 박은식(朴殷植) 선생에 의하면 삼일운동 때 일본인이 병력을 사용하여 진압함으로써 생긴 사자(死者)는 7,504명이라 하였다.

백성들의 데모를 진압하기 위한 권력(權力)의 행사방법(行使方法)으로는 세계고금(世界古今) 역사상 이례(異例)에 속한다 할 것이다. (關東大震災와 朝鮮人 虐殺, 姜德相外 三人著, 東京 論創社, p.54-56)

더욱 무서운 이야기 하나 더 소개한다. 「3.1운동의 대탄압에서 일본인은 조선반도 각지에서 음료수, 선어(鮮魚), 사당(砂糖) 등등 각종 식료품에 독(毒)을 투입하여 조선인을 대량 학살했다. 이와 같은 비인도적 방법을 스스로 자행한 일본관헌(日本官憲)은 대진재(大震災)시에는 조선인이 그 짓을 했다고 비열한 유언(流言)을 퍼뜨렸던 것으로 되어 있다.」(관동대지진과 계엄령, 松尾章一著, 2003년 弘文堂), 姜德相外 三人著, 前記書, p.211 등의 기록이 있다.

그 후 4년만에 발생한 관동대진재 당시 공교롭게도 삼일운동 당시에 조선총독부 정무총감 수야(水野)와 경무국장 적지(赤池)가 관동대지진 당시의 치안의 양대 책임자로 만나게 되었다. 조선에서 겪은 삼일운동에서 혼쭐이 난 이 두 사람이 이번에는 조선인에게 보복하기로 작심하고 계엄령을 발령토록 한 것이 이루어지지 아니하자 적지(赤池)는 시급히 삼동(森同) 근위(近衛) 사단장에게 출병 요구서를 제출하고 군 당국은 위 출병요구에 응하여 위술 근무령(衛戍勤務令)에 의한 출병을 승인하고 삼동(森同)이 위수 사령관으로서 예하(隷下)부대를 동경지역의 경비에 배치하였다. 적지(赤池)와 수야(水野)는 조선인 폭동의 유언(流言)이 있었다고 주고받음으로써 급기야 조선인 폭동을 진압하기 위하여 계엄령은 적법하다는 각의 판단에 따라 9월 2일 계엄이 선포되었다. 9월 1일부터 산발적으로 포고되었던 조선인 방화설과 폭동설은 그 진부(眞否)를 확인하는 절차를 밟지 아니한 채 도리어 위법한 계엄령을 강행하기 위한 구실로 조선인 폭동 운운의 유언을 악용하였음을 알 수 있는 것이다. 이때 적지(赤池)의 부하인 경시청(警視廳)

관방주사(官方主事) 정력송태랑(正力松太郎)은 권력내부에서 유언을 조직적으로 유포하였을 뿐만 아니라 송미존태(松尾尊兌)의 증언에 의하면 정력송태랑(正力松太郎)은 팔을 걷어 부치고 군 사령부를 방문하여『이쯤 됐으면 해치웁시다.』라고 기세를 올리며 소리치는 것을 본 아부신행(阿部信行) 참모장은『正力은 미치광이처럼 날뛰는구나.』라고 하였다고 전하고 있는 것이다. 이와 같은 경위를 거쳐서 水野, 赤池가 손잡고 正力이 그 하수인(下手人)으로 가세하여 계엄령이 선포되기에 이르렀다.

제4. 유언의 발생원

일본 정부가 사건을 국회답변이나 외국에 설명하기 위한 참고자료로서 작성한 유일한 비밀 조사서인 사법성편(司法省編)『진재(震災) 후에 발행한 형사사범과 이와 관련된 사항 조사서』를 검토하여 보자.

1) 이 조사서에는 모두 49건의 조선인 범죄사례를 발생 일시, 장소, 범인성명, 범죄사실을 적기(摘記)하고 있는 데 그중 10중 8, 9가 범인은 성명미상 선인(鮮人)으로 되어있고 피해자 또한 성명미상으로 되어있는 것이다. 권위 있는 사법성(司法省) 당국이 과연 이와 같은 내용으로 범죄를 구성하기에 충분하다고 생각하였단 말인가, 성명 불상자(姓名不詳者)를 조선인으로 인정한 근거는 무엇인가, 조선인이라는 패를 채운 것도 아니고 낙인이 찍혀있는 것도 아닐 바에야 피부색이 다르다든지 신체구조상 일본인과 판이한 특징이 있는 것도 아닌데 조선인이라는 판단은 그 성명과 본적을 조사하여 비로소 알 수 있는 일이 아니겠는가. 성명도 조사하지 않고 무슨무슨 범죄사실을 조선인 성명 불상자가 저지른 범죄라고 나열하고 있으니 이는 모두 근거 없는 유언을 문서화한 것에 지나지 아니한 것이다. 상기 49건의 사례 중 범인의 성명이 적시된 것은 단지 2건뿐이니 그 2건을 검토해보자.

2) 9월 1일 오후 11시경

본소(本所) 유도원정(柳島元町) 전차종점 부근에서 범인 김손순(金孫順)이 피난중인 성명 불상 내지인(內地人)을 강간하려다 미수에 그치고 의류 12점 외 잡품이 들은 가방을 강탈하여 강도, 강간 범죄를 저질렀다. 범인은 구호경찰서(龜戶警察署)에 구금되었으나 동서(同署) 화재로 2일 석방되어 소재 불명이라고 조사서에 기록되어 있고,

3) 또 한건은 9월 1일 오후 11시로부터 9월 2일 오전 2시까지 사이에 유도원정(柳島元町) 169번지 오복점(吳服店)에서 강금산(姜金山) 외 성명불상 선인 30명 가량이 화재 피난으로 혼란한 틈에 점원에게 폭행을 가하고 옷감 수십 점을 강탈하고 이어 30명 가량의 조선인이 점포 내에 난입하여 점원을 폭행하고 한아름의 의류를 강탈하였다.(죄명 강도죄)

범인 중 강금산(姜金山)은 구호 서(龜戶署)에 구금되었으나 동서(同署) 화재로 석방되어 소재불명이라고 기재되어 있는 것이다.

4) 우선 김손순, 강금산이란 성명이 조선인의 성명으로서 어딘가 어색하여 임의로 창작한 이름이라는 의심이 갈뿐만 아니라 이 두 사람은 구호 서(龜戶署)에 구금되었다가 화재로 석방되었다고 하나 그때는 조선인 총원 검속이 되던 때인데 석방이란 말이 되지 아니한다. 생존해 있는 조선인은 거리에 나다니면 모두 학살당하는 판에 석방이란 무슨 근거에 의한 것인가? 이와 같은 엉터리 조사서를 가지고 유언의 발생원이라고 내세우는 것은 일본 제국의 치부를 만방에 드러내는 결과가 되고 말았다.

5) 유언의 발생원에 관하여 연구자 송미존태(松尾尊兌)씨는 자연발생설을, 강덕상(姜德相)씨와 재등임차(齋藤稔次)씨는 권력자가 특정의 예단에 근거하여 유포시킨 것이란 두 가지 설이 있다. 전자는 일반 시민의 조선인 차별관이 진재라는 혼란을 당하여 분출한 것이고 관헌은 시민 사이에 자연 발생한 유언을 확인하고 계엄령을 시행하였다는 것

이다. 그러나 계엄령 포고 후 계엄군대, 경찰력의 주도하에 학살이 행하여지고 관헌이 민간인인 자경단에게 학살을 지시하고 무기를 지급하였으며 혹은 그 지원 승인하에 자경단이 학살에 적극 가담한 점(제5의 6 및 제6의 각항 참조)을 종합하면 관헌이 계엄시행의 명분으로 조선인 봉기를 내란으로 몰아가고 그러기 위하여 조직적으로 유언을 유포하여 시민의 분노를 유발시켰다고 하는 후자의 설이 더욱 이론적이라 할 수 있다.

제5. 관헌의 만행

1) 암파 소위의 잔학

포병 제13연대 소속의 암파(岩波) 소위는 진재지에 경비의 임무를 띠고 갔는데 소송천(小松川)에서 무저항 온순하게 복무하고 있는 선인 노무자 200명을 병졸을 지휘하여 참살하였다. 부녀자는 양다리를 잡아 당겨 가랑이를 찢어죽이고, 혹은 철선으로 목을 졸라 못〔池〕에 던지고, 고통을 가하여 죽이고, 수없는 가혹한 짓을 하여 학살한 것에 대하여 너무나 지나친 비상식이 아니냐고 다른 사람들의 공평(公評)도 나쁘다.(란외에 9월 2일 암파 소위 병을 지휘하여 선인 200인 살해하다. 금정청일(今井清一)의 관동 대진재와 조선인학살이라고 일기에 기재한 한 병졸의 내부고발에 주목해야 할 것이다.

2) 판본 군조의 경우

『기병 제15연대 판본 군조는 병졸 8명을 인솔하고 남 갈포군 단강촌 인부 공급업 모의 집에 거주하는 부정 선인 5명을 같은 마을 자경단으로부터 인수하여 이들을 여단 사령부에 인도할 목적으로 하강호천교 북단에 있는 하사관 초소 앞에 위 5명의 선인을 모아놓고 그날 5시 30분경 판본 군조가 조사를 시작하려고 하자 이 사람들이 갑자기 소석, 곤봉으로 폭행을 함으로 위험천만하기 때문에 동 군조는 기병 졸 산구

가중(山口加重) 동 고교보차(高橋保次)에게 명하여 선인 5명을 사살케 하였다.

비고 1. 사체는 하중에 추락 유실되었다.

비고 2. 금정교는 하강호천교의 속칭이다.

처치의 당부, 군대 처치는 위수 근무령 제12조 제1항에 의하여 적당하다 인정된다.』(전기 사법성 조사서)

이밖에 여러 건도 연행 중에 또는 조사 중에 곤봉, 소석, 장작개비 등으로 저항함으로 사살하였다고 되어 있다. 조사하기 이전부터 부정 선인으로 낙인찍고 있는 것도 괴이하지만 『첫째로 저항하였는가가 지극히 의심스럽다. 일보를 양보하여 저항하였다 할지라도 자기를 죽일 것으로 생각하는 자가 저항하는 것은 인간의 본능상 있을 수 있는 것이다. 그것을 사살하여야만 할 정도라고 보기에는 어려운 일이다. 한쪽은 완전무장한 병사이고 한쪽은 도수공권의 포로가 아니냐.』(송미존태 『사상』 471호)라는 지적이 있지만 무장병사는 9인이고 도수 포로는 5인이며 무엇보다도 부정 선인은 죽여도 좋다는 전제가 설정되어 있다는 점을 직시하여야 할 것이다.

3) 월중곡리일(越中谷利一) 병사의 수기

이일(利一)병은 당시 습지야(習志野) 기병연대의 병사였다. 그 수기에서 『적은 제도(帝都)에 있다. 실탄과 총검으로 무장하고 침입하였다고 하니 대단한 위세라고 들었다. 내가 속해있던 습지야(習志野) 기병연대가 출동한 것은 9월 2일 정오경인데 몹시 화급한 출동이었다. 인마의 전시무장을 갖추고 영문(營門)에 정열하기까지의 허락된 시간이 겨우 30분밖에 주어지지 아니 하였다. 2일분의 양식과 마량(馬糧) 자비(子備), 제철(蹄鐵)까지도 휴대하고 실탄 60발, 장교는 자택에서 가져온 진도(眞刀)로서 지휘 호령하였으니 꼭 전쟁기분이다. 그리고 무엇이 어찌되었는지 모른 채 질풍처럼 영문을 나와 천엽가도(千葉街道)를 일로(一路) 사진(砂塵)을 올리며 질구(疾驅)하였다. 구호(龜戶)에 도착한 것이 오후 2시였는데 이재민이 범람하는 홍수 같았다. 연대는 행동의 시작으로 먼저 열차 검색을 하였다. 장교는 발도하고 열차 내외를 수색하고 다녔다. 어는 열차고 초만원이고 기관차에 쌓인 석탄위에도 사람이 파리처럼 무리지어 있는데 그 군중 가운데에서 조선인은 모두 끌어내었다. 그리고 이들 조선인은 모두 그 자리에서 백인(白刃)과 총검 하에 쓰러져 갔다. 일본인 피란민 사이에서 울려 퍼지는 만세소리, 환호의 소리, 국적(國賊) 조선인은 다 죽여 버려라. 우리 연대는 이로서 출진 벽두에 적의 피를 군신에게 바치는 혈제로 삼아서 그날 오후부터 밤까지 본격적인 조선인 사냥에 나섰던 것이다.』(同氏의 관동 대지진의 회상)

4) 복도선태랑(福島善太郎)의 회상

『2일 오후 나는 시천 거리로 들어가는 10정쯤 못 미쳐 논밭 길을 지나는 도중에 배급받은 현미 김밥으로 요기를 하고 걸어가고 있었습니다. 이때까지 본적이 없는 대형 비행기가 재열(災熱)의 하늘을 날아가고 있었습니다. 홍대(鴻台) 기병대가 여러 무리를 지어 사진을 올리며 피난민의 행렬을 헤치고 지나갔습니다. 조선인을 병대(兵隊)가 죽이고 있다는 소리가 들리더니 지금까지 걷고 있던 피난민의 행렬이 급하게 뛰어나갔습니다. 나도 행렬에 끌리다시피 되어 뛰었습니다. 그리고 1정쯤 갔을 때 군중의 머리 너머로 왼편 밭 가운데서 무서운 참학(慘虐)의 현장을 확실히 목도하였습니다. 굵은 가스리 무늬의 홑옷을 입은 사람, 빛 바랜 국방색 옷을 입은 사람 7인이 뒷손으로 포박되어 서로 염주알처럼 연결하여 묶인 채 넘어져 있었습니다. 그들은 조선인이었습니다. 무엇인지 알아들을 수없는 말로 새파랗게 질린 채 빠른 말로 소리쳤습니다. "닥치거라 이놈들" 갑자기 한 병사가 총검의 개머리판을 머리 위로 쳐들더니 맨 끝에 묶여있던 사나이의 머리통을 내리쳤습니다. "앗!" 하고 군중은 숨을 죽였습니다. 그리고 모두 얼굴을 돌렸습니다. 이윽고 시선을 돌렸을 때는 두개골은 깨지고 선혈이 주위에

낭자하게 흩어져있고 손끝과 발끝이 떨리고 있었습니다. "아 하 하하 하 저놈들 꼴 좀 보라" "이놈들 모두 죽여 버려라" "그래 해치우자 이 개새끼들" "이놈들 부정 선인놈들 모두 죽여 버려라" 10일 오후 2시 전후 市川으로 건너가는 다리 못미처에서 이 현장을 목격한 사람들이 여럿이었습니다.』(日朝協會 豊島支部編 民族의 棘)

착각으로 출동한 병사들이 일방적으로 공격을 개시하였으나 조선인의 봉기 또는 폭동은 어디에도 없었다. 악의에 찬 의도적인 유언에 의하여 조선인은 영문도 모르는 사이에 적으로 지목되어 말 한마디 못하고 총검 하에 억울한 이슬로 사라져야 했던 것이다. 이와 같은 병사들의 조선인 사냥을 목격한 일반 시민이 조선인이 적이라는 확신으로 이어지고 병사기 전과를 올리는 순간마다 박수와 환호와 만세로 공감하고 호응하였으니 유언은 점점 진실성을 띠고 대량 피난민의 이동을 매개로 하여 요원의 불꽃처럼 급속도로 번져나갔고 박진감 있게 확대되어 나갔다.

5) 대의사(代議士) 육군소장 진야전시중(津野田是重)은,

『나의집 부근에서도 너무나 소란하여 나는 문밖에 나가서 보니 무장한 군대가 있었다. 그리고 대장인 듯한 군인이 "적은 지금 반곡 방면에 출현하였다."라고 구령하고 있으므로 나는 그 장교를 붙잡고 "적이란 무엇이냐."라고 물어보니 "조선인이다."라고 대답하므로 나는 또다시 "조선인이 어째서 적이냐."라고 물었더니 "상관의 명령이니 나는 모르겠다."라고 답변하였다.』

6) 자경단의 학살과 선동 지시, 무기의 대여

본 항에 대한 여러 사실을 증언하거나 자료를 제공한 사람은 동경대학 교수로 유명한 헌법학자인 상빈신길(上彬愼吉)을 비롯하여 동아일보 주재기자 이상협(李相協), 자경단원 임영부(林英夫), 작가 강구환(江口渙), 정치가 국지의랑(菊地義郞), 자경단원 ○○○, 판사부인 소야방

자(小野房子), 판사 석원수일(石垣修一), 부장판사 장강웅부(長岡雄夫), 자경단원 ○○○, 수서(壽署) 경찰관 ○○○, 평론가 전중공태랑(田中貢太郎), 장주(長州) 특무함장 등길준(藤吉駿), 흑룡회 주간(黑龍會主幹) 내전량평(內田良平), 자경단 횡빈(橫濱) 구보정, 자경단 횡빈(橫濱) 남대전 청년단, 재향군인회 횡빈(橫濱) 본목(本牧) 인인(因人) 횡빈(橫濱) 근안(根岸) 청년단 횡빈(橫濱) 학견(鶴見) 재향군인회 천기(川崎) 고진(高津) 재향군인회 분회 동경우입(東京牛込) 청년단 동경 지삼전(芝三田) 자경단 천엽(千葉) 막장(幕帳) 자경단 천엽(千葉) 동갈군(東葛郡) 각정촌(各町村) 등등이며 공통된 것은 거의가 9월 2일에 전기 열거 여러 사실을 목도(目睹)하거나 전해 들었다는 것이고 그 내용은 관헌이 자경단에게 조선인을 살해해도 좋다. 타살하라, 참살도 가하다는 등 형용은 다르지만 적극적으로 살인을 지시 용인하고 있음을 볼 수 있다. 살해를 지시하였을 뿐 아니라 천엽(千葉) 막장(幕帳)에서는『자경단 1구(區)에 총 3정 탄약 95발을 지급』한 예를 중시할 필요가 있다.

제6. 자경단의 조선인 사냥

자경단은 군경의 색적행동索敵行動에 맞추어 불령 선인(不逞 鮮人) 검거에 적극 조력하기로 나선 것이다. 불령 선인이 범죄의 원인이고 따라서 화재예방, 도난방지를 위한 야경(夜警)의 실시도 모두 부정선인의 폭거(暴擧)로부터 자위하자는 관점에 서는 이상 조선인을 적으로 하여 산병전을 벌이고 있는 군경에 대한 솔선 조력은 당연한 의무가 되었다. 자경단은 우선 거리 요소에 초소를 설치하고 비상선을 치고 자경단 마다 통행증을 발행한 후 통행인을 수하(誰何)하고 출입을 통제하면서 물샐 틈 없이 조선인을 색출하였다. 의심스러우면 엄하게 심문하고 휴대품을 검사하였다. 조선인을 찾아내기 위해서는 인상(人相), 풍채(風采)는 물론 언어, 풍속, 역사의 차이가 이용되었다. 통행인에게 유명한 15원 55전과 빠삐뿌빼뽀의 발음을 강제하였다. 이들 발음에서 일본어의 탁음 발음에 능숙하지 못한 조선인의 발음상 특징을 이용하여 쉽게 조선인을 잡아내자는 방법인 것이다. 일본국가 기미가요, 일본민요 도도이스, 이로하 오십음, 교육자어(教育刺語) 등을 암송시켜서 식별의 수단으로 삼았다. 조선인은 생김새에 있어서 뒤통수가 절벽 같고 일중(一重) 눈썹, 장신, 장발, 수건을 머리에 쓰는 것 등도 조선인을 찾아내는 특징으로 삼았다. 자경단원은 위의 기준에 합치하는 통행인이 초계선(哨戒線)에 들어오면 여럿이서 급습하여 타살하였다. 자경단끼리는 『산』『천』『붉은 머리띠』『흰 멜빵』 등의 암호를 정하여놓고 이를 주고받아가며 자기네 편을 가려내기로 하고 또한 『먼저 칼로 베거나 찌르지 말고 밀쳐 넘어트려라. 베거나 찌르면 우리 편을 살상할 염려가 있다.』라는 등 마치 전쟁터를 방불케 함으로서 거리의 초소에는 살육을 벼르고 있는 자경단원으로 살기가 충만하였다. 그런 분위기에서 소학교 5학년 아동이 이웃 아동과 더불어 철근 토막으로 긴 칼 모양을 만들어가지고 조선인이 오면 이것으로 때려죽이자고 벼르는 것도 있었다고 한다. 아마도 일반 시민이 두 번 다시는 말할 수 없는 무서운 대화, 즉 살인의 이야기를 공공연하게 주고받았던 것이다. 권력의 누동(漏動)과 교준(教唆)에 의한 것이라고는 하지만 조선인은 죽여도 무방하다는 일본인의 심리에 숨겨져 있는 잔인성은 군중심리와 상승작용을 하여 더욱 목불인견의 참상으로 이어져나갔다.

죽이는 데도 방법이 있고 종류가 있다. 같은 살인이라도 그 수단과 방법에 따라서 그 의미하는 내용이 판이해진다. 다음에 이른바 자경단원들의 조선인 살해현장의 몇 가지를 열거해보자.

1) 거리의 건달패로 보이는 청년 4~5명이 손에손에 일본도 또는 죽창을 들고 백수교(白水橋) 난간에 늘어서 있다가 지나가는 행인 한사람을 붙잡아놓고 『이놈 수상하다』『가기구게고 말해봐라』『그놈 해치워버리자』 일본도(日本刀)를 가진 건달이 붙잡힌 남자의 미간(眉間)을

일본도로 내리쳤다. 반쯤 죽어가는 그 남자를 2~3인의 건달이 우전천(隅田川)에 던져버렸다. 군중이 만세를 불렀다. 아마도 내가 들은 만세소리로 어림잡아 약 30인이 학살된 것으로 짐작된다.

2) 일본교(日本橋) 근처에서 자경단이 『네 이년이 독(毒)을 투입하였다』라고 소리치며 사지를 꽁꽁 묶인 조선인 여자를 쓰러트려놓고 트럭으로 치어 죽였다. 그러자 그 여자의 손발이 파르르 떨리고 있는 것을 보고는 『아직 살아있나 보다. 다시 한 번 더』라면서 다시 치어 죽였다.(和知正孝의 증언 『民族의 자』)

3)장작불이 타고 있는데 4~5명의 청년이 팔다리를 잡아서 큰 대자로 펼친 다음 장작불 위에 들고 있고 그 밑에서 장작불을 태우는 것이에요. 조선인은 비명을 질러보지만 끝내 그 비명도 들리지 않고 그 사람의 피부는 노랗게 구워졌어요. 그 시체는 강물에 던져졌어요.(篠原京子의 증언 민족의 자)

이런 조선인 생화장을 목격했다는 증언은 의외로 많이 있었다고 한다.

4) 가장 보편적으로 나타난 현상은 집단적 처형방법이다. 조선인을 산채로 묶어놓고 제각기 지나가는 일본인이 단도, 죽창, 일본도 등 각자가 소지한 여러 가지 무기로 귀를 자르고 눈을 찌르고 머리통이나 배를 베고, 찌르고, 심지어 살아있는 사람의 허리통이나 팔다리에 톱질을 하여 한 사람이 한 번씩 톱질을 하고 지나가게 함으로써 죽이거나 이미 목숨이 끊어진 시신에 톱질을 하고 지나가는 예도 있었다.

5) 조선인을 철사로 묶어놓고 『부정선인이다. 때리든지 발로 차든지 마음대로 하라.』라는 글을 써 붙여놓고 그 옆에 곤봉을 놓아두어 통행인이 타살토록하기도 하였다.

6) 어도정(御徒町) 사거리에 오니까 체격이 큰 조선인이 목숨이 끊어져가고있는데 자세히 보니 눈알이 튀어나오고 입에서 피가 흘러나오

고 있으며 몸 전체가 상처투성이가 되어 쓰러져있는데 지나가는 여러 사람이 돌을 던지고 곤봉으로 때리고 있다.(平山秀雄『大正 癸亥 大震災의 回想』)

7) 사체(死體)에 대한 형용할 수 없는 능욕은 또한 결코 잊을 수 없는 노릇이다. 특히 여성 사체에 대한 모독은 필설로 다하지 못할 지경이다.『아무리 흥분하였던들 이렇게 까지는 하지 말았어야 할 것을』『일본인이라는 사실을 그때만큼 치욕스럽게 여겼던 적은 없었다.』라는 감상을 남겨놓은 일본인 목격자가 있었다는 것을 첨언하여 두는 것이 공평을 잃지 않는 필자의 태도일 것이다.

8) 횡빈(橫濱)에서는 형무소에 수감되어있는 죄수를 해방하여 무장시키고 그들로 하여금 조선인 사냥을 시켜서 그 죄수가 조선인 사냥에 큰 성과를 거두자 죄수님이라 부르며 고마워했다고 한다. 백인 보안관과 범죄자가 손을 잡고 인디언 사냥의 총격전을 전개하여 일종의 우정과 연대감이 싹트는 미국 서부극 역마차의 한 장면이 연상되는 대목이다. 아무튼 9월 2일 야반에서 다음 3일까지 사이에 조선인에게 안전한 장소는 하늘아래 어디에도 없었다. 관민 일치한 살인의 대향연 앞에 깃털보다도 가벼운 생명을 보전하기 위하여는 수중(水中)에 수일간을 몸을 숨긴 자, 마루 밑 땅굴에서 기한(飢寒)을 참아 견딘 자들이 겨우겨우 목숨을 건질수 있었다. 잘래야 숨어 눈 붙일 집이 없고 배고파도 먹을 것이 없는 조선인의 생명은 죄 없이 민족이 다르다는 이유만으로 다수 일본인의 무기와 권력 앞에 무참히 강탈당하고 말았다.

제7. 조선인 총 검속

9월 3일 계엄사령부는 조선인 폭동 운운이 유언임을 알게 되자 조선인이 계획적으로 부정한 행동을 하려는 형세가 인정되지 아니한다면서 용의(容疑) 없는 조선인은 이를 보호하기 위하여 일정 시설에 수용하고 위험한 조선인은 적의(適宜) 처분하기로 하는 내용의 새로운 방침을 세우고 이에 따라 모든 조선인을 총 검속하여 불령不逞과 양선(良鮮)을 선별한 후 양선인(良鮮人) 만을 여러 시설에 보호 수용하였다. 그러나 그 선별과 수용과정이 말이 아니었던 것이다. 말 한마디 거칠게 하여도 그 자리에서 베어버리고 며칠씩 제대로 밥도 안주고 철선으로 손을 묶어서 끌고 가는 도중에 지치거나 굶어서 죽는 노약자가 속출하였지만 무차별 살상하는데 익숙하여진 관헌에게서 조선인을 인간으로 취급하는 예는 찾아보기 힘들었다. 가위 짐승 대접이다. 이렇게 하여 양선인(良鮮人)으로 판정 받고 수용된 인원이 관동 지방 총계로 1만 1천명 미만이었다고 한다.

제8. 희생자 조사

관동 일대를 중심으로 9월 2일 이후 관원, 자경단에 의한 대 학살이 자행되었는데 그러면 조선인의 인적(人的) 피해는 과연 얼마나 되는가. 대체 어디에서 누가 누구에게 죽임을 당하였는가? 까닭 없이 죄를 뒤집어 씌워 죽임을 당하고 구천(九天)을 헤매는 원혼을 위령하기 위하여서라도 이 작업은 우리 국가에서 우리 민족의 힘으로 이루어져야 할 일인 것이다. 그러나 89년이 지난 지금까지 이 작업은 고사하고 조선인 학살 사실 자체를 기억하는 사람조차 없다. 어찌 통탄할 일이 아니겠는가? 당시 학살당한 피해자 수는 조선총독 재등실(齋藤實)이 말하였다는 {확실한 피해자는 합계 2명}으로부터 1천명, 3천명, 5천명, 1만명으로 발표 기관에 따라서 천차만별이고 2명 이상 1만 명으로 기록되어있다. 그러면 어찌하여 이처럼 극단의 차이가 생겼는가. 그것은 일본 정부가 사태 수습을 하는 과정에서 철저한 은폐 책으로써 자기의 부끄러운 범죄의 흔적을 감추기 위하여 수단과 방법을 가리지 아니하였기 때문이다. 앞에 적은 제5 관헌의 만행에서 적시한 5건의 사례가 모두 계엄군의 만행이었지만 일본 당국은 이들을 모두 {위술근무령(衛戍勤務令) 제12조 제1항에 의하여 적당하다}라고 인정하고 또한 경찰의 범행은 인증되지 아니하며 자경단의 범행은 정상 참작할 점이 있어 전원을 검거하지 아니하고 검거의 범위를 현저한 자 만으로 한정하여 될 수 있는데 까지 진실을 숨기기에 힘썼다. 그때 진재를 겪었던 조선인의 간절한 소망은 조선으로의 귀환(歸還)이었지만 일본 정부는 조선인 학살의 소문이 조선으로 전파될 것을 우려하여 조선인 귀향을 절대 불허하는 방침을 오랫동안 고수하고 이 치욕스러운 일본의 범죄가 자연 소멸(消滅)할 날을 기다리는 정책으로 일관하여 왔다. 조선인은 이처럼 참혹한 학살을 당하고서도 {나라가 없으니 항의 한마디 못했습니다.}라고 피해자 신창범씨는 말히고 있지만 항의는 고사하고 그 사건의 조사요구 한마디 못한 채 오늘에 이르고 있다.

망국(亡國)의 백성이 얼마나 비참한가 하는 예로서 조선총독부의 총독의 대응을 살펴보자. 총독부는 일본의 식민지 정부라고는 하지만 동시에 조선인의 생명, 재산을 보호할 통치권자로서의 의무와 권리를 지니고 있다고 할 것이다. 재등(齋藤) 총독은 자기의 통치하에 있는 조선 백성을 향하여 {금회의 대진재(大震災)를 당하여 동경과 횡빈의 시내 각지에 방화를 하였고 개중에는 방화 혐의를 받고 있는 자가 있다. 이 자들은 조선인 가운데 불량분자가 내지인 불온분자와 연락 공모한 소위라고 전하여지고 있고 더구나 조선인으로서 강도, 폭행을 범하는 자가 있다는 풍설이 있어 가뜩이나 흥분한 민중으로 하여금 새로운 일대 위협을 느끼게 할뿐 아니라 분노 끝에 강렬한 적개심을 발생케 하여 종당에는 민중은 각자 무기를 휴대하고 주야로 자위를 도모하기에 이르렀다. 그 결과 조선인과 내지인으로 살해당한 자가 각지에서 수십명에 이를 것으로 보인다. 정부는 목하 본 건에 대하여 극력 조사 중이므로 불일내에 그 진상을 밝힐 수 있을 것이다.}라는 유고를 발하고 있다. 또한 총독 개인으로서도 앞에 지적한 바와 같이 조선인 희생자는 {조사결과 확실한 것은 합계 2명}이라는 방언(放言)을 거침없이 하였다. 89년이 지난 오늘 이 글을 옮겨 쓰는 이 사람도 분노에 가슴이 막히고 손이 떨려서 몇 번 글씨 쓰기를 멈추지 아니할 수 없었다. 하늘이 무섭지 아니한가? 어찌 이토록 일본인은 잔인하고 추악하단 말인가. 이 대목은 조선민족이 천 년 만 년 대대손손 이어가면서 꼭 기억해 두고 잊지 말아야 할 것이라 다짐한다. 우리 민족 중 한 사람이라도 더 많은 사람이 일본인의 교활하고 잔인하고 추악함을 다시 한 번 인식할 것을 당부하는 바이다. 그 후 일본정부의 사건 조사서에는 양심에서 우러나오는 위로의 말 한 마디도 글 반 토막도 발견할 수 없다. 오직 자기의 죄상을 감추기 위한 거짓으로 포장되어있고 마음에서 우러나오는 참회나 사과의 편린도 찾아 볼 수 없다. 일본 국회 제47 임시의회에서 전연풍길(田淵豊吉) 의원이 "외국에 대하여 사절을 보내 사의를 표명하기 전에 조선인에게 사과하는 것이 순서가 아니겠는가."라고 내각에 촉구하였지만 일체의 사과를 표명한 적이 없었고 오늘에 이르기까지 일본 정부는 물론이고 일본인 누구 한사람 개인의 자격으로서도 유감의 뜻조차 표명한 자가 없었다고 들었다. 오살 당한 중국인 희생자에 대하여 중국 정부가 왕정연 일행의 조사 위원을 파견하여 항의하고 크게 문제를 삼은 것과는 큰 차이가 있음을 알 수 있다. 동아일보는 만일 조선정부가 있었더라면 반드시 강경한 항의를 제기하여 원한을 푸는 방법도 있었을 것이다. 통탄하는 사설을 실어 폐간(廢刊) 처분을 받았다.

일본 사법성 조사서에서는 조선인 사망 231명, 총독부 조사에서는 조선인 사망 832명이고 그 유족에게 1인당 200원씩 지급하여 총 830명에게 조의금 16만6천원을 지급하였다고 하였다.(조선총독부 {관동지방 진재시에 있어서의 조선인 문제})

사법성의 조사와 총독부의 조사가 같은 권력 내부의 조사결과에 4배 가까운 차이가 있으니 그 신뢰도가 둘 다 믿을 것이 못 된다는 것을 말하여 주고 있다. 이밖에 특히 기록되어야 할 것은 당시 상해에 있던 조선 독립운동 단체의 기관지인 독립신문 사장 김승학(金承學)이 이재동포(罹災同胞) 위문단을 가장하여 동경에 잠입, 동지를 규합하여 희생자를 조사한 것인데 이에 참여한 사람은 이철(李鐵), 박은직(朴恩稷), 이창근(李昌根), 최승만(崔承萬), 이근무(李根茂) 등 유학생을 중심으로 약 10여 명의 멤버였다고 한다. 이들의 조사는 일본 당국이 절대 허용하지 아니하는 악조건 하에서 진행되었다. 특고(特高) 경찰의 미행과 방해를 무릅쓴 단원들의 노고는 상상을 초월하는 것이었다고 한다. 단원의 한 사람인 이철은 "여러 곳에 있는 유족을 방문하였고 한편 참살시체 여기저기에 흩어져 있는 해골과 묘"라고는 하지만 여러 곳의 사체를 한 곳에 쌓아놓고 사체가 미쳐 다 문히지 못하고 일부가 노출되는 허술한 매장도 여러 곳에서 보았다.)를 찾아다니며 여러 곳을 견문하였지만 그 참상을 어찌 말로 다 할 수 있겠는가(김병직 {관동 진재 백색 테러의 진상})라고 말하고 있다.

김승학도 자신도 〔도처에 모춤(苗束)같은 시신을 볼 때마다 가슴이 떨렸고 눈을 들어 타다 남은 인육의 잔해를 보고는 몸을 떨었다. 오호(嗚呼)라 무한한 천지간에 우리 민족의 울적한 원한을 과연 어느 날에야 풀어질 것인가? 애재(哀哉)라 이 원수를 갚는 것은 과연 어느 누구일까? 공산명월(空山明月) 야삼경(夜三更) 두견이 울면 7천의 우리 동포의 고혼을 추도할 것이다.〕(관동진재와 조선인)라고 그 분노를 편지에 적고 있다. 특히 동경 산수(山手)방면 군부의 조사는 관헌이 밀착미행하여 여러모로 방해를 받아 충분한 조사를 할 수 없었다. 또한 진상을 폭로하면 조사원의 생명에 위해가 돌아올 만큼의 공포 분위기 때문에 자료의 공개를 다하지 못하였다. 그뿐 아니라 활자로 되어 나오기까지 여러 사람의 손을 거쳐 전사하는 과정에서 오기가 생겨났지만 이 조사결과 피해자 6,661인이라는 조사 결과를 남겼고 후일 {6천여 명이 살해 되었다는 것으로 판명되었다.}라는 통계로서의 근거를 만들어준 피땀 어린 소중한 기록이다. 이 귀중한 자료를 이 글 말미에 꼭 첨부하여 후일 참고로 삼고자 한다.

여하튼 조사된 피해자 수는 최저 232인(사법상 조사)으로부터 최고 6,661인(김승학 조사)까지 심한 차이를 보이고 있어 확실한 것은 알 길이 없다. 그러나 진재 전의 조선인 노동자는 동경에만 1만2천 내지 1만 3천명이었고 신내천현(횡빈)(神奈川縣(橫濱))을 포함하면 2만 명에 가깝다는 것은 정확에 가까운 숫자이다. 그러던 것이 철저한 조선인 총검속을 실시한 결과는 관동 일원에서 1만1천 명에 미달한다는 것이다. 그렇다면 진재 전 거주가 2만 명을 기준으로 하여 9천명이란 조선인이 소재 불명이 되었다는 계산이 나온다. 개중에는 엄중한 경계를 탈출하여 타 부, 현으로 이동한 자도 있을 수 있고, 끝까지 숨겨져 있던 자도 있을 수 있겠으나 9천명 전부가 행방불명된 것으로 보기에는 무리가 있는 것 같다. 김승학 조사의 6,600여 명의 피해자 수 산정은 신뢰가 가는 최소한의 숫자이다.

제9. 일본의 국가적 책임과 우리 정부의 조치

1) 일본 국가는 조선인학살의 책임을 군대, 경찰, 자경단에게로 돌리고 있지만 군대와 경찰은 말할 것도 없고 자경단의 범행에 관하여도 일본은 국가적인 책임을 져야 할 것이다. 왜냐하면 자경단을 조직할 것을 지시하고 행동지침을 하달한 것은 국가이고 심지어 군대 내에 수용되어 있는 조선인을 자경단에게 불하 인도하여 학살케 하거나 자경단 또는 죄수에게 무기를 대여하여 그 무기로 조선인을 학살하는데 사용하도록 하는 등 학살행위에 적극적으로 개입 가담하였기 때문이다. 조선인도 일본헌법에 의하여 생명, 자유권이 보장된 황국신민(皇國臣民)인데 적법한 사법절차를 거치지 아니한 채 조선인이라는 한 가지 이유 때문에 백주대로상에서 공개적으로 인도에 반하는 살인마의 광

기에 맡겨져 거침없이 학살당해야할 이치는 하늘하래 어디에서도 찾아볼 수 없는 노릇이다.

2) 일본 국가는 학살사실을 은폐하기 위하여 학살피해 시체를 소각하여 그 신원을 확인 불가능하게 하였고 학살관련기록을 소각하는 등 조직적인 증거인멸을 꾀하여 사건을 은폐하여왔다.

일본 국가는 근거 없는 유언비어를 명분삼아 계엄령을 발포하고 학살을 자행하고는 이에 대한 국제적 비난을 두려워한 나머지 유언비어가 사실인양 사실을 왜곡하고 학살을 은폐하고 왜곡하는 등 제2, 제3의 국가적 범죄를 계속 이어나가고 있다.

학살에 가담한 자경단원에 대한 일본사법에 의한 재판을 불충분 불성실하게 이루어졌다. 대부분의 재판은 판사와 피고인과 사이에 농담이 교환되는 가운데 이루어지는 형식적인 재판에 그쳐서 살인죄를 심판하는 엄정성을 결하여 사람을 죽인자로서의 죄의식도 없고 살인범을 심판하는 준엄성도 엿볼 수 없었기 때문에 피고인 대부분이 집행유예의 판결을 받았다 판결을 받은 피고인 중에 국가가 포상을 주어야 마땅할지언정 처벌을 내리는 것을 부당하다며 항의 반발하는 자가 있었다. 하늘아래 둘도 없는 살인죄 재판정으로는 진귀한 풍경이다. 하늘이 무서워 어찌 고개를 들고 밝은 해를 쳐다본단 말인가?

1923년 12월 15일 중의원 본회의에서 헌정회 소속의원 영정유태랑(永井柳太郎)은 관동대진재 당시 조선인 학살에 대하여 유감(遺憾)을 표명하고 조선인 희생자의 유족을 위로하기 위한 최선의 방법을 제시할 것을 촉구하였으나 임시총회는 「현재 조사 중」이라 회피한 후 의회가 정부의 책임을 물은 적이 없다.

일본변호사연합회는 2003년 재일조선인(在日朝鮮人) 문무선(文戊仙)씨가 제기한 제소(提訴)에 근거하여 관동대지진 당시 조선인 학살에 관한 사건을 조사한 적이 있었다. 조사결과 일본국가가 조선인 학살에 관여한 사실을 인정한 후 2003년 8월 일본정부에 대하여 첫째,

일본은 관동대지진 직후 조선인, 중국인에 대한 학살사건에 관하여 군대에 의한 학살의 피해자 유족과 허위사실의 전달 등 행위에 의하여 유발된 자경단에 의한 학살피해자 유족에 대하여 그 책임을 시인하고 사죄하여야 한다.

둘째, "일본국은 조선인, 중국인 학살의 전모와 진상을 조사하여 그 원인을 규명하라."라고 촉구하였다. 그러나 당시 소천순일랑(小泉純一郞) 총리는 이를 묵살한 채 아무런 공식적 입장표명 없이 책임을 회피하고 있다.

1923년 학살사건이 발생한 후 상해임시정부가 조선인 학살사건을 독립신문사 사장 김승학(金承學)을 시켜 조사케 한 이래 한국정부는 현재까지 국가적 레벨에서 진상조사를 한 적은 한 번도 없었다. 사건 당시는 식민치하여서 적절한 진상규명을 할 수 없었다 할지라도 해방 후 또는 대한민국 건국 후 정부차원의 진상규명과 피해자에 대한 명예회복조치를 취하지 않고 방치하는 것은 한국이 국가적 중대책임을 망각, 포기하고 있는 것이다.

우리정부는 일본국에 대하여 관동지진 조선인학살에 관한 엄중 진상조사와 아울러 이에 대한 준엄한 책임을 추궁하는 조치를 시급히 이행할 것을 촉구하는 바이다.

이것은 자국민 보호가 국민에 대한 가장 우선적인 국가 존립목적인 이상 이보다 우선하는 책임은 다시는 없을 것이기 때문이다.

아직도 수천, 수만의 원혼이 타국 하늘에서 고국을 바라다보며 조국을 원망하면서 구천을 헤매고 있음을 명심하기 바란다.

제10. 결언

1919년 조선백성의 3.1봉기는 일본 제국주의 근저를 뒤 흔드는 대투쟁으로 발전하고 민족해방운동은 새로운 방향으로 전개되어가고 있었다. 조선민족의 생존권을 필사적으로 탄압하는 일본 제국주의와의 치열한 투쟁은 전선을 중국 동북지방(구 만주)과 시베리아까지 확대하여 1920년 {간도사건}과 일본의 시베리아 출병군을 공격하는 조선인 게릴라 부대의 과감한 투쟁으로 이어져 독립운동의 영광스러운 모습을 역사의 동판 위에 기록하였다. 그 결과 간도에서의 일본군 패배와 시베리아에서의 패퇴가 속발하였다. 당시 일본 신문들은 부정선인 봉기를 대대적으로 보도하고 이와 같은 부정 불온 선전이 일본 사람의 심층심리에 침투되어 진재시의 유언의 유포, 학살 사건의 발단이 되고 그 경과, 그 은폐공작 등 일련의 관헌 측의 적시(敵視) 정책은 또한 조선민족의 항일 투쟁을 계속하고 있음으로서 그 투쟁이 일본 제국주의자의 간담을 서늘하게 하였으며 공포마저 느끼게 하였다는 사실을 논급함이 없이 관동 진재에서의 조선인 학살은 이해될 수 없으며 정확한 역사적 위치 설정이 불가능해진다. 학살과 식민지 지배, 민족 해방투쟁의 양상 사이에는 명확한 인과관계로 결부되어 있다.

조선인 학살은 1910년 이래의 식민지 지배를 지켜본 일본인이 강적 조선민족에 대한 공포에서 발생한 집단 살인이고 민족 범죄이며 불행한 한일 관계의 연장선상에서 현출된 필연적 결과였다. 관헌측의 연출자 내상(內相) 수야연태랑(水野鍊太郎), 경시총감(警視總監) 적지농(赤池濃)은 조선 민족과의 싸움의 한 가운데에서 일본 제국주의의 지휘관이었다. 앞에서도 말했듯이 적지농(赤池濃)은 3.1운동의 와중에 조선총독부 경무국장이었고 시종 그의 상관으로 행동을 함께한 수야(水野)는 조선총독부 정무총감이었으며 정력송태랑(正力松太郎) 경시청 관방주사는 그들의 교활한 주구(走狗)로서 이들은 조직적으로 유언을 유포 확대시키고 그 유언이 일본인 민중에게 확신을 심어주어 급속도로 전파되게 하는 방법으로 계엄군을 개입시키는 것이 효과적이라는 고려하에 법적인 조건이 미비한 상태에서 계엄 선포를 책동하기 위하여 앞에 적은 바와 같이 유언비어를 날조 확포시키고 미친 사람처럼 날뛰었다는 기록 등이 남아 있다. 아무튼 일본 민족의 잔인한 범죄였고 우리 민족에게는 원한 맺힌 비극이다. 지금의 일본에 수야(水野), 적지(赤池) 같은 인간이 있다고 믿지는 않는다. 내가 아는 일본인은 예의 바르고 {남에게 폐를 끼치지 않는다}가 뼈에 박힌 사람들이었다. 그러나 그것이 전부가 아니지 않나 하는 생각이 든다.

앞에서 여러 번 언급하였던 유명한 남경대학살은 온 세상에 널리 알려진 사건으로 숨길래야 숨길 수 없는 사건이다. 사전에 의하면 남경대학살 사건이란 1937년 12월 13일 중일전쟁(中日戰爭)시 일군이 남경을 점령, 입성하여 약탈과 강간, 폭행을 자행한 후 양민(良民) 30만 명을 학살한 사건이라고 설명하고 있다. {타민족을 압박하는 민족에게 자민족의 자유란 없다}라고 한 것은 유명한 말이다. 관동 대지진에서의 조선인 학살사건의 결과는 당시 화려했던 대정(大正) 연대의 군축론(軍縮論)에 찬물을 끼얹었고 그 결과 군축 반대론과 이어지는 일본 군국주의로 발전하여 만주침략, 중일전쟁, 2차 세계대전으로 이어져 끝내 일본 패망의 역사로 끝이 났다.

「천강(天綱)이 회회(恢恢)하여 소이불루(疏而不漏)」라는 말이 『중용(中庸)』에 나온다. 하늘에 쳐있는 크고 큰 그물은 엉성한 것 같지만 크고 적은 죄가 하나도 빠뜨리지 않고 그 그물에 걸려들게 마련이라는 뜻이다. 또한 같은 책에 「막현호은(莫顯乎隱)이오 막현호미(莫顯乎微)」라는 말이 나온다. 숨기고자 하는 죄는 더욱 잘 나타나고 적은 허물일수록 더욱 잘 나타난다는 뜻이다. 자사(子思)의 말씀이다. 얼마나 두렵고 무서운 말씀인가.

역사의 법칙과 인과의 윤회는 무서운 것이다. 하나님의 심판은 두려운 것이다.

정력송태랑(正力松太郎)은 그 후 평생 영화를 누렸다. 언론사를 인수하고 프로 야구단을 만들었다. 그가 신념을 가지고 일본에 남긴 마지막 업적은 원자력이었다. 원자력위원회 초대 원장, 과학기술청 초대 장관으로서 그가 다진 토대에 지금의 여러 개의 일본 원자력 발전소가 모두 세워졌다. 그리하여 일본인은 그를 원자력의 아버지로 부른다. 그러나 그는 평생에서 한 번도 한 마디도 자기가 주도한 조선인 학살을 시인도 사과도 한 사실이 없다. 몇 번이고 되풀이하지만 일본정부는 조선인 학살을 들어 유감의 뜻조차 표시한 적이 없다. 다만 수단과 방법을 가리지 않고 이 부끄러운 범죄를 은폐하기에 온갖 힘을 기울였다. 이 사건이 있은 지 89년, 이 사건을 아는 사람은 거의 세상을 떠났다. 일본정부는 자기의 치욕을 은폐하는 작업이 성공하였다고 생각할 것이다. 正力도 지하에서 이제는 자기의 죄가 영구히 묻혀버렸다며 안도의 한숨을 쉴 것이다. 일본정부도 正力도 엄숙한 역사의 법칙을 잊고 있는 것이다. 그 엄청난 죄악이 숨긴다고 어찌 가려지겠는가? 숨기려고 할수록 더욱 잘 나타나는 법이다. 앞에 들은 자사(子思)의 말씀을 다시 한 번 일깨워 주어야 할까보다. 막현호은(莫顯乎隱)이요 소이불루(疏而不漏)라 하시었다. 한국의 한 늙은이가 준엄하게 경고하는 바이다.

2011년 3월 일본 동북지방에 대지진이 발생하고 복도(福島)원자력 발전소가 폭발하여 지진피해와 방사능 피해로 그 곳의 온 나라가 들끓었다. 단지 5분간 하나님이 흔드시는 바람에 그리 된 것이다. 프랑스 혁명에서 길로틴은 자기가 만든 단두대에서 자기의 목이 잘렸다. 2만9천명의 조선인 관동대학살로 하늘에 죄지은 일본에 그 하수인 정력송태랑(正力松太郎)이 만든 원자력으로 88년 만에 큰 화를 당하였다. 획죄어천(獲罪於天)이면 무소도야(無所禱也)니라. 하늘에 죄를 지으면 빌 곳이 없다는 것이다. 하늘의 이치가 얼마나 준엄한 가를 엄숙하게 느끼게 하는 대목이다.

선량한 백의민족(白衣民族)은 복도(福島) 원전 피해 일본을 도와야 한다면서 의연금 창구에 긴 줄을 늘어섰다. 살육의 피해자로서 혈채의 채권증서를 분실한지 이미 오래 되었다. 역사의 법칙을 선량한 쪽으로 돌리려는 민족적 몸부림인가. 망각은 미덕이라 하였으니 말이다. 더구나 살육피해자의 망각은 빛나는 아름다움이다. 백의민족이여! 영원히 복 받을 지어다(2012. 9. 1)

제11. 부록

1. 金承學 조사보고서 (表1)
2. 독일 외무성 보관 조사표 (表2)

<表1> 獨立新聞 社長 金承學 調査(관동대지진 조선인 피해장소와 인원)

虐殺地	虐殺數	虐殺地	虐殺數
東京府	1,347人	埼玉縣	588人
神奈川縣	4,106人	群馬縣	37人
千葉縣	324人	栃木縣	8人
其他	251人	總計	6,661人

(※참고: 1923年 11月 25日 以後, 各 府縣에서 보내온 數字 包含)

<表2> 독일 외무성 소장 조사표 관동대지진

虐殺地	虐殺數	虐殺地	虐殺數
Aoyama	2	Saitamaken Factory	5
Akayma Betcho	11	Saitamaken Deport	200
Chibashi	37	Saitamaken Honcho	63
Chibaken	429	Saitamaken Waseda	17
Chibaken Hunabashi	37	Saitamaken Sinbo	26
Gunma	60	Sumidagawa	271
Goyama	2	Sinziku	3
Gomatsken	29	Sitazukizima	85
Godamaken	40	Simits Airship Station	27
Hada	2,000	Siba Park	2
Hukagawa	50	Sinagawa Station	153
Hiroya	7	Sinagawaken	1,795
Hotoya	31	Satamaken Kikiu	27
Hatchibanbashi	103	Sinagawa Police Station	4

Kumaya Temple	144	Sinagawa Ship Building Yard	48
Kunmaken	33	Sinagawa Bridge	500
Kidatoamken	1	Shingo Yasucho	10
Kamedo	350	Tchukizima	11
Kumagomei	27	Terano	14
Kawasaki	342	Tokaido Railroad	2
Mukozima	43	Toyamacho	2
Minamigawa	59	Ueno	68
Midochi	2	Ueno Park	5
Militory clothing hactory	13	Wagamago	3
Neikishi	35	Wumabashi	3
Nagasendo	120	Wachumabashi	81
Nagano	8	Waragawa	117
Narida	8	Yachio	117
Nagamuramatchi	27	Yanagibashi	2
Near the Zurumi	2	Yokohama	300
Near the Kawasaki	19	Yitoya	15
Omiya	2	Yamadei	33
Ochima	182	Yugoyyashucho	10
Sinagawa	300		

被虐殺朝鮮人 數와 虐殺場所 (The List of killed bodies and places) (40)

(a) 總被殺者數 : 8,271人.

(以上, 確認 被虐殺場所 被虐殺朝鮮人數)

The bellow (原文대로) mentioned numbers and places are coonfirmed by Dr. Yoshino, the Editor of the Zuokoron, the large circulating Japanes magazin.

(以下 言及된 數字와 場所는 日本에서 最多로 販賣되는 雜誌1인 『中央公論』 編集者 吉野博士가 確認)

(b) 7,861 確認된 被虐殺朝鮮人數 (Kelled bodies are discovered) : 被虐殺朝鮮人數確認 意味

(c) 3,249 未發見被虐殺朝鮮人數 (Killed bodies are not discovered) : 未確認被虐殺場所 被虐殺朝鮮人數 = 行方不明

Komatsugawa, Kunmaken, Ochima, Kamedo, Hukushimaken, Chlyogawa, Saitamaken, Sinagawa

(d) 577 警察이 虐殺 : From the police's killing

(e) 3,100 騎兵 = 軍隊가 虐殺: From the cavelery's killing (From the cavalry's killing의 誤記인 듯.

總計 23,058명

By Korean in Korean independence movement. (韓國獨立運動家)

March, 1924. (1924年 3月)

(本表는「MASSACRE KOREANS OF JAPAN」中에 있는 <The List killed bodies are places>를 表로 한 것임)

(주) 표1은 상해임시정부 기관지 獨立新聞의 社長 金承學의 진재위문단을 가장하여 당시 유학생 10여 명의 목숨을 걸은 희생적 작업으로 얻어진 조사보고서인데 이것은 초기에 이루어진 조사로 피해자수 6,661명이다. 표2는 독일 외무성 자료실에 보존돼있는 자료인데 일본 전국에 걸쳐(앞의 표1 보기) 후일에 광범위하고 상세한 조사 자료인데 교민 피해자수 23,058명이다.

위 두 개의 조사결과를 종합하면 조선인 피해자수는 29,719명(6,661+23,058)이 된다.

*參考文獻 : 『關東大震災』, 姜德相 著, 中央公論社, 東京 昭和50年(1975).
『關東大地震과 朝鮮人虐殺』, 姜德相, 山田相次 外 2人 著, 論創社, 東京 2016年.

발문(跋文)

어째서 그는 그렇게 시에 매달리며 살았을까?

시인에게 "시는 물이고, 공기이며, 밥과 같은 것"이라고 시인은 이야기한다. 그런 의미에서 그에게 시는 생존 수단 그 자체라고 할 수 있다. 시 속의 대상은 가슴에 안기기도 하고 저멀리 풍경으로 놓여있기도 한다.

시인이 자신의 1,047수 가운데서 대표성을 띤 작품을 고르고 골라 엮은 것을 『진모영탄(震耄詠歎)』이라 이름하여 선집을 낸다. 동방의 구십 노인이 노래한 시라는 뜻…. 정말로 91세에서 99세까지 사이에 지은 시들이다.

늦게 시작한 한시의 길이 못내 아쉬워 그는 자서(自序)에서 "늦게까지 익히고 또 익히면 내세에는 제대로 된 시인이 되겠지 하는 소망을 가진 나"라 한다.

"…이 민족이 겪은 모든 환란을 하나도 빠짐없이 몸소 겪음으로 마치 이글이글 불타는 숯불 위를 맨발로 걸어오듯이 80평생을 살아왔다.…그러나 지금은 백운대 구름 아래 꽃 띄워 잔 돌리며 맑은 달 여름밤을 청풍을 맞으며 지내니 가히 신선세계이다. 내생도 오늘 같이, 내세도 지금처럼 시인되게 해 주십사…, 그것도 이두(李杜)를 능가하는 큰 시인되게 해 주십사"라고 소망하며….

앞으로 오남의 시를 읽고 싶으면 이 대표 시선집을 보아달라고 요구할 정도로, 시인에게 이번 시집은 큰 의미를 지니고 있다.

중용 23편에 이르기를,

"작은 일에도 무시하지 않고 최선을 다해야 한다.
작은 일에도 최선을 다하면 정성스럽게 된다.
정성스럽게 되면 겉에 배어 나오고,
겉에 배어 나오면 겉으로 드러난다.
겉으로 드러나면 이내 밝아지고,
밝아지면 남을 감동시키고,
남을 감동시키면 이내 변하게 되고……."

오남 선생님, 나의 아버지는 정말로 이 말씀을 몸소 실천하신 분이다. 그래서 그의 시는 읽는 사람을 감동시키고 읽는 사람으로 하여금 자신을 돌아보게 만든다.

작은 일에 최선을 다하기를 무시하지 않는 정성을 다해 하시고 매일의 생활에서 본을 보이시며 자식을 그 원칙으로 양육하시고 엄히 일러 가르치셨다.

8권의 지난 시집들이 주로 역사적 영웅 호걸들의 흥망성쇠와 그러나 부질 없던 인간사를 노래해왔다. 그로써 시인은 깨닫고 탄식한다.

"…창강은 곤곤히 흘러 만민이 즐겁고,
벽수는 도도하여 천리에 서기 넘치는도다.
역대 왕의 빛나는 이름 길이길이 찬양하고,
고구려 빛나는 역사 만년토록 읊는도다.
만나고 헤어짐은 인간세상의 정해진 이치이지만,
생이별의 슬픔에 압록강물은 민족의 눈물을 더하여 흘러만 가는구나."(압록강 중에서)

준엄한 역사의 흐름과 막을 수 없는 인생사의 되어짐에 속수무책 한탄하는 시들이 많은가 하면 어떤 시들은 시인의 넘치는 감성과 세밀한 손끝이 느껴지는 시들도 있다.

"…종을 만든 장인을 기려 술 한 잔 올립니다.
이 종을 볼 때마다 목이 메어 딴 소리는 아니 들립니다.
백 길 우뚝한 모습을 본 용은 지렁이가 되고,
만 리 굉음을 들으면 범이 노루가 되는구나." -〈성덕대왕신종 중에서〉-

갑자기 기지가 넘치는 어조로 바뀌기도 한다.

그런가 하면 어릴적 헤어진 옛 동무를 그리며 쓴 두만강은 가히 이 시집의 압권이라 할 수있다.

"원한 어린 두만강 물은 푸르고 찬데,
고향 하늘 멀리 보며 시름에 잠겼구나.
북풍은 그리움인가 정을 실어 여러 번 보냈건만
남에서 들려오는 여울소리는 훌쩍이는 울음뿐이로다.
눈물로 헤어진지 칠십년에 살았는가 죽었느냐
3.8선에서 옷깃을 나눴으나 안부조차 모르는구나.
누구를 잡고 인간사를 물어야 할까.
말 없는 두만강은 동으로 흘러 나는 홀로 탄식뿐이로다.…. -〈두만강〉-

노시인의 칠십년 전 이별은 오늘 나로 하여금 눈물짓게 한다.

1943년 9월 24일 새벽 3시 징병으로 끌려가는 아버지를 배웅하러 나온 어머니와의 이별을 노래하셨는데, 그 이야기를 듣는 우리들이나 그 이야기를 하시는 아버지나 모두 눈물을 펑펑 쏟았다. 떠나가는 기차는 점점 빨라지는데 그 기차를 따라 뛰는 어머니를 아버지는 아직도 눈물로 기억하신다.

"조치원역 새벽 정거장
한사코 내 손 잡고 못간다 떼를 쓴다.
새새댁 여린 힘이 기차를 당할손가
조치원 새벽 정거장 찢어지는 두 가슴……" -〈조치원역 새벽 정거장 중에서〉-

부끄럽지만 솔직히 저희 세대는 한문을 잘 모릅니다. 그런 우리들을 위해 한글로 번역을 해서 같이 실어 주시니 조금 맛을 봅니다. 비록 한문은 모르지만 저 애달픈 사연을 표현해낼 한자를 찾았을 때 그 기쁨은 얼마만큼 이었을까? 글자 한 자 한 자의 운용과 밤새우며 고르신 함축된 뜻을 다 알아보지 못하지만 결코 가볍게 생각하지 않습니다. 이 시집들은 저희에세 주시는 빛나는 문화유산이며 아무에게나 주어지는 그저 그런 책은 더더욱 아닙니다. 내 평생 옆에 두고 아버지 손을 잡듯 어루만질 것입니다.

다른 집 딸이 아니고 아버지 딸로 태어나서 다행입니다.
아버지 딸이어서 행복합니다.

역병이 기승을 부리는 험한 세월이지만 제발 조심하시어 오래도록 만수무강 하소서.

2021년 4월 5일
엘에이에서
현숙 엎드려 절하며 올립니다.

索引

震耄詠歎 詩題索引(가나다순)

詩題番號	詩 題	主人名	所 在	面 數

[가]

[나]

[다]

[마]

[바]

[사]

[아]

[자]

[차]

[타]

[파]

[하]

🕮 梧南 李鍾寬

1922 忠北 淸州 出生
1943 載寧明新中學校 卒業
1946 京城法學專門學校 卒業
1955 第2回 判事 및 檢事特別任用試驗 合格
1956 辯護士 登錄
1956 서울地方法院判事(前)
1960 辯護士 開業
1974 小公合同法律事務所 所屬(前)
1996 全義禮安李氏花樹會 會長(前)
2011 東天書塾에서 漢詩 工夫

著書 : 花溪·石邨 漢詩集『淸風鶴鳴』譯
梧南漢詩前集『高麗甘棠』著
梧南漢詩後集『震域儒曲』著
梧南漢詩三集『桓園風雅』著
梧南漢詩四集『麗羅詠史』著
梧南漢詩五集『震史覽古』著
梧南漢詩六集『加耶風韻』著
梧南漢詩七集『院祠頌讚』著
梧南漢詩八集『王陵詠韻』著
梧南漢詩選集『震耄詠歎』著

梧南漢詩選集

震耄詠歎 진모영탄

2021년 8월 30일 초판1쇄 인쇄
2021년 9월 15일 초판1쇄 발행

지은이 | 이종관
펴낸이 | 김영환
펴낸곳 | 도서출판 **다운샘**

05661 서울특별시 송파구 중대로27길 1
전화 02 - 449 - 9172 팩스 02 - 431 - 4151
E-mail : dusbook@naver.com
등록 제1993- 000028호

ISBN 978-89-5817-496-7 03810
값 40,000원